OS TRABALHADORES QUÍMICOS NO BRASIL NO SÉCULO XXI

Remígio Todeschini — *Diretor Executivo do Instituto de Previdência de Santo André-SP, ex-Diretor de Políticas de Saúde e Segurança Ocupacional do MPS. Ex-Secretário de Políticas Públicas de Emprego do Ministério do Trabalho e Emprego. Ex-Presidente da Fundacentro. Ex-Presidente do Sindicato dos Químicos do ABC e ex-dirigente da CUT Nacional. Advogado formado pela USP. Mestrado em Direitos Sociais pela PUC-SP. Autor de diversos livros e capítulos entre os quais: Gestão da Previdência Pública e Fundos de Pensão, LTr; O novo Seguro Acidente do Trabalho e o novo FAP, LTr. Pesquisador e Doutorando de Psicologia Social do Trabalho e das Organizações da UNB.*

REMÍGIO TODESCHINI

OS TRABALHADORES QUÍMICOS NO BRASIL NO SÉCULO XXI

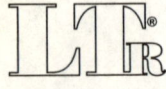

EDITORA LTDA.

© Todos os direitos reservados

Rua Jaguaribe, 571
CEP 01224-001
São Paulo, SP — Brasil
Fone (11) 2167-1101
www.ltr.com.br

Produção Gráfica e Editoração Eletrônica: RLUX
Projeto de capa: RAUL CABRERA BRAVO
Impressão: PIMENTA GRÁFICA E EDITORA

LTr 4862.6
Junho, 2013

Dados Internacionais de Catalogação na Publicação (CIP)
(Câmara Brasileira do Livro, SP, Brasil)

Todeschini, Remígio
   Os trabalhadores químicos no Brasil no Século XXI / Remígio Todeschini. — São Paulo : LTr, 2013.
   Bibliografia.

   ISBN 978-85-361-2588-6

   1. Química como profissão 2. Químicos — Brasil 3. Trabalhadores da indústria química 4. Trabalho e classes trabalhadoras — Brasil I. Título.

13-05615   CDD-331.046

Índice para catálogo sistemático:

1. Brasil : Trabalhadores químicos : Perfil sócio-demográfico : Setor químico   331.046

Sumário

Prefácio 13

Parte I

Atividades econômicas, Trabalho e as Revoluções Tecnológicas na área química

1. Os alquimistas do século XXI 17
   Remígio Todeschini

2. Método 19
   Remígio Todeschini

3. Quadro das atividades econômicas dos químicos, estudadas 21
   Remígio Todeschini

4. O Trabalho dos químicos, evolução, história e Revoluções Tecnológicas 27
   Remígio Todeschini

Parte II

Resultado e discussão do perfil sociodemográfico dos trabalhadores químicos e afins de 2000 a 2010

1. Em que classes de atividades econômicas os químicos trabalham 39
   Remígio Todeschini

2. As ocupações em atividades-fim e meio dos químicos 42
   Remígio Todeschini e Wanderley Codo

3. O perfil do Grau de Instrução entre químicos 46
   Remígio Todeschini

4. Número de horas contratadas entre trabalhadores químicos 54
   Remígio Todeschini

5. Perfil da idade dos trabalhadores químicos 57
   Remígio Todeschini

6. Região e Estados onde trabalham os químicos 62
   Remígio Todeschini

7. Tipos de Deficiência entre químicos e não químicos 66
   Remígio Todeschini e Wanderley Codo

8. Perfil de raça e cor entre químicos 67
   Remígio Todeschini

9. Rendimento dos trabalhadores químicos 69
   Remígio Todeschini e Wanderley Codo

10. Perfil dos trabalhadores químicos por gênero 76
    Remígio Todeschini

11. Tamanho das empresas onde os trabalhadores químicos trabalham 79
    Remígio Todeschini

12. Tempo de permanência no emprego dos trabalhadores químicos 82
    Remígio Todeschini

Parte III
Considerações finais

1. Conclusões e Considerações Finais 87

Referências 91

Anexos 97

Lista de Figuras

Figura 1. Ciclos/Revoluções Tecnológicas, segundo GENT 33

Figura 2. Revoluções Tecnológicas e sua evolução 34

Lista de Gráficos

Gráfico 1. Idades Médias — Aposentadoria por Tempo de Contribuição — Dados Anuais.. 58

Gráfico 2. Percentuais de trabalhadores químicos no Estado de SP em relação ao total de trabalhadores químicos em nível nacional de 2000 a 2010......... 64

Gráfico 3. Percentuais de trabalhadores químicos no Estado da BA em relação ao total de trabalhadores químicos em nível nacional de 2000 a 2010......... 65

Gráfico 4. Percentual de trabalhadores químicos em cada uma das categorias conforme tamanho de empresa. Comparativo 2000 e 2010............................. 81

Lista de Quadros

Quadro 1. Número absoluto de trabalhadores químicos e afins estudados entre 27 grupos econômicos selecionados 39

Quadro 2. Divisões químicas e afins onde há a maior concentração de trabalhadores (%) 40

Quadro 3. Atividades finalísticas e de meio entre os químicos com percentuais anuais 42

Quadro 4. Atividades finalísticas e de meio entre os químicos comparadas com grau de escolaridade do ano de 2010 43

Quadro 5. Atividades finalísticas e de meio entre os químicos comparadas com as diversas faixas salariais do ano de 2010 44

Quadro 6. Frequência (%) de escolaridade de químicos e não químicos de 2 em 2 anos (2000 a 2010) 47

Quadro 7. Comparativo de escolaridade de grupos CNAEs da área química entre 2000 e 2010 49

Quadro 8. Grau de escolaridade com percentuais de trabalhadores químicos (%) de duas faixas salariais comparadas entre 2004 e 2010 52

Quadro 9. Comparativo químicos e não químicos em algumas faixas de jornadas contratadas 54

Quadro 10. Comparações dos anos de 2001 a 2010 entre regiões do país de percentual de número de trabalhadores químicos e não químicos 63

Quadro 11. Tipos de deficiência entre químicos e não químicos 66

Quadro 12. Três categorias mais predominantes de cor/raça entre químicos e não químicos 67

Quadro 13. Salários nominais em dezembro de cada ano 69

Quadro 14. Faixas salariais maiores e menores de 5 SM entre químicos e não químicos 71

Quadro 15. Comparativo de faixas salariais e grupos CNAEs da área química entre 2004 e 2010 72

Quadro 16. Participação da força de trabalho masculina, majoritária em algumas divisões químicas... 77

Quadro 17. Participação da força de trabalho feminina mais significativa em algumas divisões químicas 78

Quadro 18. Comparativo intervalar em 3 agrupamentos do tamanho de empresas entre químicos e não químicos.. 79

Quadro 19. Permanência em meses nas empresas, de trabalhadores químicos........ 82

Prefácio

O livro que tenho a honra de prefaciar é fruto de estudo e pesquisa realizado no ano de 2012 pelo Laboratório de Psicologia do Trabalho da Universidade de Brasília, coordenado pelo autor Remígio Todeschini juntamente com o Prof. Wanderley Codo, como resultado de parceria entre o Conselho Nacional do SESI e o Sindicato dos Químicos do ABC, com apoio político da Confederação Nacional do Ramo Químico da Central Única dos Trabalhadores (CNQ/CUT).

Trata-se do primeiro volume do perfil sociodemográfico nacional dos trabalhadores/as do conjunto das atividades químicas existentes no Brasil no início do século 21 (anos 2000 a 2010), que vão desde a extração do carvão mineral, passando pelo Petróleo e gás e todas as demais categorias do setor químico, petroquímico, tintas e vernizes, indústria farmacêutica, cosméticos, sabão e vela, plásticos, vidro, borracha, papel e papelão e incluindo também o comércio atacadista dos produtos químicos. Esse trabalho terá continuidade com uma segunda publicação que abrangerá todo o perfil de doenças, o chamado estudo epidemiológico, e medidas de proteção necessárias para a eliminação dos riscos neste setor.

O livro, em síntese, traça a evolução do duro trabalho das e dos trabalhadores químicos no decorrer da história como "transformadores da natureza", e como essa atividade econômica evoluiu com as diversas revoluções tecnológicas nos últimos 200 anos, chegando aos dias atuais na chamada Revolução da Nanotecnologia.

É mostrado o quadro de escolaridade desses trabalhadores que evoluiu muito nos últimos 11 anos. Detalha as horas contratadas, as regiões e Estados onde mais se concentram hoje no Brasil os trabalhadores químicos, qual é a idade desses trabalhadores, tipos de pessoas com deficiência admitidos, perfil de raça e cor, a distribuição dos trabalhadores por gênero, entre outros temas. Mostra a evolução do tamanho das empresas em que esses trabalhadores laboraram nestes 11 anos de 2000 a 2010. Fotografa o crescimento do rendimento dessas pessoas, fruto tanto da luta sindical como das políticas econômicas do governo Lula (2003-2010) que fortaleceu o processo de negociação coletiva e a valorização do salário mínimo.

Retrata também a evolução positiva do emprego da ordem de 44,87% entre os setores econômicos do ramo químico no período de 2000 a 2010, decorrente da política de crescimento econômico combinada com as políticas sociais incrementadas nos oito anos do governo Lula.

Constituirá importante fonte de informação para pesquisadores, professores, estudantes e principalmente para os trabalhadores químicos e seus representantes sindicais, para que se fortaleçam as lutas que tenham por finalidade a valorização permanente do trabalho. Um subsídio importante que permite ampliar o diálogo social e fortalecer a negociação coletiva, melhorar a distribuição de renda e as condições de trabalho com elevação constante da escolaridade e qualificação profissional, impulsionando as políticas afirmativas de inclusão social. Boa leitura a todos e todas.

Paulo Antonio Lage
Presidente do Sindicato dos Químicos do ABC

PARTE I

Atividades econômicas, Trabalho e as Revoluções Tecnológicas na área química

1.
Os alquimistas do século XXI

Remígio Todeschini

Introdução

Alguém perguntará: afinal o que é um trabalhador químico? Essa pergunta foi feita nos bastidores do evento comemorativo dos 70 anos de fundação do Sindicato dos Químicos do ABC, pelo ator Paulo Betti, em outubro de 2008, em Santo André — SP. Paulo Betti, que era o mestre de cerimônias do evento que contou com a presença do Presidente da República Lula, antes de receber as explicações dos organizadores do evento de quem eram esses trabalhadores, logo manifestou o que pensava dos químicos: cientistas "malucos", com óculos grossos e cabelos desalinhados, tipo o Prof. Pardal, dos gibis do Walt Disney, manipulando, entre fumaças, líquidos e vapores, diversos produtos químicos. Essa identidade de quem são os químicos profissionais está de fato presente também na realidade no dia a dia dos trabalhadores químicos, do setor de vidros, do papel, do petróleo, enfrentando ambientes de trabalho com vapores de diversos produtos químicos, poeiras, fumaças, enfim é continuar a "maluquice" do Professor Pardal. Toda essa "maluquice" contribui para satisfazer as necessidades de consumo e sobrevivência das pessoas.

O presente livro objetiva conhecer o perfil de todos os trabalhadores do setor químico de 2000 a 2010, que variaram de 900 a 1 milhão e 300 mil trabalhadores nesse período. O conjunto desses trabalhadores é formado por profissionais químicos e engenheiros com formação em PHD, passando pelos operadores de processos químico e petroquímico, fabricadores de tintas, fabricadores de uma miríade de peças plásticas, fabricadores e manipuladores de medicamentos, preparadores de material de limpeza e higiene, até os trabalhadores braçais que extraem e separam o sal das salinas e que compõem essa complexa força de trabalho no Brasil da primeira década do Século XXI. Diferente "dos velhos alquimistas" que queriam transformar tudo em ouro, os modernos alquimistas buscam nos múltiplos processos de trabalho produzir todo tipo de produto para tornar a vida mais agradável para o ser humano, enfim suprir desde as necessidades básicas até a realização dos "sonhos impossíveis", como chegar talvez em outras galáxias. Ao mesmo tempo são os que com seu trabalho também buscam novas fórmulas para o "elixir da vida", pois milhões de substâncias químicas são descobertas ou preparadas, no caso de medicamentos para o prolongamento da vida. Atualmente estão catalogados cerca de 61,5 milhões de substâncias orgânicas e inorgânicas registradas no CAS (*Chemical Abstracts Service*, divisão da *American Chemical Society*). No banco de dados CHEMCATS (*Chemical Catalogs Online*) estão registradas 53,9 milhões de produtos químicos disponíveis comercialmente (ARCARI, 2011). Já se fala que estamos na atual década (2010-2020) esperando o nascimento das pessoas que viverão 120 anos, pois o atual estágio de pesquisa e desenvolvimento tecnológico e da nanotecnologia, a partir do trabalho individual e coletivo do conjunto de todos esses trabalhadores, permitirão esse prolongamento da vida.

A descrição do perfil dos Químicos é o resultado e discussão de uma análise dos microdados da Relação Anual de Informações Sociais (RAIS) do Ministério do Trabalho e Emprego. Foram cruzados diversos dados e variáveis: ocupações, grau de instrução, horas contratuais de trabalho, idade, regiões e Estados onde estão concentrados no Brasil, rendimento médio, sexo, em que tamanho de estabelecimento trabalham, tempo de emprego, tipo de deficiência e em que atividade econômica desenvolvem suas ocupações entre outras variáveis.

O perfil retrata o estado de arte sociodemográfico de quem são os trabalhadores químicos e a evolução dessa importante força de trabalho na atual Divisão Social do Trabalho. É um antecedente importante para melhor conhecer, posteriormente no projeto desenvolvido na parceria entre o Conselho Nacional do SESI e o Sindicato dos Químicos do ABC com a execução técnica desse Estudo e Pesquisa do Laboratório de Psicologia do Trabalho da Universidade de Brasília, a epidemiologia e a radiografia minuciosa de saúde e trabalho que esses trabalhadores enfrentaram e enfrentam nos diversos locais de trabalho. O adoecimento e acidentalidade que serão reportados em um segundo livro em decorrência das diversas etiologias existentes que vão desde o modo de gestão da atual força de trabalho no capitalismo brasileiro, como o manuseio por esses trabalhadores dos milhões de produtos químicos existentes e da associação dos diversos riscos existentes e seus impactos para o meio ambiente e as medidas de prevenção necessárias.

2.
Método

Remígio Todeschini

A presente pesquisa iniciou com o estudo do banco de dados da Relação Anual de Informações Sociais (RAIS) prestadas pelas empresas anualmente ao Ministério do Trabalho e Emprego. Esse banco de microdados tem sido disponibilizado pelo Ministério do Trabalho e Emprego para a comunidade científica e para estudos no Laboratório de Psicologia do Trabalho (LPT) da Universidade de Brasília que os atualiza anualmente, mediante cláusula de confidencialidade. Entre maio e outubro de 2012 todos os dados foram auditados, retiradas as duplicidades e checadas as variáveis no período de 2000 a 2010, tanto para esse estudo do perfil dos trabalhadores químicos como para o estudo epidemiológico em continuidade a esse trabalho que é o projeto de Saúde e Trabalho dos Químicos no Brasil. Essa checagem do banco de dados deu-se com diversas reuniões e encontros também com a equipe do Ministério do Trabalho e Emprego que é responsável pela RAIS. Foram visitadas em julho de 2012 três grandes empresas do setor químico no ABC-Paulista, nas cidades de Mauá-SP e Santo André-SP, pertencentes ao Sindicato dos Químicos do ABC para checagem dos dados de preenchimento relativos à Classificação Brasileira de Ocupações (CBO) e a metodologia adotada por essas empresas para o preenchimento. A checagem também se estendeu para o banco de dados de sócios químicos do mesmo sindicato no mês de junho/2012.

Após a escolha das CNAES, daquelas atividades que vão desde a extração de matéria-prima para a indústria química, passando pela Indústria de Transformação e até o comércio atacadista dos produtos fabricados, que compõe a Classificação Nacional de Atividades Econômicas foi criado um banco de dados específico das atividades econômicas conforme o demonstrativo dos agrupamentos das CNAEs do setor químico e afins, descritas no Capítulo 3º — Parte I deste livro. Todo esse processamento ocorreu no Laboratório de Psicologia do Trabalho com a utilização do *software* estatístico SPSS (*Statistical Package for the Social Sciences*), sendo também processados com o mesmo *software* os bancos de microdados da Previdência Social, fornecidos pela Previdência à UNB, mediante Termo de Cooperação

Técnica com cláusula de confidencialidade. Os bancos de dados da Previdência que ajudaram na composição do estudo epidemiológico cruzados com o Banco da RAIS foram: o Banco de vínculos, o Banco de Comunicação de Acidentes do Trabalho (CAT) e o Banco de Benefícios da Previdência Social. Esse universo de informações conteve cerca de 660 milhões de sujeitos, ou seja, 60 milhões de sujeitos nos dois bancos de dados (Previdência e Ministério do Trabalho) em cada um dos anos analisados.

O Capítulo 4º, da Parte I foi fruto de pesquisa e revisão bibliográfica da análise do trabalho desenvolvido pelos químicos, a evolução histórica desse trabalho e as diferentes revoluções tecnológicas.

Paralelo ao banco de dados da RAIS dos agrupamentos das atividades econômicas dos químicos e afins foi criado um banco de dados com não químicos para o estudo comparativo objeto deste livro. Esta comparação foi adotada para diversas variáveis do perfil dos químicos no banco de dados da RAIS. O comparativo de análise entre o perfil sociodemográfico dos químicos com os não químicos, comparada com amostra aleatória de 3%, é o mesmo percentual dos químicos entre todos os trabalhadores da RAIS.

3.
Quadro das atividades econômicas dos químicos, estudadas

Remígio Todeschini

Em que atividades econômicas os químicos e afins desenvolvem o seu trabalho e o que produzem.

Para a compreensão de quem são os trabalhadores químicos e afins, quanto ao seu perfil aqui relatado, parte da Classificação Nacional de Atividades Econômicas (CNAE), alguns CNAES e Grupos de CNAES. Esses trabalhadores foram selecionados entre os que desenvolvem atividades com produtos químicos e afins compreendendo a seção de Atividades Extrativas, Atividades da Indústria de Transformação, Atividades de Eletricidade e Gás além de Atividades Econômicas voltadas ao Comércio atacadista destes produtos. Enfim, esses CNAES e grupos de Atividade econômica selecionados estão relacionados à atividade econômica química, que vão desde a extração dos produtos necessários para os processos químico-físicos como a sua distribuição final no atacado para que chegue aos consumidores no varejo. Todo esse trabalho é desenvolvido dentro de uma complexa divisão social do trabalho, diferenciada e especializada e desempenhada por distintos indivíduos ou grupos (SILVA, 2000), que interagem ou se subordinam entre si, que é cada vez mais extensa e profunda em função do atual estágio de desenvolvimento da indústria química no Brasil.

A divisão social de trabalho existente é fruto do labor e saber do trabalhador coletivo, conforme expressam Codo, Sampaio e Hitomi (1994) quando afirmam:

> Dada à divisão do trabalho, o produto do trabalho só pode ser obra desse trabalhador coletivo, quer seja pela composição mecânica de produtos parciais autônomos, quer seja pela sequência de processos e manipulações conexas (p. 162).

Além disso, todo o trabalho exercido pelo conjunto dos trabalhadores químicos e afins tem uma carga de afeto, uma subjetividade química, pois está impregnado do "metabolismo histórico homem-natureza" (CODO; SAMPAIO; HITOMI, 1994, p. 188) pelo conjunto de transformações feitas por esses trabalhadores no exercício de seu trabalho. O conjunto das atividades econômicas em que os trabalhadores do setor processam, manipulam e estabelecem conexão dos produtos químicos desde a extração, fabricação ou venda no atacado de produtos químicos e afins tem o desdobramento e entrelaçamento em 27 grupos econômicos, conforme o descrição a seguir de cada um desses agrupamentos selecionados:

Extração de carvão mineral	Trabalho de extração feito de forma manual ou mecânica em minas subterrâneas ou a céu aberto. Do carvão mineral são extraídos inúmeros produtos químicos: combustível, acetileno, benzeno, tolueno, xileno, fenóis, metanol, enxofre entre outros, e é utilizado como processo síntese para amônia e diversos produtos químicos. (DEM/UFMG, 2012).
Extração de petróleo e gás natural	É o processo de extração de petróleo e gás removido do subsolo marinho ou terrestre. O processo inicial de extração é feito mediante a perfuração de poços, quer na terra ou no mar, e coadjuvado por um processo de recuperação do petróleo, via injeção de água, reinjeção de gás e um processo de recuperação aprimorada do Petróleo. (CONCLA, 2012; WIKIPEDIA, 2012).
Extração de minerais radioativos	A extração de minerais radioativos se dá em minas subterrâneas ou a céu aberto. Os principais minerais radioativos são o Urânio e o Tório, utilizados em maior escala em usinas nucleares, sendo o Césio utilizado para fins medicinais e na indústria. Esses minerais radioativos antes de serem utilizados passam por um processo de purificação química. (MARTINS, 1990).
Extração de minerais para fabricação de adubos e sal marinho/sal gema	Este agrupamento compreende as atividades de extração de minerais não metálicos em pedreiras, em depósitos aluviais, rochas e terras sedimentares. Os produtos compreendidos nesta divisão são: para a fabricação de produtos químicos (fosfatos e sulfatos naturais) utilizados na fabricação de adubos. Este agrupamento compreende também as atividades de beneficiamento, associado ou em continuação à extração (limpeza, secagem etc.) e as atividades de refino do sal marinho. (CONCLA, 2012).
Atividades de apoio à extração de petróleo e gás natural	Este agrupamento compreende as atividades especializadas de apoio à extração mineral executadas sob contrato. Inclui os serviços feitos por métodos de prospecção tradicionais (p.ex., a retirada de amostras de petróleo, gás), por observações geológicas, bem como por perfurações e reperfurações com objetivo de análise de campos de petróleo e de outras áreas de mineração. (CONCLA, 2012).

Fabricação de celulose e outras pastas	Este agrupamento é a matriz da fabricação de celulose, polpa moldada e outras pastas a partir de reações químicas, para fabricação posterior de papel, papel-cartão e papelão e de produtos fabricados com papel, papel-cartão ou papelão ondulado. (CONCLA, 2012; CRQ 4, 2012).
Fabricação de papel	Este agrupamento decorre do processo anterior da fabricação de celulose, polpa e pastas a partir de reações químicas para a fabricação do papel. (CONCLA, 2012; CRQ 4, 2012).
Fabricação de embalagens de papel	Este agrupamento decorre do processo anterior da fabricação de celulose, polpa e pastas a partir de reações químicas para a fabricação de embalagens de papel. (CONCLA, 2012; CRQ 4, 2012).
Fabricação de produtos diversos de papel	Este agrupamento decorre do processo anterior da fabricação de celulose, polpa e pastas a partir de reações químicas para a fabricação de produtos diversos de papel. (CONCLA, 2012; CRQ 4, 2012).
Coquerias	Este agrupamento compreende a transformação de carvão mineral (betuminoso/hulha) por meio do processo de coqueificação (processo químico), tendo como resultante produtos carboquímicos como amônia anidra, benzeno refinado, tolueno industrial, xileno industrial, piche, óleo antracênico, naftaleno e outros. (CONCLA, 2012; GERDAU, 2012).
Fabricação de produtos derivados de petróleo	A atividade deste agrupamento compreende o refino a partir do beneficiamento do petróleo cru para a obtenção de produtos como combustíveis (gasolina, óleo diesel, querosene), parafina, asfalto, nafta etc. Este agrupamento compreende também a fabricação de produtos a partir de minerais betuminosos, a fabricação de produtos derivados de petróleo produzidos fora de refinarias, a atividade de formulação de combustíveis líquidos a partir da mistura de correntes de hidrocarbonetos, a atividade de re-refino de óleos lubrificantes usados. (CONCLA, 2012).
Fabricação de Biocombustíveis	O mais conhecido dos biocombustíveis brasileiros é o etanol extraído da cana-de-açúcar. Outros materiais como cascas de arroz, restos de plantas, óleos vegetais e resíduos já estão sendo usados para gerar energia. Até do lixo urbano pode-se, por exemplo, extrair gases para movimentar veículos e sustentar sistemas de aquecimento. (CRQ 4, 2012).
Fabricação de produtos químicos inorgânicos	A fabricação dos principais produtos Inorgânicos são: Cloro e álcalis, fertilizantes, adubos e gases industriais. Os fertilizantes são desenvolvidos a partir de compostos químicos que têm a finalidade de fixar o nitrogênio nos vegetais. Os gases industriais desempenham funções essenciais em diversos tipos de indústrias. O hidrogênio, por exemplo, é usado na produção de amoníaco e na hidrogenação de óleos comestíveis, além de ser um

	importante ingrediente para a indústria química e petroquímica. O nitrogênio, como gás, por sua vez, é empregado na preservação do sabor dos alimentos embalados, evitando a oxidação. Já o gás carbônico é usado na refrigeração de sorvetes, carnes e outros alimentos. (CRQ 4, 2012).
Fabricação de produtos químicos orgânicos	A concentração dos produtos químicos orgânicos está na indústria petroquímica, sendo os principais entre milhares deles: hidrocarbonetos, cloretos, metanol e diversos tipos de álcool, compostos de óxido de etileno, fenóis, éteres, acetatos entre outros. Nesta classificação da indústria química de produtos orgânicos também são fabricados: intermediários para plastificantes, resinas e fibras para a indústria têxtil. Grande parte desses produtos passa por segundos e terceiros processos de transformação antes de chegar a um produto final. (CRQ 4, 2012).
Fabricação de resinas artificiais e sintéticas	As fibras químicas artificiais são produzidas a partir da celulose, substância fibrosa encontrada na pasta de madeira ou no linter de algodão e tendo como produto o raiom viscose e o raiom acetato. As fibras sintéticas, acrílico, náilon, poliéster, polipropileno e a fibra elastomérica, são originárias da petroquímica. As duas resinas são matéria-prima da indústria têxtil para a confecção de vestuário com rapidez e a um custo mais baixo, reduzindo a vulnerabilidade da indústria têxtil às eventuais dificuldades da produção agrícola. (BNDES, 1995).
Fabricação de resinas e elastômeros	As principais resinas termoplásticas fabricadas são: Polipropileno, Polímeros de etileno, Policloreto de vinila (PVC). Os elastômeros conjugam propriedades da borracha com a facilidade de transformação dos plásticos. Tanto resinas como elastômeros são utilizados na indústria automobilística, eletroeletrônica e a da construção civil, para substituir vidros, cerâmicas, metais, entre outros, por apresentarem custo reduzido e propriedades vantajosas. (CRQ4, 2012).
Fabricação de tintas e vernizes	A fabricação de tintas e vernizes é feita por meio da formulação de diferentes produtos químicos: resinas, solventes, pigmentos, corantes, *fillers* (materiais de enchimento), aditivos, plastificantes, secantes, antimofos e antiespumantes etc. De acordo com o uso, as tintas podem ser brilhantes ou foscas, transparentes ou opacas, coloridas ou incolores. Também podem apresentar resistência a determinados tipos de agentes agressivos, tais como: água, sol, oxidação pelo ar, ácidos, bases, solventes e gases, dentre outros. (CRQ 4, 2012).
Fabricação de produtos e preparados químicos diversos	Neste grupo da Classificação Nacional de Atividades Econômicas (CNAE) do setor químico são compreendidas as fabricações de diversos produtos químicos, como: produtos estimuladores de reações químicas, os chamados catalisadores; aditivos de

	uso industrial; a fabricação de explosivos utilizados na mineração, como propelente de foguetes, armas de fogo e fogos de artifício; colas e adesivos utilizados em diversos materiais como metal, madeira, vidro, entres outros para mantê-los unidos. (CONCLA, 2012; CRQ 4, 2012).
Fabricação de produtos farmoquímicos	Os farmoquímicos são substâncias e produtos químicos que se transformam em medicamentos. Seu processo de produção começa com a identificação de substâncias orgânicas extraídas de plantas por métodos físico-químicos e testes para verificar sua atividade no combate a muitos tipos de doenças. Após os testes, elas são selecionadas e isoladas. As mais eficientes podem se transformar em matérias-primas da indústria farmacêutica, quando passam a ser chamadas de princípios ativos ou fármacos. (CRQ4, 2012).
Fabricação de produtos farmacêuticos	Fabricação de milhares de medicamentos para uso humano a partir dos princípios ativos ou fármacos, fabricação de medicamentos para uso veterinário e preparações farmacêuticas. (CONCLA, 2012).
Fabricação de produtos de borracha	O processo de produção de borracha sintética advém de produtos químicos como o butadieno e o negro de carbono entre outros polímeros e elastômeros provindos da refinação de petróleo e da petroquímica. As atividades da indústria de transformação da produção de borracha compreendem pneumáticos e câmaras de ar e uma infinidade de artefatos de borracha. As borrachas, tanto a natural como a sintética, estão presentes na indústria automobilística, na indústria de calçados, na mineração, na produção de brinquedos, na saúde e em muitos outros setores produtivos. (RUBBERPEDIA, 2012; CONCLA, 2012; CRQ 4, 2012).
Fabricação de produtos de material plástico	A partir de diversos polímeros e resinas, pelo processo de trabalho de moldagem por aquecimento, injeção a vácuo, termoestabilização em prensas hidráulicas e a extrusão, que consiste na fusão e compressão da substância plástica, são fabricados diversos materiais plásticos: laminados planos e tubulares de material plástico; embalagens de material plástico; tubos e acessórios de material plástico para uso na construção; e diversos artefatos de material plástico para fins domésticos, comerciais, para brinquedos e lazer e para a saúde humana entre outros. Por exemplo, as embalagens plásticas dão maior durabilidade aos alimentos, sem falar da estabilização dos mesmos nos processos de industrialização. (CONCLA, 2012; CRQ4, 2012).
Fabricação de vidro e produtos de vidro	Existem mais de 800 tipos de vidros que podem estar presentes em produtos: transparentes ou opacos, coloridos ou incolores, brilhantes ou desenhados. Está nos espelhos, nas lâmpadas, nas janelas, dentro da cozinha em pratos, copos

	e travessas refratárias, em portas, vitrines e fachadas de prédios, prateleiras e ornamentos, espelhos, para-brisas e janelas de carros, prateleiras de móveis e geladeiras, embalando bebidas, alimentos e medicamentos, lentes de óculos, binóculos e microscópios, equipamentos de laboratórios e muitos outros produtos. Seu processo de fabricação utiliza basicamente areia, cal e barrilha (produtos químicos). Há outros produtos químicos como ingredientes secundários que facilitam o processo de produção dos vidros, ao reduzirem a temperatura de fusão e acrescentarem propriedades especiais, que diferenciam um tipo de vidro de outro. (CRQ4, 2012).
Produção e distribuição de combustíveis gasosos	Esse trabalho se desenvolve na produção de gás e respectivo processamento de gás natural, além da distribuição de combustíveis gasosos por redes urbanas. (CONCLA, 2012).
Comércio atacadista especializado em combustíveis, gás e produtos químicos	O comércio atacadista revende mercadorias novas ou usadas, sem transformação, a varejistas, a usuários industriais, agrícolas, comerciais, institucionais e profissionais, ou a outros atacadistas para suprir as diversas necessidades destes segmentos e setores econômicos que vão até o consumidor final quando estes produtos são disponibilizados aos indivíduos. Esse trabalho de revenda é um trabalho especializado do que foi produzido no âmbito da indústria química, e em grande parte esse comércio é realizado pelas próprias fabricadoras químicas ou de petróleo. Esse comércio atacadista compreende: combustíveis sólidos, líquidos e gasosos, gás natural e gás liquefeito de petróleo (GLP); defensivos agrícolas, adubos, fertilizantes e corretivos do solo; produtos químicos e petroquímicos. (CONCLA, 2012).

4.
O Trabalho dos químicos, evolução, história e Revoluções Tecnológicas

Remígio Todeschini e Wanderley Codo

O trabalho dos químicos como transformação da natureza

O ponto de partida é que o trabalho desenvolvido pelos trabalhadores químicos nas diversas e múltiplas atividades econômicas visa atender inúmeras necessidades básicas da vida humana: supre necessidades de alimentação, habitação, comunicação, educação, lazer, entre outras. Conservantes químicos ou embalagens mais resistentes são utilizados para manter os alimentos comestíveis por mais tempo e isso depende do trabalho dos químicos. O cozimento dos alimentos em geral necessita de gás, produto químico, extraído por trabalhadores do setor petróleo. Materiais na construção de casas e apartamentos como colas, tintas e vernizes, tubulações, dependem também desses trabalhadores. Para a educação são necessários livros e cadernos. Os livros para serem impressos dependem de tintas e pigmentos, assim como para a produção de papel dos cadernos há necessidade do preparo da pasta de celulose a partir de processos químico-físicos. O lazer, no caso de uma viagem com a utilização de um meio de transporte: avião, ônibus ou carro de passeio, necessita de um combustível. Gasolina, querosene de aviação ou álcool, combustíveis, são produtos químicos. Produtos esses processados em complexos industriais fruto do conhecimento técnico e trabalho coletivo de diversos trabalhadores do setor químico e do petróleo.

Todos esses produtos advêm de processos de trabalho, que são processos transformadores da natureza, que visam sempre suprir as necessidades humanas. O resultado do processo de trabalho são produtos à disposição das pessoas de forma universal para o consumo conforme as demandas básicas ou fruto do sonho das pessoas. O trabalho é enaltecido por Marx:

> (...) como criador de valores de uso, como trabalho útil e indispensável para a existência do homem — quaisquer que sejam as formas de sociedade — é uma necessidade natural e eterna para realizar o intercâmbio material entre o homem e, a natureza, e para tanto, manter a vida humana (apud NEFFA, 2003. p. 79, tradução nossa).

O trabalho é um processo histórico em que o homem é produtor da própria existência e arquiteto de sua estrutura social, como afirmam Codo, Sampaio e Hitomi (1994):

> Trabalho, em síntese, dupla transformação de si e do mundo (ou do outro), que caminha em direção a engendrar o homem, este ser de necessidades e imaginação, capaz de construir suas condições e existência, portanto sua sociabilidade. (p.71-72).

Enfim, parte do trabalho humano é desenvolvida por esses trabalhadores do setor químico na transformação da natureza: dos produtos químicos naturais básicos em novos produtos químicos e fármacos para a sobrevivência humana e convivência social. Nesse metabolismo transformador na relação com a natureza produzem-se continuamente novas moléculas, novos fármacos, novos remédios, por exemplo, a partir de misturas e rearranjo de milhares delas para a cura ou para esse medicamento ser um paliativo dos muitos males que afligem a vida humana e proporcionar às pessoas uma melhor qualidade de vida com o domínio da natureza.

Um pouco da história do trabalho químico e afins: dos primórdios da humanidade até as revoluções tecnológicas

Na história da humanidade na luta pela sobrevivência o homem buscava em primeiro lugar a satisfação das necessidades básicas como comida, habitação e vestuário. A química estava presente desde os primórdios na vida das pessoas, fruto do trabalho do homem e da descoberta do fogo, utilizado para o cozimento de alimentos e aquecimento, como relatado por Derry e Williams (1986), em sua *História da Tecnologia: desde a antiguidade até 1750*. Houve com o fogo a necessidade de se criarem utensílios cerâmicos e em consequência também houve o aparecimento do vidro. O sal foi utilizado para dar sabor aos alimentos, conservar a carne e o pescado, assim como os egípcios utilizavam o sal para o embalsamamento de corpos. O vidrado cerâmico exigia um considerável número de produtos químicos: os babilônicos utilizavam óxido de chumbo para fazer vidro e era utilizado o cobalto para obter a coloração azul.

Os esmaltes, para pinturas, eram produzidos pelos Egípcios desde o segundo milênio antes de Cristo. A fermentação era utilizada para conseguir álcool puro e vinagre. Os pigmentos naturais foram encontrados em artes pré-históricas de diversos povos. A iluminação nos tempos remotos era feita à noite a partir de queima de gorduras animais, além do azeite de oliva no Egito.

A química também se desenvolveu com a indústria do vestuário, inicialmente com tinturas de origem vegetal e animal, em que eram utilizados sais de alumínio como fixadores de tinta nos tecidos, e desenvolvido o sabão para lavagem de vestuário.

O nitrato de potássio no século VIII era utilizado para separar ouro de prata, e o ácido nítrico de sal de amônia permitia dissolver ouro, importante para atividades econômicas metalúrgicas. Interessante observar que a fusão do ouro era uma prática de 1.500 anos a. C. pelas comunidades pré-colombianas nas Américas como pode ser constatado no próprio Museu do Ouro na Cidade de Bogotá na Colômbia, um dos mais importantes museus mundiais do ouro. As misturas inflamáveis eram conhecidas 500 anos a. C. e na China a partir do século X d. C., onde se produziam misturas explosivas para atividades de guerra e fogos de artifício, com a utilização dos produtos químicos como potássio, enxofre e carvão vegetal.

Os alquimistas, na incessante busca do elixir da vida e nas tentativas infrutíferas de transformar qualquer metal em ouro, com o florescimento da química médica e as primeiras sistematizações na preparação de medicamentos no século XVI, com Paracelso de Basiléia, deram lugar aos iatroquímicos. Paracelso ensinava que a "química devia produzir medicamentos para aliviar o sofrimento humano". (DERRY; WILLIAMS,1986. p. 392). A iatroquímica explicava o funcionamento do corpo humano e as doenças segundo processos químicos.

O aperfeiçoamento do trabalho químico foi lento, na Idade Média relatava Heers (1965) que: "Os processos químicos de extração do metal continuavam ainda assaz imperfeitos: as escórias, por volta de 1150-1200, continham cerca de 50% de ferro." (p. 61).

A moderna indústria química é fruto da Revolução Industrial, resultado do trabalho acumulado anterior, de centenas de anos de trabalhadores químicos, artesãos, escravos e da sistematização científica da química como ciência, com a participação de cientistas como Roberto Boyle e Lavoisier. Interessante observar que entre 1770 e 1790 proliferaram cursos de química em Paris, sendo que Lavoisier foi um dos principais difusores ampliando o conhecimento científico tanto da química como da farmácia, cursos esses que ocorriam no fervilhar pré-revolucionário também da Revolução Francesa (PERKINS, 2010). O avanço tecnológico deu-se também com John Dalton que foi um dos primeiros formuladores da teoria atômica, em 1808. Foram vários cientistas e formuladores que no período da Revolução Industrial e até o final do século XIX contribuíram para o aperfeiçoamento da química: Em 1797, Vauquelin descobriu o Cromo; em 1806, Friedrich Sertürner descobre a Morfina; em 1838, Henri Regnault polimeriza o Cloreto de Vinila; em 1840, Eduard Simon polimeriza o Estireno; em 1849, Adolphe Wurtz descobre as Aminas; em 1854, Pierre Berthelot sintetiza o álcool metílico e em 1862 sintetiza o Benzeno; e em 1871, Ernest Solvay desenvolve novo método de fabricação de soda (ANALES DE HIDROLOGIA MÉDICA, 2012).

Marx, ao fazer a análise econômica do capitalismo no decorrer da Revolução Industrial, fala que todo esse processo de mecanização e introdução dos conhecimentos científicos técnicos e da química decorreu do acúmulo do trabalho realizado no decorrer dos tempos e que se aperfeiçoará com experiência prática em larga escala. Na própria evolução da atividade econômica química foram utilizados os conhecimentos das ciências naturais e esse conhecimento científico ajudou a impulsionar a Revolução Industrial. O próprio Marx (1996), no *O Capital*, assim descreve esse momento de aplicação técnica da mecânica e química:

> O processo global é aqui considerado objetivamente, em si e por si, analisado em suas fases constituintes, e o problema de levar a cabo cada processo parcial e combinar os diversos processos parciais é resolvido por meio da aplicação técnica da mecânica, química etc., no que, naturalmente, a concepção teórica precisa ser, depois como antes, aperfeiçoada pela experiência prática acumulada em larga escala. (*apud* CODO; SAMPAIO; HITOMI, 1994. p. 146).

No final do século XIX, era intensa a movimentação sindical por causa dos reflexos da Revolução Industrial, em que o trabalho, com a intensa mecanização, era gerido de forma alienante, explorada, humilhante, monótona, discriminante, embrutecedora e submissa (BORGES; YAMAMOTO, 2004). Um dos movimentos vitoriosos dos trabalhadores na Inglaterra foi no setor de gás. Eram os fabricadores de gás a partir do carvão mineral, que era processado nos gasômetros. E por meio desse movimento, em função da introdução da luz elétrica que impulsionou ainda mais a atividade econômica e o consumo, organizaram greves pela redução da jornada de trabalho, que era de 12 horas diárias, para 8 horas. As novas tecnologias permitiram essa redução em função do grande crescimento econômico na época, impulsionado pelo consumo dos trabalhadores assalariados no "boom" econômico da Revolução Industrial (HOBSBAWN, 1981).

A produção química ganhou grande impulso na 1ª Revolução Industrial com a produção em larga escala de soda, ácido sulfúrico e amoníaco, produtos essenciais em qualquer processo industrial. Quem foi o introdutor do cloro para branqueamento do algodão e demais produtos têxteis foi James Watt, o aperfeiçoador da máquina a vapor que se associou a professores da área química da Universidade de Glasglow na Inglaterra para a introdução do cloro nas tecelagens mecanizadas. Foi uma revolução dentro da própria Revolução Industrial: as técnicas mecânicas combinadas com a química do Cloro. (MOKYR, 2001).

O grande impulso dado pela eletricidade possibilitou uma grande gama de produtos eletroquímicos no início do século XX. A engenharia química se efetivou em 1908. Houve avanços significativos na química pura o que possibilitou em pesquisas a criação de produtos químicos sintéticos (a química orgânica: dissolventes, colorantes, drogas e plásticos) (WILLIAMS, 1988). Enfim, milhares de pesquisas feitas por cientistas e técnicos e trabalhadores experimentais da área química possibilitaram avanços inacreditáveis, como o algodão e outros fios sendo substituídos por fibras sintéticas químicas, acabando com a sazonalidade da produção agrícola e estabelecendo um processo contínuo de fabricação em razão da crescente demanda dos diversos produtos em nível mundial, tanto em função do consumo das populações civis como para o esforço de guerra. A grande nódoa e a grande catástrofe no início do século XX foram as duas guerras mundiais (HOBSBAWN, 2002), que exigiram também novos produtos e o desenvolvimento maior da indústria química.

No Brasil também houve a introdução da indústria química moderna com a entrada da Rhodia Química no ABC e em São Paulo em 1919, com desdobramentos de unidades de fabricação de fibras sintéticas para fornecimento de produtos para a indústria têxtil. O surgimento da indústria química e farmacêutica possibilitou também que os trabalhadores se organizassem em sindicatos, como o dos Químicos do ABC e o Sindicato dos Químicos de São Paulo, nos anos 30, conforme relatado no Livro de Memórias do Sindicato dos Químicos do ABC, na comemoração de 70 anos, em 2008, em Santo André-SP (MÉDICI, 2008).

Em 1920 os americanos se destacavam como os principais produtores de produtos químicos. O ácido sulfúrico sempre foi um barômetro da indústria química e um dos carros-chefes da produção de químicos inorgânicos pesados. Muito utilizado como intermediário no refino de petróleo, fabricação de colorantes, drogas e explosivos. O enxofre foi um produto muito comum, utilizado nos processos químicos até que a BASF, alemã, (Badische Anilin-und-Soda-Fabrik) começou a utilizar o vanádio. O Ácido nítrico foi utilizado como produto químico importante na guerra para fabricação do TNT, como potente explosivo para bombas (trinitrotolueno). Até 1947 cresceu consideravelmente a indústria de fabricação da amônia, como matéria-prima importante na produção de fertilizantes.

Na fabricação de soda houve a evolução do método Leblanc para o método eletrolítico da Solvay, método mais econômico (WILLIAMS, 1988). Por sua vez houve uma luta importante dos trabalhadores químicos do ABC em 1988 para que a Solvay mudasse esse processo em função da utilização do mercúrio (REBOUÇAS et al. 1989), e essa tecnologia foi mudada por novo processo de membrana sem utilização de mercúrio em 2010.

Os produtos químicos orgânicos tiveram um grande desenvolvimento com o fortalecimento da indústria do petróleo, e a partir do refino a produção de diversos produtos químicos como etileno, benzeno, tolueno, naftaleno, fenol, piridina, antraceno é que se desenvolveu a indústria petroquímica que teve origem nos Estados Unidos com uma planta de álcool isopropílico da Standard Oil em 1920. Em 1940 se produzia mais de um milhão de toneladas de produtos químicos a partir do petróleo e esse incremento se acelerou em virtude da indústria de polímeros (WILLIAMS, 1988). Com a indústria petroquímica os métodos sintéticos se tornaram mais atrativos.

Na era de ouro do capitalismo, depois dos anos de catástrofes das duas guerras mundiais, houve a quadruplicação do consumo (HOBSBAWN, 2002), com uma forte demanda para produtos químicos. Desenvolveram-se as fibras artificiais e plásticos. Os plásticos moldados foram destinados para fabricação de: acessórios elétricos, telefones, utensílios de cozinha, jarras, depósitos de água, entre outros produtos. Ampliou-se a produção de acetato de celulose, náilon, polipropileno, poliestireno, termoplásticos e termoestáveis, sendo que a indústria automobilística era o principal cliente. Desenvolveu-se o PVC, cloreto de polivinila, como isolamento térmico. O polietileno foi desenvolvido na ICI (Inglesa), para fabricação de radares, e utilizado como termoplástico de moldagem versátil para utensílios caseiros e embalagens em geral, tornando-se um grave problema ambiental. Desenvolveu-se também a borracha sintética (WILLIAMS, 1988).

Um exemplo de parte da grande demanda de consumo na era de ouro do capitalismo decorreu dos jovens, a partir dos anos 60, com a chamada revolução cultural e o Rock, com os Beatles e outras bandas, que propiciaram o crescimento vertiginoso de produtos como blusas, saias, cosméticos e discos populares. Recordando que todos esses produtos eram em grande parte produtos sintéticos, fibras artificiais, como o náilon, entre outros produtos químicos. No Brasil nos anos 60 proliferavam as camisas "Volta ao Mundo" de fibras sintéticas, e ao usá-las os jovens estavam na onda cultural do momento. As vendas de discos "em 1955 eram de 277 milhões de dólares nos EUA, e em 1973 chegaram a 2 bilhões de dólares". (HOBSBAWN, 2002. p. 321).

A força de trabalho intelectual no setor químico em 1910, contando com físicos na Inglaterra e na Alemanha, era de 8 mil profissionais. Em 1980 essa mesma força de trabalho entre cientistas e engenheiros, entre os quais químicos e engenheiros químicos, era de 5 milhões, ou seja, 625 vezes maior do que em 1910, "sendo que 1 milhão estavam nos Estados Unidos" (HOBSBAWN, 2002. p. 504).

A depressão econômica dos anos 80, que perdurou até meados dos anos 90, fez com que a indústria química buscasse inovação e o desenvolvimento de novos produtos (GENT, 2002), sem falar da plena adaptação do setor químico aos novos tempos da revolução da informática. No início dos anos 80 até meados dos anos 90, os processos químicos e petroquímicos que eram analógicos (com aparelhos como manômetros e outros medidores, além da intervenção manual no processo químico), processos e formas de organização do trabalho provenientes do final da 2ª Revolução Industrial passaram a ser processos informatizados digitais (com sinais elétricos ou comandos computadorizados). Esse novo período de revolução informática permitiu as grandes fusões e concentrações em grandes empresas ampliando-se a capacidade de produção química no mundo. Recentemente, em 2009, em decorrência de pesquisas na área petroquímica começou a ser fabricado o plástico verde. A partir da cana-de-açúcar o etanol é transformado em etileno que por sua vez é a matéria-prima do polietileno que gera uma série de produtos plásticos para embalagens e outros fins (FONTES; CRUZ, 2007; CARTA CAPITAL, 2012).

Colin Gent (2002) ao fazer uma análise dos períodos de prosperidade e depressão econômicos do capitalismo estabeleceu ciclos ou Revoluções desde a 1ª Revolução Industrial, dividindo-os em quatro fases, conforme **Figura 1** a seguir, além de pré-anunciar um quinto ciclo. O primeiro ciclo é o Ciclo do Início da Revolução Industrial (1775) com o advento da máquina a vapor e implementação da indústria têxtil com a utilização massiva do algodão para vestuário, além do início das fundições de ferro e aço para a construção. O segundo ciclo começa em 1825 com o advento das ferrovias. O terceiro ciclo, a partir de 1885, foi baseado na eletricidade e na indústria automobilística. O quarto ciclo, esse mesmo autor, a partir de 1939, afirma que iniciou-se uma revolução exclusiva das comunicações e dos produtos químicos. Em 2002, GENT preconizava, em vista da crise de 1994, um quinto ciclo que seria visto como baseado no *hardware* e *software* da computação e o ciclo "genômico" (relativo à ciência genética, DNA etc...).

Figura 1. Ciclos/Revoluções Tecnológicas, segundo GENT

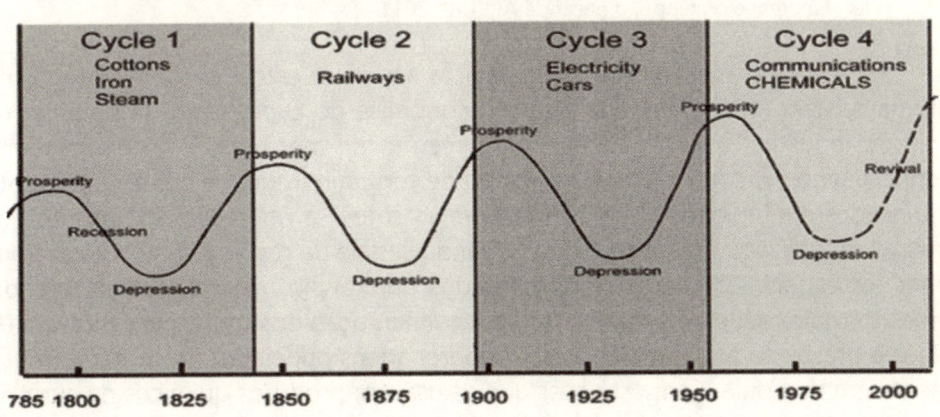

Diferente de GENT, é mais consistente afirmar o que é a sistematização comum entre diferentes pesquisadores dos diversos campos de conhecimento do mundo do trabalho da 1ª à 3ª Revolução Industrial (BORGES; YAMAMOTO, 2004) e das diversas tecnologias específicas conforme **Figura 2** de Manfred Weick, adaptada por Arcuri (2011).

Figura 2. Revoluções Tecnológicas e sua evolução

Revoluções Tecnológicas: Têxtil (1800) Ferroviária(1853) Automotiva (1913) Computador (1969) Nanotecnologia (1997)

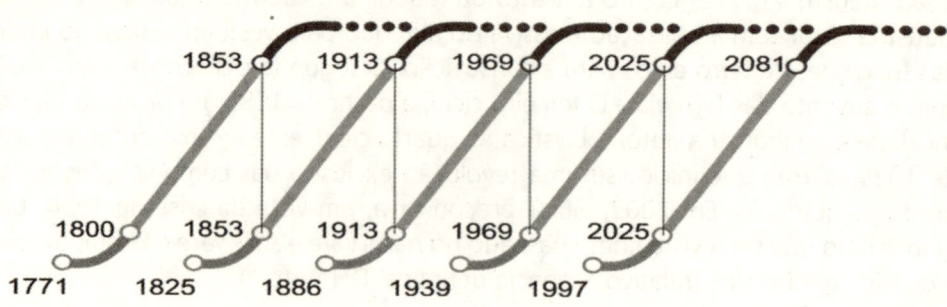

Fonte: © SIEMENS AG, CT, Manfred Weick Montag 1, Marz 2004 Grundlagen und State of the Art der Nanotehnologie.ppt , a partir de ARCURI, 2011.

Em todas essas revoluções tecnológicas a química esteve presente, até, como afirmava Marx (1996), em sua análise econômica do capitalismo na primeira revolução industrial que o conhecimento técnico da mecânica e a química eram conhecimentos incorporados ao trabalho de forma individual e coletiva, portanto intrincados e interligados. A primeira revolução teve a utilização do produto químico cloro utilizado em larga escala. Quando se fala da revolução tecnológica dos trens, esses, além de serem movimentados por carvão mineral, que desprendia produtos químicos para a combustão e movimentação dos trens, necessitavam de óleos e graxas para que todas as suas engrenagens pudessem funcionar perfeitamente em sincronia. Sem esquecer que se usavam produtos químicos na curtição do couro, utilizado para forrar os assentos nos trens, as cortinas e tecidos de algodão branqueado pelo cloro, e tingidos por diversos colorantes químicos, os odorizantes, etc. A revolução do automóvel (e a partir dela se intensifica a 2ª Revolução Industrial) vem paralela à indústria do petróleo, tão necessária, com a produção de produtos químicos essenciais como a gasolina, querosene e lubrificantes, que perdura até hoje. A revolução do computador entra na chamada 3ª Revolução Industrial, a Revolução da informática permitindo novos sistemas de processos químicos com a computadorização. Enfim, a química entra nesta conexão de vários processos, do trabalho coletivo de todos os trabalhadores e das várias fases e evoluções tecnológicas, como parte integrante do produto final do trabalho, conforme Codo, Sampaio e Hitomi (1994) também expressam:

> Dada à divisão do trabalho, o produto do trabalho só pode ser obra desse trabalhador coletivo, quer seja pela composição mecânica de produtos parciais autônomos, quer seja pela sequência de processos e manipulações conexas. (p. 162).

Por fim, conforme mostra a figura 2, já se iniciou a 4ª Revolução Industrial, que é a Revolução da Nanotecnologia. A citação de que ciência e técnica estão diante de uma nova revolução é frequente em boa parte da literatura que trata do assunto, outros como Pautrat (2011) lançam dúvidas entre uma evolução ou uma revolução, até porque esse autor levanta os riscos associados a essa nova tecnologia, devendo a mesma ter controles sociais.

A nanociência e a nanotecnologia são a ciência e técnica da miniaturização dos objetos, o que levou à descoberta de objetos nanométricos, como os nanotubos. Qual é a dimensão desta miniaturização? Zarbin (2011) explica:

> A dimensão de 1 nanômetro (1 nm) equivale a um bilionésimo do metro — algo como 50.000 vezes menor que o diâmetro de um fio de cabelo. Para se ter uma ideia, o tamanho médio de um único átomo corresponde a 0,2 nm, ou seja, 1 nm corresponde ao tamanho médio de cinco átomos enfileirados. (s/p).

As técnicas nanométricas associadas à microeletrônica vão possibilitar a criação dos biochips, que constituem um laboratório inteiro de análise química (*lab-on-a-chip*), por exemplo, das sequências genéticas do DNA. Na medicina, possibilitarão novas terapias em que uma nanopartícula pode reconhecer órgãos doentes, e levar uma molécula terapêutica de um farmoquímico ao seu destino correto (PAUTRAT, 2011). As múltiplas utilizações da nanotecnologia permitirão confeccionar, por exemplo, tecidos com capacidade de reconhecer e neutralizar agentes agressivos ou de suportar condições extremas de temperatura, impacto ou corrosão. As nanopartículas já fazem parte do mundo dos plásticos, entrando na fabricação de compostos mais resistentes, com melhores propriedades dielétricas e menor permeabilidade a gases (TOMA, 2005). No petróleo e na petroquímica, a utilidade da nanotecnologia estabelecerá sensores ultrassensíveis para detecção "online" de contaminantes críticos, como os transportadores de enxofre e metais pesados que envenenam os catalisadores, e neste aspecto podem ser desenvolvidos nanocatalisadores petroquímicos de alta eficiência. Desenvolvimento de biopolímero magnético atuante no combate ao impacto ambiental (LEIXAS *et al.* 2012). O Portal de laboratórios virtuais de processos químicos de Portugal (2012) descreve uma série de outras aplicações da nanotecnologia: desenvolvimento de protetores solares com nanopartículas de óxido de zinco, que são muito eficientes para absorver os raios ultravioleta, mas deixam passar a luz visível, tornando o creme transparente; embalagens para alimentos com nanopartículas de prata que têm propriedades antibacterianas; roupas e tecidos revestidos com nanofilamentos que repelem a água e a sujeira; papéis de parede com propriedades antibacterianas em hospitais, entre outras aplicações. Na literatura científica encontram-se inúmeros estudos e pesquisas no campo da nanotecnologia e química: nanotubos e aminoácidos (HU; LI; FENG; JI, 2012); melamina e nanopartículas (BASKAR; LIAO; CHANG; ZEN, 2012); nanofibras e etileno glicol (CHILAKAA; GHOSHA, 2012); açúcar anfifílico e nanotubos (FENG; LUO; XIAO; JI; ZHENG, 2011); nanofibras de poliacrilonitrilo (YU; WILLIAMS; GAO; BLIGH; YANG; WANG, 2012); nanocompostos de polímeros à base de Óxido de Etileno (WANG; LI; YANG, 2010); nanotubos de carbono e copolímero de acetato de vinila-etileno (FANG; ZHAO; ZHA; WANG; DANG, 2012).

A nanociência busca melhorar a vida das pessoas, no entanto é bom recordar que o grande desafio no caso da nanotecnologia é desenvolver produtos que sejam estáveis, pois conforme afirma Zarbin (2011):

> (...) o grande desafio da química nesta área consiste exatamente em preparar nanopartículas estáveis (ou seja, que não sofram decomposição, agregação ou crescimento nessa escala de tamanho) e que possam ser manipuladas, dispersas e depositadas sobre substratos, sem perder suas características. (s/p.)

Arcuri (2011), pesquisadora na área de Nanotecnologia da Fundacentro em São Paulo, salientou em sua palestra sobre impacto ambiental da indústria química e o caminho até 2020 na **CONFERÊNCIA INTERNACIONAL: A Indústria Química em 2020 — Um Novo Rumo é Possível,** promovida pelo Sindicato dos Químicos do ABC-SP que a II Conferência Internacional sobre Gestão de Produtos Químicos — II ICCM/SAICM em 2009 apontou quatro problemas emergentes que deveriam ser levados em consideração: nanotecnologias e nanomateriais manufaturados; químicos em produtos domésticos; lixo eletrônico; e chumbo em tintas.

A força de trabalho do setor químico e afins deverá estar cada vez mais consciente para que as forças da tecnociência atuem no sentido de transformar a natureza a serviço do homem e não serem agentes de destruição. E concluindo esse relato da história do trabalho químico e das revoluções tecnológicas deve-se evitar a predição de Eric Hobsbawn (2002) em seu livro *Era dos Extremos:* "As forças geradas pela economia tecnocientífica são agora suficientemente grandes para destruir o meio ambiente, ou seja, as fundações materiais da vida humana." (p. 562).

A força de trabalho na área química, que busca construir um trabalho que desenvolva "suas potencialidades e identidades, que seja desafiante, interessante no conteúdo, plural e variado, estável, de relações de poder baseadas na equidade, estruturado nas organizações de forma mais horizontalizada e que preserve os espaços de participação" (BORGES, YAMAMOTO, 2004) sem dúvida deverá conter essa ameaça para que se possa viver condignamente com o anteparo de todas as tecnologias fruto do trabalho e saber coletivo dos trabalhadores aliados aos pesquisadores nas diversas áreas de conhecimento. Um exemplo importante de avanço recente das tecnologias, no caso da nanotecnologia a serviço da saúde, mostra que a utilização de nanopartículas no tratamento de câncer de pele entre 65 pacientes com 184 lesões iniciais ou superficiais, demonstrou que com a aplicação de nanopartículas quimioterápicas em um hospital de Brasília feitas pela médica Simone Karst da UNB houve uma cura de 98,5% do total das lesões (LEÃO, 2012). Excelente notícia e sem dúvida outras virão para que os fundamentos materiais da vida humana evoluam sempre.

Parte II

Resultado e discussão do perfil sociodemográfico dos trabalhadores químicos e afins de 2000 a 2010

Part II

1.
Em que classes de atividades econômicas os químicos trabalham

Remígio Todeschini

O quadro geral de trabalhadores químicos e afins de 2000 a 2010

O **Quadro 1** mostra, a partir dos dados da RAIS, quantos trabalhadores químicos estavam em atividade entre 2000 e 2010 nos 27 grupos econômicos do ramo, conforme descrito no quadro de atividades econômicas químicas e afins do Capítulo 3 da Parte 1 deste livro.

Quadro 1. Número absoluto de trabalhadores químicos e afins estudados entre 27 grupos econômicos selecionados

Ano	Trabalhadores Químicos
2000	902.797
2001	960.615
2002	1.083.646
2003	1.055.812
2004	951.536
2005	980.946
2006	1.109.344
2007	1.150.655
2009	1.233.702
2010	1.307.961

Fonte: RAIS. Exceto 2008.

Em 2000 os 27 grupos econômicos do ramo químico e afins registravam 902.797 trabalhadores formais que cresceram para 1.307.961 em 2010 em decorrência principalmente do crescimento econômico ocorrido no período. O crescimento do emprego nos 11 anos estudados foi de 44,87%. Os trabalhadores químicos representavam em média 3% de todos os trabalhadores formais no Brasil, na base de dados da RAIS.

A distribuição de trabalhadores químicos e afins por divisão e grupo do CNAE

Como estavam distribuídos esses mesmos trabalhadores pelas 11 divisões das atividades econômicas químicas? Essa resposta nos é dada pela **Tabela 1** (Anexos), e mostrada pelo **Quadro 2**, em que estavam concentrados em 3 divisões mais de 70% dos trabalhadores químicos e afins conforme demonstrado a seguir:

Quadro 2. Divisões químicas e afins onde há a maior concentração de trabalhadores (%)

Ano	Fabricação de celulose e papel	Produtos químicos	Borracha e material plástico
2000	14,7	33,2	34,1
2001	14,8	32,4	34,7
2002	13,9	32,1	33,5
2003	13,6	31,6	33,3
2004	14,3	32	33,7
2005	14	32,1	33,8
2006	13,8	21,3	34,8
2007	13,7	20,8	34,9
2008	14,1	21,7	36,2
2009	13,2	20,3	33,4
2010	13,2	20,6	33,9

Fonte: RAIS

Tem se mantido constante a participação da divisão da borracha e plástica, como da fabricação de celulose e papel, com diminuição gradativa nos últimos 11 anos dos produtos químicos em geral.

E como se dá a distribuição mais detalhada pelos 27 grupos econômicos? A resposta nos é dada pela **Tabela 1.1** (Anexos). Seis grupos são os que mais se destacam na participação da força de trabalho química. O primeiro é o grupo de Fabricação de Material Plástico que teve a seguinte evolução de 2000 a 2010 na participação total dos trabalhadores químicos e afins: 25,3% (2000); 26% (2001); 25,4% (2002); 24,9% (2003); 25,1% (2004); 25,6% (2005); 26,6% (2006); 26,9% (2007); 27,9% (2008); 26,2% (2009) e 26,4% (2010). O segundo principal grupo que teve crescimento em sua força de trabalho ano a ano foi o de Fabricação de Biocombustíveis, com as seguintes participações anuais: 6,2% (2000); 5,9% (2001); 7,8% (2002); 8,0% (2003); 6,0% (2004); 6,1% (2005); 7,1% (2006); 7,9% (2007); 9,5% (2008); 9,1% (2009) e 8,6% (2010). Esse crescimento decorreu principalmente do constante e elevado consumo de álcool combustível. O terceiro grupo com participação relativa decrescente entre os químicos e afins foi o de Fabricação de Borracha: 8,8 (2000); 8,7% (2001); 8,2 % (2002); 8,3% (2003); 8,6% (2004); 8,2% (2005); 8,1% (2006); 8,0 % (2007); 8,3% (2008); 7,3% (2009) e 7,6% (2010). O quarto grupo de maior importância foi o de Sabão e Velas, que se manteve estável na participação relativa dos 11 anos: 6,9% (2000); 6,6% (2001); 6,7% (2002); 6,4% (2003); 6,0% (2004); 6,2% (2005); 6,1% (2006); 6,0% (2007); 6,5% (2008); 6,5% (2009) e 6,7% (2010). A quinta participação importante entre os 27 grupos foi o setor de Fabricação de Produtos Farmacêuticos, que só é registrada a partir de 2006 com a CNAE 2.0, pois a CNAE 1.1 registrava anteriormente, conforme pode ser visto na **Tabela 1.1**, tanto fabricação de produtos farmoquímicos como farmacêuticos: 6,9% (2006); 6,8% (2007); 7,4% (2008); 6,8% (2009) e 6,6% (2010). A sexta participação importante era a de Fabricação para preparação de Produtos Químicos diversos: 7,4% (2000); 7,1% (2001); 7,2% (2002); 6,9% (2003); 6,9% (2004); 6,8% (2005); 6,2% (2006); 6,0 (2007); 5,9% (2008); 5,6% (2009) e 5,4% (2010).

Em síntese, as divisões mais significativas em participação dos trabalhadores químicos e afins eram três: Fabricação de Borracha e Material Plástico, Fabricação de Produtos Químicos e Fabricação de Papel e Celulose. Quanto à participação dos 27 grupos entre os químicos e afins: Seis eram os principais grupos, sendo que somente a Fabricação de Material Plástico detinha 26,4% (2010) de toda a participação química, sendo que outros cinco grupos detinham participações no ano de 2010 que variavam de 8,6% a 5,4% (Fabricação de Biocombustíveis, Fabricação de Borracha, Fabricação de Sabões e Detergentes, Fabricação para Preparação de Produtos Químicos diversos e Produtos Farmacêuticos).

2.
As ocupações em atividades--fim e meio dos químicos

Remígio Todeschini e Wanderley Codo

Entre as mais de 2.500 ocupações existentes na Classificação Brasileira de Ocupações (CBO) buscou-se saber quais eram as atividades finalísticas e as atividades-meio do trabalho químico, conforme distribuição da **Tabela 2** (Anexos). A referência adotada partiu dos conceitos correntes de uma organização quanto às atividades tanto do segmento-fim como do segmento-meio. Entendeu-se como atividade-meio aquela que "está distante da consecução dos objetivos da instituição" (BORGES-ANDRADE, 1994. p. 50), ou seja, os trabalhadores do administrativo e escritórios ou da manutenção de máquinas, ou engenheiros químicos, por exemplo, em atividades meramente administrativas ou de *marketing*. A atividade do segmento-fim foi definida como aquelas ocupações locadas em setores organizacionais "próximos da consecução dos objetivos institucionais" (BORGES-ANDRADE, 1994. p. 50), ligadas diretamente, por exemplo, à produção de produtos químicos, farmacêuticos, ou à exploração de petróleo. O **Quadro 3** a seguir detalha os percentuais da participação dos trabalhadores químicos distribuídos em atividades finalísticas e atividades-meio. O que se observou desde o registro destas ocupações na RAIS, de 2003 a 2010, é que há um decréscimo de 7,19% quanto às ocupações finalísticas e um aumento de 5,38% para atividades-meio no mesmo período.

Quadro 3. Atividades finalísticas e de meio entre os químicos com percentuais anuais

	CBO — Atividades-FIM e MEIO	
	Atividades finalísticas (%)	Atividades-meio (%)
2003	42,80%	57,20%
2004	42,40%	57,60%

| | CBO — Atividades-FIM e MEIO ||
	Atividades finalísticas (%)	Atividades-meio (%)
2005	42,17%	57,83%
2006	41,00%	59,00%
2007	40,95%	59,05%
2008	39,88%	60,12%
2009	39,97%	60,03%
2010	39,72%	60,28%

Fonte: RAIS, 2003-2010.

Atividades-fim e meio comparadas com as diversas categorias de grau de escolaridade.

A **Tabela 2.1** (Anexos) mostra a distribuição da escolaridade entre atividades-fim e atividades-meio entre os químicos de 2003 a 2010. O **Quadro 4** detalha os diversos graus de escolaridade entre os químicos no ano de 2010.

Quadro 4. Atividades finalísticas e de meio entre os químicos comparadas com grau de escolaridade do ano de 2010

| CBO Meio e Fim com Grau de Instrução (2010) || CBO ||
		Fim (%)	Meio (%)
Grau de Instrução	Analfabeto	73,5	26,4
	Até 5ª série	56,4	43,5
	5ª Completa	47,4	52,5
	6ª a 9ª séries fundamental	46,4	53,6
	Fund. completo	43,2	56,8
	Médio incompleto	42,3	57,6
	Médio completo	41,9	58,0
	Superior incompleto	20,9	79,0
	Superior completo	22,6	77,3
	Mestrado	28,3	71,6
	Doutorado	34,3	65,6

Fonte: RAIS, 2010.

Atividades-fim e meio comparadas com as diversas faixas salariais entre os químicos

A **Tabela 2.2** (Anexos) mostra a distribuição das faixas salariais de Salários Mínimos (SM) entre os químicos de atividades finalísticas e meio de 2003 a 2010. O **Quadro 5** a seguir detalha as faixas salariais do ano de 2010 conforme segue.

Quadro 5. Atividades finalísticas e de meio entre os químicos comparadas com as diversas faixas salariais do ano de 2010

CBO Meio e Fim com Faixa Salarial em SM		2010	
	Fim	Meio	
Faixa Salarial em SM	Até 0,5 SM	12,8	87,2
	0,51 a 1,0	39,8	60,2
	1,01 a 1,5	48	52
	1,51 a 2,0	46,8	53,2
	2,01 a 3,0	41,8	58,2
	3,01 a 4,0	35,7	64,3
	4,01 a 5,0	33,7	66,3
	5,01 a 7,0	32,8	67,2
	7,01 a 10,0	32	68
	10,01 a 15,0	29,8	70,2
	15,01 a 20,0	27,5	72,5
	Mais de 20 SM	32,1	67,9

Fonte: RAIS, 2010.

A concentração de salários mais elevados, entre 3 e mais de 20 SM, é maior na atividade-meio, do que na atividade-fim, mostrando uma distribuição salarial desigual entre essas atividades.

Principais ocupações finalísticas entre os químicos e seus respectivos graus de escolaridade e faixas salariais

A **Tabela 2.3** (Anexos) mostra as faixas de renda de subgrupos da CBO de químicos e respectivas faixas salariais. Na comparação com cada uma das faixas salariais entre os 11 subgrupos selecionados das atividades finalísticas do ramo químico observa-se, por exemplo, que os supervisores e os operadores de atividades químicas e petroquímicas obtêm a maior remuneração no caso específico do conjunto dos trabalhadores dos 11 subgrupos que detêm salários superiores a 20 SM. A **Tabela 2.4** (Anexos) mostra a escolaridade de algumas das ocupações finalísticas de 11 subgrupos da CBO no ramo químico. Nesta tabela o que se observa é que o grupo dominante em número de trabalhadores do ramo químico é o dos operadores da indústria química e petroquímica. Por exemplo, em 2003 existiam 34.453 trabalhadores nesta classificação da CBO com ensino médio completo e esse número passou para 65.434 (2010), um crescimento de 89,9%. Nessa mesma categoria de operadores que detinham o ensino superior completo em 2003 eram 1.745 trabalhadores, passando para 2.850 em 2010, um crescimento de 63,3%. A **Tabela 2.5** (Anexos) apresenta a escolaridade entre famílias de CBO de químicos e engenheiros e respectivos graus de escolaridade, sabendo que estes profissionais detêm automaticamente curso superior para exercer as suas ocupações no mercado de trabalho. Interessante observar que entre os químicos, que são os profissionais formuladores da indústria química e farmacêutica, houve um crescimento desses profissionais com mestrado: em 2006 eram 22 e passaram para 45, um crescimento de 104%. Entre os engenheiros químicos o número de mestres se manteve constante: o número em 2006 era de 75 mestres, em 2010 eram 74.

Em síntese, quando feitas as comparações entre atividades finalísticas e de meio, os trabalhadores químicos que laboram na atividade-meio, como pessoal do administrativo e manutenção, têm escolaridade e renda superior àqueles que estão em atividades diretas na produção química. Quando se verifica a remuneração de 11 subgrupos ocupacionais de atividades finalísticas, os supervisores e operadores de atividades químicas e petroquímicas são mais bem remunerados do que os demais subgrupos ocupacionais estudados.

3.
O perfil do Grau de Instrução entre químicos

Remígio Todeschini

A **Tabela 3** (Anexos) estabelece a comparação entre químicos e não químicos quanto ao Grau de Instrução. O analfabetismo que em 2000 era de 1,6% para químicos e 2,0% para não químicos baixou para 0,4% e 0,6% respectivamente em 2010. Trabalhadores tanto químicos como não químicos tiveram uma significativa redução na participação total de mão de obra quanto ao ensino fundamental completo: os químicos eram 19,4% em 2000 e em 2010 passaram para 12,1% com uma redução de 60,3% Os não químicos em 2000 registravam 17,9% e em 2010 13,5%, uma redução de 32,59%. O ensino médio completo teve um salto significativo apresentando resultados maiores para os químicos do que para os não químicos. A força de trabalho química que para esse extrato era de 21,9%, em 2000, passou para 46,1%, em 2010, um crescimento de 110,5%, portanto mais do que dobrou. Para os não químicos a participação que era de 22,8% em 2000 elevou-se para 42,3%, um crescimento menor do que os químicos. O ensino superior completo teve aumento substancial também tanto para os químicos como para os não químicos. Em 2000 os químicos com curso superior completo eram 8,1%, e em 2010 cresceram para 13,2%, um crescimento de 62,9%. Os não químicos que em 2000 eram 9,6% em 2010 passaram a 14,6%, um aumento de 52%. Os que detinham o mestrado no mercado de trabalho que começou a ser medido em 2006 pela RAIS era de 0,1% do total da força de trabalho entre químicos e de 0,2% entre não químicos em 2006. Em 2010, neste extrato, os químicos apresentavam 0,2% de sua força de trabalho (o dobro em 6 anos) e os não químicos 0,3% (crescimento de 50% em 6 anos).

Em regra, eleva-se a escolaridade dos trabalhadores químicos como dos não químicos. Foi maior para os químicos que detêm quase a metade da força de trabalho em 2010 com ensino médio completo (46,1%), enquanto que os não químicos detinham 42,3% em 2010. A participação do ensino superior completo com crescimento de 62,9% para químicos em 11 anos, como de 52% para os não químicos, pode ser explicada por exigências cada vez maiores de qualificação em todos os segmentos da economia. Esse incremento maior do ensino superior decorreu também do aumento do número de vagas tanto das Universidades Públicas Federais a partir de 2003, como de programas de incentivo ao ensino superior, como o Fundo de Financiamento Estudantil (FIES), do Ministério da Educação, destinado a financiar a graduação na educação superior de estudantes matriculados em instituições não gratuitas, assim como do Programa Universidade para Todos (PROUNI) da concessão de bolsas de estudo em entidades privadas, iniciado em 2004 no governo LULA (MINISTÉRIO DA EDUCAÇÃO, 2012).

A partir da mesma **Tabela 3** (Anexos) agrupando a escolaridade em três extratos: de analfabetos até ensino fundamental completo; de ensino médio incompleto a completo e de ensino superior incompleto até completo, mais mestrado e doutorado, obtém-se o seguinte **Quadro 6** de distribuição da escolaridade tanto da força de trabalho química como não química:

Quadro 6. Frequência (%) de escolaridade de químicos e não químicos de 2 em 2 anos (2000 a 2010)

ANO	2000		2002		2004		2006		2008		2010	
	Q	N	Q	N	Q	N	Q	N	Q	N	Q	N
Até fundamental completo	56,1	50,5	49,9	49,9	41,6	42,3	35,4	37,8	32,3	33,9	27,2	30,4
Ensino médio completo e incompleto	31,7	31,9	36,6	36,3	43,4	40,7	47,7	44,6	51,4	47,6	54,4	50,5
De superior incompleto até doutorado	12,2	13,1	13,5	13,8	15,3	17,1	16,7	17,6	16,3	18,3	18,3	19,1

Fonte: RAIS. Q = químicos; N = não químicos.

O quadro das escolaridades agrupadas de 2 em 2 anos (de 2000 a 2010) mostra o crescimento constante tanto para a escolaridade do ensino médio completo e incompleto, como do ensino superior incompleto até doutorado, tanto para químicos como para não químicos. Os químicos têm uma predominância maior no ensino médio completo e incompleto, os não químicos predominam com a escolaridade até o ensino fundamental completo, sendo que os químicos e não químicos estão equilibrados quanto à escolaridade superior.

Grau de escolaridade nos diferentes grupos de CNAE da área química

A seguir, será feita análise do grau de escolaridade por cada um dos grupos de CNAE estudados, da categoria química e afins. São 27 grupos que se caracterizam como sendo de atividades econômicas químicas e afins, conforme **Tabela 3.1** (Anexos). No **Quadro 2** a seguir pode-se observar que há setores em que a escolaridade se elevou ou se mantém elevada até em vista dos novos processos tecnológicos que foram implantados de modo geral em todo o setor químico, em decorrência da evolução de diversas tecnologias relatadas no Capítulo 4 da Parte I deste livro. Como exemplo podemos citar a extração de petróleo e gás natural e ao apoio destas atividades, como a fabricação de derivados de Petróleo, tendo a Petrobras, empresa líder do setor, papel preponderante: em 2010, nas atividades diretas de exploração 95,7% da força de trabalho tinha ensino médio completo e/ou superior, com 0,3% de sua força com mestrado e doutorado; nas atividades de apoio à exploração o mesmo segmento da força de trabalho detinha 89,6% de ensino médio completo e superior, com os mesmos 0,3% com mestrado e doutorado; na fabricação de produtos derivados de petróleo 90,7% apresenta escolaridade de ensino médio e superior, incluído 0,1% de mestrado em 2010. No caso do petróleo e gás natural isso decorre dos desafios da exploração do petróleo em terra, selva amazônica e em águas profundas nas camadas de pré-sal a mais de 3.500 metros de profundidade. Verificam-se, também, no **Quadro 7**, diversos segmentos em que a modernização e as novas tecnologias exigem cada vez mais uma força de trabalho com escolaridade mais elevada, em que os índices de escolaridade do ensino médio completo e superior é maior ou próximo a 70%: Fabricação de Celulose e outras pastas (76,5%); Fabricação de Químicos Inorgânicos (cloro, adubos, gases industriais) (66%); Fabricação de Químicos Orgânicos (petroquímicos e resinas) (80,2%); Fabricação de Resinas e Elastômeros (79,6%); Fabricação de Resinas Artificiais e Sintéticas (69,7%); Fabricação de Defensivos Agrícolas (78,7%); Fabricação de Sabões e Detergentes (no caso a elevada escolarização para ensino médio) (68,6%); Fabricação de Tintas e Vernizes (70,9%); Fabricação de Produtos Químicos diversos (69,3%); Fabricação de Produtos Farmoquímicos (83,6%); Fabricação de Produtos Farmacêuticos (85,6%); Produção e distribuição de combustíveis gasosos (94,6%), sendo que este setor deteve, em 2010 4,8% de sua força de trabalho com mestrado; Comércio Atacadista em Combustíveis e Produtos Químicos (72,1%).

Quadro 7. Comparativo de escolaridade de grupos CNAEs da área química entre 2000 e 2010

Descrição do grupo CNAE (2.0), com conversão do CNAE (1.1)	2000		2010	
	Percentuais de trab. por grupo CNAE			
	Até fundamental	De ensino médio* até pós- graduação	Até fundamental	De ensino médio* até pós -graduação
050 Extração de carvão mineral	70,4	16,2	45,3	43,5
060 Extração de petróleo e gás Natural	20,0	74,8	3,4%	95,7
072 Extração de minerais radioativos	86,3	7,2	33,3	60,0
089 Extração minerais fabricação adubos e sal marinho	74,8	21,0	47,4	44,3
091 Apoio à extração de petróleo e gás natural	28,1	66,7	7,4	89,6
171 Fabricação de celulose e outras pastas	47,3	46,8	18,9	76,5
172 Fabricação de papel	49,7	41,5	28,6	65,4
173 Fabricação de embalagens	64,8	24,2	30,9	57,8
174 Fabricação de produtos diversos de papel	60,7	26,9	25,7	64,2
191 Coquerias	77,3	10,3	31,9	63,8
192 Fabricação de produtos derivados do petróleo	12,6**	85,5**	7,3	90,7
193 Fabricação de biocombustíveis	84,8	10,7	62,3	29,9
201 Fabricação de químicos inorgânicos	45,7	46,6	27,6	66
202 Fabricação de químicos orgânicos	38,1	55,3	15,3	80,2
203 Fabricação de resinas e elastômeros	29,4	63,3	14,8	79,6
204 Fabricação de resinas artificiais e sintéticas	41,5	47,5	23,1	69,7
205 Fabricação de defensivos agrícolas	43,1	49,7	15,4	78,7
206 Fabricação de sabões e detergentes	53	34,7	22,2	68,6
207 Fabricação de tintas e vernizes	44,4	44,7	20,9	70,9
209 Fabricação de produtos químicos diversos	48,9	42,5	24,2	69,3

Descrição do grupo CNAE (2.0), com conversão do CNAE (1.1)	2000		2010	
	Percentuais de trab. por grupo CNAE			
	Até fundamental	De ensino médio* até pós- graduação	Até fundamental	De ensino médio* até pós -graduação
211 Fabricação de produtos farmoquímicos	–	–	10,4	83,6
212 Fabricação de produtos farmacêuticos	34,4***	55,6***	8,9	85,6
221 Fabricação de produtos de borracha	68,3	19,5	29,8	61,1
222 fabricação de material plástico	63,6	24,7	30,1	59
231 Fabricação de vidro e produtos de vidro	58,2	32,1	26,6	62,4
352 Produção e distribuição de combustíveis gasosos	36,9	44,5	3,9	94,6
468 Com. atacadista em combustíveis e prod. químicos	45,9	44,9	21	72,1

Fonte: RAIS. * excluídos percentuais da coluna de ensino médio incompleto da **Tabela 3.1**.
** Dados de 2002   *** Incluídos farmoquímicos

As atividades em que a escolaridade estava se elevando, porém com apresentação de índices de analfabetismo superiores à média de 1% em 2000, conforme **Tabela 3.1** (Anexos), foram os grupos de extração de minerais para adubos e extração de sal marinho com índice de 5,9% que diminuiu para 1,4% em 2010. Observando que esse mesmo setor de adubos e extração de sal marinho teve um aumento significativo da escolaridade do ensino médio: 12,6% em 2000 e 34,4% em 2010, triplicando em 11 anos neste segmento. Outro segmento em que o analfabetismo era elevado em 2000 foi o de fabricação de biocombustíveis (entre os quais fabricação de álcool, com trabalhadores vinculados aos canaviais de grandes empresas) com 11,4%. Em 2010 houve a redução do analfabetismo em 3,2% neste grupo de CNAE. Aqui também se verificou uma significativa elevação de escolaridade do ensino médio completo que em 2000 era de 7,9% e passou para 23,8% em 2010, três vezes maior. Parte da explicação disso é em decorrência principalmente do processo de mecanização maior da produção de álcool e corte de cana-de-açúcar no Sudeste.

A elevação de escolaridade de diversos grupos de CNAE decorreu principalmente da elevação geral da escolaridade de todo o setor químico que se traduziu principalmente na elevação do ensino fundamental para o ensino médio. Alguns exemplos que são extraídos da **Tabela 3.1** (Anexos): Em 2000 o grupo CNAE da extração de carvão possuía somente 11,6% de sua mão de obra com ensino médio completo e em 2010 os pertencentes a esse grau de escolaridade cresceram para

35,7%, triplicando em relação a 2.000. O mesmo ocorreu com o grupo CNAE de extração de minerais para fabricação de adubos e extração de sal marinho: 2000 eram 12,6% e subiram para 34,4% em 2010, também triplicando em 11 anos. Alguns outros grupos importantes desta elevação de escolaridade com mais de 50% do total de trabalhadores químicos com ensino médio completo em 2010: extração de minerais radioativos; apoio à extração de petróleo e gás natural; fabricação de produtos diversos de papel; fabricação de resinas artificiais e sintéticas; fabricação de sabões e detergentes; fabricação de produtos de borracha; fabricação de material plástico; fabricação de vidro e produtos de vidro. Desses setores com mais de 50% de ensino médio registrado em 2010 o crescimento em relação a 2000 foi mais intenso no de extração de minerais radioativos que passou de 5,2% a 60%, com crescimento de 11 vezes. Na fabricação de produtos diversos de papel em 2000 o ensino médio registrava 20,4%, e em 2010 cresceu para 51,4%, uma vez e meia em relação a 2000. O ensino médio no setor de sabões e detergentes dobrou em relação a 2000: em 2000, 24,9% dos trabalhadores daquele setor possuíam o ensino médio e em 2010 passou para 54,8%. Outros saltos significativos foram da Fabricação de Produtos de Borracha, Plástico e Vidro que respectivamente registravam em 2000 percentuais de 15,3%, 18,8% e 23,2. Em 2010 esses mesmos grupos apresentavam percentuais de 51,%, 50,6% e 51,8%, com triplicação e duplicação da elevação de escolaridade respectivamente em relação ao ano de 2000.

A partir de 2006 houve a inclusão na RAIS das informações relativas de escolaridade referentes ao mestrado e doutorado. O registro superior a 0,3% da força de trabalho respectivamente de diversos grupos químicos em 2010 foi o seguinte: Extração de Petróleo e gás natural (0,3%); Apoio à extração de petróleo e gás natural (0,3%); Fabricação de celulose e outras pastas (0,4%); Fabricação de químicos inorgânicos (0,3%); Fabricação de químicos orgânicos (0,6%); Fabricação de resinas e elastômeros (0,5%); Fabricação de defensivos agrícolas (0,8%); Fabricação de tintas e vernizes (0,5%); Fabricação de produtos químicos diversos (0,6%); Fabricação de farmoquímicos (0,6%); Fabricação de produtos farmacêuticos (0,4%); Produção e distribuição de combustíveis gasosos (4,9%); Comércio atacadista em combustíveis e produtos químicos (0,4%). Isso é uma demonstração de que estes setores estão inovando-se tecnologicamente e/ou desenvolvendo novos produtos e materiais com pesquisas e estudos nos seus segmentos.

Grau de Escolaridade e faixas salariais entre químicos

A **Tabela 3.2** (Anexos) apresenta o cruzamento entre Grau de Escolaridade e as diferentes faixas salariais em Salários Mínimos (SM) da RAIS de 2000 a 2010, que foram divididas nas seguintes categorias conforme classificação do Cadastro Geral de Empregados e Desempregados (CAGED) do Ministério do Trabalho: São doze faixas de Remuneração mensal que variam de: até 0,5 SM; 0,51 a 1,0 SM;

1,51 a 2,0 SM; 2,01 a 3,0 SM; 3,01 a 4,0; 4,01 a 5,0; 5,01 a 7,0; 7,01 a 10,0; 10,01 a 15,0 SM; 15,01 a 20,0 SM; mais de 20 SM.

Em uma primeira comparação de dados entre 2004 e 2010 observa-se que quanto mais elevada é a escolaridade mais elevados também são os salários, conforme **Quadro 8** a seguir. As diversas categorias de graus de escolaridade mostram os percentuais de trabalhadores químicos em duas faixas salariais comparadas: menor que 5 Salários Mínimos (< 5 SM), ou seja de 0,5 SM até 5 SM, e maior que 5 Salários Mínimos (> 5 SM), de 5 SM até mais de 20 SM.

Quadro 8. Grau de escolaridade com percentuais de trabalhadores químicos (%) de duas faixas salariais comparadas entre 2004 e 2010

Grau de Escolaridade	2004		2010	
	< 5 SM	> 5 SM	< 5 SM	> 5 SM
Até a 5ª série incompleta	84,2%	11,4%	86,9%	0,8%
5ª série fundamental completa	80%	16,3%	84,5%	7,8%
6ª a 9ª série fundamental	80,9%	16%	86%	3,4%
Fundamental completo	77,8%	19,4%	84,6%	5,0%
Médio incompleto	79,3%	18,5%	87,9%	8,2%
Médio completo	62,5%	35,8%	76,3%	21,3%
Superior incompleto	32,7%	66,2%	52,5%	46,3%
Superior completo	9,8%	89%	18,7%	80%
Mestrado	–	–	14,1%	84,1%
Doutorado	–	–	6,6%	91%

Fonte: RAIS

Comparando-se os números de 2004 e 2010, os percentuais mostram decréscimo em 2010 em relação a 2004 podendo-se inferir erroneamente que teria havido um achatamento salarial. O que ocorreu de fato é que a política de valorização do SM só em termos reais cresceu 57,3% entre 2003 e 2010, sem levar em conta o reajuste da inflação. O Salário Mínimo tornou-se mais robusto garantindo um poder de compra maior aos trabalhadores em geral.

A remuneração mais elevada está concentrada em mestres e doutores acima de 5 SM, e verificando **a Tabela 3.2** (Anexos), conforme dados de 2010, 37,30% dos mestres e 41,5% dos doutores percebiam mais de 20 Salários Mínimos. No Superior completo a faixa salarial que detinha maior participação era a de mais de 20 SM com 24,3%, metade daquela de mestres e doutores. No Superior incompleto há uma distribuição de faixas salariais crescente: 16,5% dos trabalhadores químicos dessa faixa estavam concentrados nas categorias entre 2 a 3 SM, 13,5% entre 5 a 7 SM, 12,8% entre 3 a 4 SM e 11,7% entre 7 a 10 SM. Os trabalhadores que concluíram o ensino médio concentravam-se na faixa de 2 a 3 SM com percentual de 23,7%, seguida das faixas de 1,5 a 2 SM com 18,7% e 12,5% entre 5 a 7 SM, categoria essa que ocupava a faixa superior a 5 SM. As categorias intermediárias de ensino médio incompleto até 5ª série completa do ensino fundamental no ano de 2010 apresentavam poucas variações, mantendo equilíbrio, ou seja, mostraram-se equivalentes em ganhos salariais apesar da diferença entre 11 e 5 anos de escola. O médio incompleto tinha como maiores distribuições de percentuais entre faixas: 24% na faixa entre 1,5 a 2 SM, seguida de 23,4% entre 2 a 3 SM e 21,3% entre 1 a 1,5 SM. O fundamental apresentava a seguinte distribuição entre as três maiores categorias: 24,6% de 2 a 3 SM; 22,4% de 1,5 a 2 SM; 18% entre 1 a 1,5 SM. Os que detinham entre a 6ª e 9ª série do fundamental estavam distribuídos da seguinte forma: 25% de 2 a 3 SM; 21,4% de 1,5 a 2 SM; 19,8% de 1 a 1,5 SM. Por fim, os que cursaram até a 5ª série do fundamental (completa) registravam as três principais categorias próximas dos segmentos entre ensino médio incompleto e categorias sucessivas próximas da seguinte maneira: 24,9% de 2 a 3 SM; 20,7% de 1,5 a 2 SM; e 18,5% de 1 a 1,5 SM. Os que detinham 5 séries incompletas do ensino fundamental apresentavam curva mais descendente de seus ganhos salariais: 24,9% de 1 a 1,5 SM; 22,6% de 1,5 a 2 e 22,3% de 2 a 3 SM.

Em síntese, esse quadro do perfil dos químicos de escolaridade estudada com os dados de faixas salariais e grupos econômicos, demonstra que: 1 — Houve uma significativa elevação da escolaridade dos trabalhadores químicos concentrada em 54,4% com ensino médio completo e incompleto, levemente superior aos não químicos que detinham em 2010 50,5%. Observando também que os não químicos com curso superior completo e incompleto tinham 19,1% de participação contra uma participação ligeiramente inferior dos químicos de 18,3%; 2 — Os grupos econômicos do CNAE químico que apresentaram maiores demandas e inovações tecnológicas (da exploração de petróleo até o desenvolvimento de novos fármacos) detinham escolaridade de sua força de trabalho superior a 80%, compreendido desde o ensino médio completo até doutorado: Exploração de Petróleo e gás, 95,7%; Apoio à Exploração de Petróleo, 89,6%; Fabricação de Produtos Derivados de Petróleo, 90,7%; Fabricação de Químicos Orgânicos (petroquímicos e resinas) 80,2%; Fabricação de Produtos Farmoquímicos 83,6%; Fabricação de Produtos Farmacêuticos 85,6%; Produção e distribuição de combustíveis gasosos 94,6%; 3 — Quanto ao ganho dos trabalhadores os dados da RAIS demonstraram que quanto maiores a escolaridade maiores são os ganhos desses trabalhadores: entre doutores e mestres a maior faixa de remuneração era aquela de mais de 20 SM, respectivamente de 41,5% e 37,3%. Os de menor remuneração eram trabalhadores analfabetos que representavam 0,4% de todos os químicos. Em 2010 o percentual dos trabalhadores químicos analfabetos com faixa salarial entre 1 a 1,5 SM era 37,3 % entre trabalhadores com nenhuma escolaridade. Os que possuíam tão somente até as 5 primeiras séries, que eram 3,1% do total dos químicos: 24,9% detinham salários entre 1 a 1,5 SM.

4.
Número de horas contratadas entre trabalhadores químicos

Remígio Todeschini

O estudo das horas contratadas processadas a partir dos dados da RAIS de 2000 a 2011 são informações declaradas pelos empregadores dos diferentes contratos individuais e coletivos de trabalho formais. Não estão computadas as jornadas excedentes, como horas extras, dobras de turno etc... A **Tabela 4** (Anexos) apresenta as 8 faixas de contratação de horas entre 2000 a 2010, assim divididas: menos de 15 horas; de 15 a 24 horas; de 25 a 34 horas; de 35 a 39 horas; 40 horas; 41 a 44 horas; 45 a 48 horas; mais de 48 horas. Mais de 83% da contratação de horas dos químicos está dentro do limite constitucional do contrato de horas que é de 44 horas, entre 2000 e 2010, e para os não químicos esse percentual está em torno de 70%.

A evolução da redução da jornada de trabalho no **Quadro 9**, a partir da **Tabela 4** (Anexos) é mostrada a seguir no comparativo entre químicos e não químicos nas faixas onde mais se concentram as jornadas contratadas:

Quadro 9. Comparativo químicos e não químicos em algumas faixas de jornadas contratadas (%)

Ano	35 a 39 H		40 H		41 a 44 H		> 45 H	
	Q	NQ	Q	NQ	Q	NQ	Q	NQ
2000	4,7	3,5	7,4	14,2	86,5	72,1	0	0
2002	4,5	3,6	7,6	13,0	86,3	73,4	0	0
2004	5,2	3,7	7,7	13,4	85,2	72,9	0	0

Ano	35 a 39 H		40 H		41 a 44 H		> 45 H	
	Q	NQ	Q	NQ	Q	NQ	Q	NQ
2006	4,9	4,4	8,6	15,8	84,3	69,9	0	0
2008	4,2	4,6	7,1	14,8	87,5	70,9	0	0
2010	5,1	4,7	9,9	14,4	82,6	71,5	0	0

No período de 11 anos, conforme **Quadro 9**, consta uma redução da jornada de trabalho de 41 a 44 horas para 40 horas. Os químicos tiveram um decréscimo nesta jornada em 11 anos de 4,5%, enquanto que os não químicos no mesmo período para a mesma faixa tiveram uma redução de 0,83%. O registro de jornadas com 40 horas semanais cresceu de 2000 a 2010 em 33,7%, aumento em 1/3 em relação aos contratados do ano 2000, em que o crescimento econômico ocorrido de 2003 a 2010 (MINISTÉRIO DA FAZENDA, 2011) foi um dos fatores coadjuvantes deste processo de redução, aliado ao processo de negociação coletiva dos sindicatos. Os não químicos praticamente mantiveram o mesmo percentual nos 11 anos, com um pequeno acréscimo de 1,4%.

Tanto as jornadas de 35 a 39 horas para químicos e não químicos cresceram. O crescimento destas jornadas contratada foi de 8,5% em 11 anos entre químicos e de 34,2% entre não químicos. O crescimento desta categoria de jornada decorre da obrigatoriedade constitucional de redução da jornada de trabalho, conforme prescrito no art. 7º da Constituição Federal (1988) para turnos tanto ininterruptos de 7 dias por semana com 24 horas de trabalho, ou turnos fixos com jornadas ininterruptas durante a semana e folgas de um ou dois dias no final de semana. Boa parte dos processos de produção da área do petróleo, gás, petroquímica, papel e papelão tem os chamados turnos ininterruptos durante 7 dias, em que houve o incremento ou da 5ª turma de 8 horas, com jornadas de 33 horas e 36 minutos, ou jornadas com turnos de 6 horas perfazendo 36 horas a partir da promulgação da Constituição Federal de 1988 (TODESCHINI, 1996; 2001). Os modernos processos de processamento da área química e atividades similares, para ter o ganho de escala em decorrência do aumento da produção, implantação de novas tecnologias e do crescimento econômico, ampliaram as atividades de turno que se refletiu no total das contratações feitas tanto na área química como em maior número na área não química.

Não se pode no momento estabelecer uma comparação com outros países do mundo, até porque o estudo presente de químicos e não químicos trata tão somente dos trabalhadores formais do mercado de trabalho. A Organização Internacional do Trabalho (OIT) ao fazer um estudo comparativo global, publicado em 2009, mostra que quando são considerados trabalhadores formais e informais o fenômeno da terceirização e informalidade tem um impacto considerável nas jornadas de trabalho, em que os trabalhadores autônomos têm um peso significativo. Entre 2000 e 2004, países como Bolívia, Guatemala, Honduras, México, Panamá e Uruguai nas Américas detinham entre 26% e 16% dos trabalhadores com jornadas de 60 horas. Na Ásia essa mesma categoria de jornada variava em três países (Indonésia, Paquistão, Sri Lanka) entre 8 a 42%. Na Etiópia, na África, essa categoria de jornada detinha praticamente 30% dos trabalhadores (LEE; Mc CANN; MESSENGER, 2009).

Em síntese, houve uma sensível redução da jornada de trabalho de 44 para 40 horas, decorrente da negociação e pressão sindical aliadas ao crescimento econômico do período, tanto para químicos como para não químicos. Cresceu também o trabalho com jornadas inferiores a 40 horas, de 35 a 39 horas, em decorrência dos contratos de turnos tanto em atividades químicas como não químicas, por causa do crescimento econômico ocorrido no período analisado e da intensificação da constante introdução de novas tecnologias em processos químicos e similares.

5.
Perfil da idade dos trabalhadores químicos

Remígio Todeschini e Wanderley Codo

As faixas etárias estudadas da RAIS, de químicos e não químicos, foram subdivididas em 7: 14 a 19 anos; 20 a 29 anos; 30 a 39 anos; 40 a 49 anos; 50 a 59 anos; 60 a 69 anos e 70 a 80 anos, conforme demonstrado na **Tabela 5** (Anexos). Optou-se para faixas etárias de 10 em 10 anos para estabelecer as comparações entre químicos e não químicos. O Instituto Brasileiro de Geografia e Estatística (IBGE) faz essa distribuição da população geral por grupos de idade de cinco em cinco anos, para melhor conhecer a evolução da pirâmide etária da população trabalhadora.

A faixa etária que apresentou o maior crescimento nos 11 anos estudados no setor químico foi a de 50 a 59 anos. Em 2000, os trabalhadores químicos nessa faixa etária eram 5,4%, e passaram a 8,9% em 2010, um crescimento, portanto, de 64,8%. Em contrapartida os não químicos em 2000 nessa mesma faixa eram 8,0% e em 2010 eram 11,3%, o crescimento desta faixa etária entre não químicos foi de 41,2%. Parte dessa permanência nas faixas etárias entre 50 a 59 anos decorre também da gradativa elevação da idade de aposentadoria de todos os segurados no sistema da Previdência Social, que exigiu mais contribuição e tempo de serviço para a aposentadoria no chamado Fator Previdenciário, conforme **Gráfico 1** a seguir:

Gráfico 1. Idades Médias — Aposentadoria por Tempo de Contribuição — Dados Anuais

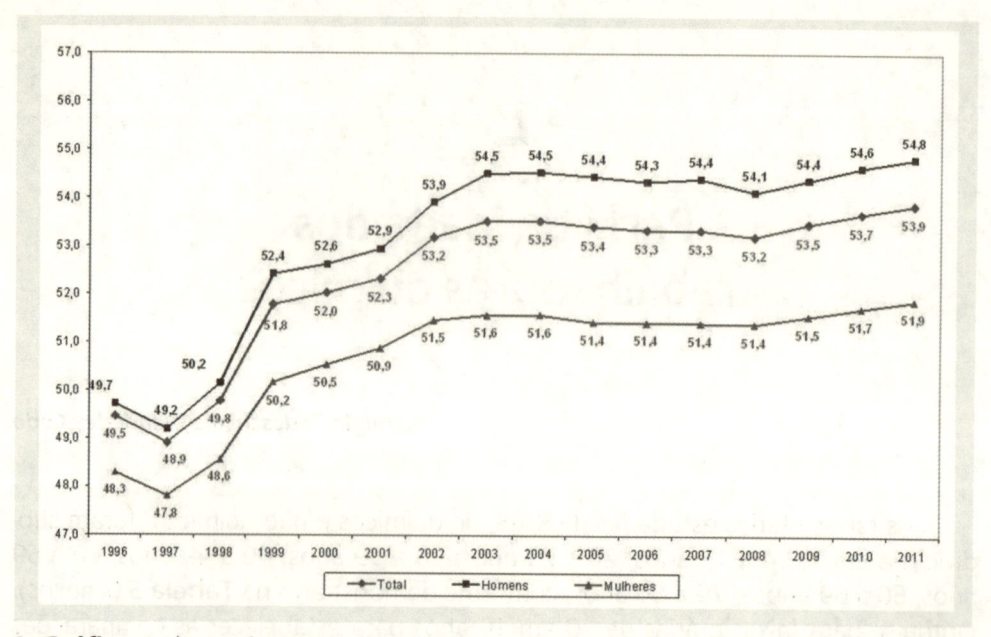

O **Gráfico 1** do Instituto Nacional de Seguridade Social (INSS), do Ministério da Previdência Social, demonstra o aumento da idade de aposentadoria no decorrer dos últimos anos: em 2000 a média de idade anual das aposentadorias por contribuição dos homens de todas as categorias profissionais era de 52,6 anos, e em 2010 foi de 54,8 anos. Para as mulheres em 2000 a idade média de aposentadoria era de 50,9 anos e em 2010 foi de 51,9%.

A faixa etária compreendida entre 60 e 69 anos também teve crescimento entre químicos: em 2000 era de 1%, e em 2010 foi de 1,3%, portanto um crescimento de 30%. Parte disso pode ser explicado pela permanência de trabalhadores com maior experiência, como aposentados no mercado de trabalho. Entre não químicos eram 2% em 2000, e em 2010 perfaziam 2,5%, um crescimento de 25% que pode ser explicado tanto pela permanência no mercado em virtude da experiência adquirida como complementação de renda das suas aposentadorias.

A faixa etária de 40 a 49 anos teve um crescimento menor nos 11 anos estudados entre trabalhadores químicos: em 2000 eram 18,6%, enquanto que em 2010 eram 19,9%, com 6,9% de crescimento. Para os não químicos essa faixa etária era de 19,8% em 2000 e 21,2% em 2010, um crescimento de 7%.

Os grupos etários de 14 a 19, 20 a 29 e 30 a 39 tiveram reduções de 2000 a 2010 tanto para químicos como para não químicos. O grupo etário de 14 a 19 anos para químicos era de 4,9% em 2000, 3,6% em 2005 e em 2010 manteve-se em 3,7% com um decréscimo de 32,4% em relação a 2000. Para os não químicos o percentual era maior: em 2000 esse grupo etário detinha 5,8% de participação na força de trabalho, 4,2% em 2005, e em 2010 essa participação era de 4,3%, ou seja 34,8% menor que em 2000. Verificada a pirâmide etária do Instituto Brasileiro de Geografia e Estatística (IBGE) de toda a população brasileira, na escala de 0 a mais de 100 anos, o grupo etário de 15 a 19 anos no ano 2000 era de 5,3%, e em 2010 esse mesmo grupo passou a ser de 4,5% em decorrência do menor crescimento vegetativo da população (IBGE, 2012). A consequência é que um número menor de jovens ingressou no mercado de trabalho. A menor participação desse grupo etário jovem de 14 a 19 anos para os químicos também pode decorrer das restrições impostas pelas Normas Regulamentadoras do Ministério do Trabalho para menores de 18 anos em razão dos agentes químicos e outros riscos (MTE, 2012).

O grupo etário de 20 a 29 anos em 2000 entre químicos era o maior entre os grupos etários decenais: com 37,6% de toda a força de trabalho química, e de não químicos era de 34,4%. Em 2005 os químicos neste grupo eram 37,2% com um pequeno declínio, e os não químicos 32,9% com um decréscimo maior. O ano de 2010 mostrou que esse grupo era de 35% de químicos, decréscimo de 7,4% em relação a 2000 e de 31,7% de não químicos, com decréscimo de 8,8%. Como analisado anteriormente, há um declínio da população também nesta faixa em decorrência do reflexo do baixo crescimento vegetativo da população. O IBGE (2012) nos dados comparativos entre 2000 e 2010, na Pirâmide Etária, mostra que nos dois censos de 2000 e 2010, respectivamente, apresentam em 2000 para o grupo etário de 20 a 24 anos 4,7% de toda a população. Esse percentual em 2010 foi menor, ou seja, 4,5% da população geral com decréscimo de 4,4% em relação a 2000.

A evolução da participação de químicos e não químicos na faixa etária de 30 a 39 anos, que é a 2ª maior faixa etária depois daquela de 20 a 29 anos, foi a seguinte: em 2000 entre os químicos o percentual da força de trabalho nessa faixa etária era de 32,4%, teve uma leve redução em 2005 com 30,9%, e em 2010 foi de 31,2 com uma redução em 11 anos de 3,8%. Os não químicos nestes três anos tiveram respectivamente 29,6%, 28,9% e 28,7% também uma redução de 3,1%. Essa participação em declínio entre químicos e não químicos contrastou com a pirâmide etária do IBGE. Em 2000 havia 7,2% de brasileiros nas faixas entre 30 a 39 anos, e em 2010 houve um aumento com 7,5% deste extrato etário no conjunto de toda a população de 0 a mais de 100 anos.

Idade e divisões das Cnaes entre químicos

Ao fazer o cruzamento das idades com as divisões classes dos CNAES dos trabalhadores químicos e afins de 2006 a 2010, a faixa de 20 a 29 anos está presente com maior ênfase em primeiro lugar nas seguintes divisões conforme **Tabela 5.1** (Anexos): extração de carvão mineral (2006, 2007, 2009, 2010); extração de minerais para adubos e sal marinho (2006); fabricação de celulose e papel (2006, 2007, 2008, 2009. 2010); fabricação de coque e derivados de petróleo (2006, 2007, 2008, 2009, 2010); fabricação de produtos químicos (2006, 2007, 2008, 2009, 2010); fabricação de produtos farmoquímicos e farmacêuticos (2006, 2007, 2008, 2009); fabricação de produtos de borracha e plásticos (2006, 2007, 2008, 2009 e 2010) e fabricação de vidro (2006, 2007, 2008, 2009 e 2010). A fabricação de borracha e de plástico detinha o primeiro lugar nos anos analisados de 2006 a 2010, cerca de 40% de toda a força de trabalho química estava concentrada nesta idade de 20 a 29 anos.

O cruzamento das divisões de CNAES químicas e afins na faixa etária de 30 a 39 anos estava nas primeiras colocações, ou seja, a maior força de trabalho nas seguintes divisões: Produção de gás (2006, 2007, 2008, 2009 e 2010); Comércio atacadista de produtos químicos, combustíveis e gás (2006, 2007, 2008, 2009 e 2010); Extração de minerais para adubos e sal marinho (2007, 2009, 2010) e Atividades de apoio à extração de petróleo e gás (2009 e 2010). A Produção de Gás é que detinha os maiores percentuais neste período que variaram de 36% a 42%.

A força de trabalho em primeiro lugar na faixa etária entre 40 a 49 anos estava nas seguintes divisões: Extração de petróleo e gás (2006, 2007, 2009, 2010); Extração de minerais radioativos (2006 e 2010) e Atividades de apoio à extração de petróleo e gás (2006). A Extração de petróleo que estava em primeiro lugar entre as divisões de CNAES apresentou resultados que variaram de 44,4% a 27,6%.

Por fim, interessante observar que nas idades de 50 a 59 anos, a divisão de extração de minerais radioativos apresentava o maior percentual com 30,7% da força de trabalho no ano de 2007, 32,2% no ano de 2009 e 35,6% no ano de 2010.

Em síntese: em decorrência do baixo crescimento vegetativo as faixas etárias de 14 a 29 anos estão em leve declínio. No entanto, esta mesma faixa etária está em primeiro lugar em divisões químicas da CNAE, no período de 2006 a 2010, nas quais, em princípio, exige-se agilidade e destreza, como na indústria farmacêutica que deteve o primeiro lugar no período estudado, porém com declínio ao longo dos anos. Em 2006 na indústria farmoquímica e farmacêutica essa faixa estudada era 38,8% de toda a força de trabalho e em 2010 era 35%. Maior habilidade motora (por exemplo força física), pode ter sido um dos fatores da contratação dessa mão de obra como na indústria plástica e borracha, biocombustíveis (fabricação de álcool) química e do vidro que também tiveram um leve declínio. Os plásticos em 2006 nessa faixa detinham 41,8% que declinou para 38,8% em 2010. O leve declínio constatou-se em divisões em que essa força de trabalho era predominante: A divisão dos químicos era de 34,2% em 2006 e 33,4% em 2010; a divisão de biocombustíveis era de 32,8% em 2006 e 31,9% em 2010; e a divisão de vidros em 2006 era de 38,7% e 37,6% em 2010 conforme mostra a **Tabela 5.1** (Anexos). Paulo Baltar (2012) da Unicamp afirma que a contratação da mão de obra jovem de 16 a 21 anos é mais maleável e mais "explorável" do que a força mais adulta, pois se adapta ao mercado de forma a atender as exigências dos empregadores, além da pouca experiência. Por outro lado, fruto das novas regras da Previdência, como o Fator Previdenciário, e da experiência adquirida no mercado de trabalho, entre outros possíveis fatores, além de complemento de renda em virtude da aposentadoria, há uma permanência maior no mercado de trabalho dos trabalhadores tanto químicos como não químicos dos grupos etários de 40 a 69 anos. Observação especial deve ser feita em relação à extração de materiais radioativos em que a força de trabalho entre 50 e 59 anos está mais presente até em vista de essa idade, em hipótese, aceitar os riscos decorrentes da radiação, já que teria dificuldades em ser empregada em outros setores econômicos.

6.
Região e Estados onde trabalham os químicos

Remígio Todeschini

Químicos e não químicos por região

Na distribuição de trabalhadores químicos por região o que se observa é a maior concentração no Sudeste que decresceu nos últimos 11 anos em 7,7 % em relação a outras regiões do país, conforme mostra a **Tabela 6** (Anexos). Em 2000 o Sudeste detinha 65% da força de trabalho química, que diminuiu para 60,5% em 2010. A região Nordeste detinha 10,9% dos trabalhadores químicos em 2000, passando para 12% em 2010. O Sul detinha a participação de 20,3% em 2000, permanecendo em 20,4% em 2005 e caindo para 19,2 em 2010, um decréscimo de 5,7% em relação a 2000. A região Norte, com dados a partir de 2001, apresentava 1,8%, 2,8% em 2005 e 2,4% em 2010, um crescimento de 33% em relação a 2001. Por fim, a região Centro-Oeste é que obteve o maior crescimento percentual entre todas as regiões: em 2000 detinha a participação de 3,8 da força de trabalho química, em 2005 cresceu para 4,4%, sendo que em 2010 essa participação era de 6%. Foi um crescimento de 57,8%.

Os não químicos detinham uma participação menor no Sudeste em comparação com os químicos, ou seja, de 56,5% em 2000, sendo a maior delas também por concentrar a maior atividade econômica no Brasil. Em 2010 os não químicos participavam com 51%, com redução de 10,7% em relação a 2000. No Nordeste os não químicos em 2000 participavam com 16,7% da força de trabalho, crescendo para 18,1% em 2010, crescimento de 8,3% em relação a 2000. No Sul os não químicos eram 18,7% em 2000 e 17,2% em 2010, decréscimo de 8,7%. No Norte a participação dos não químicos era de 4,3% em 2001 e cresceu 5,4% em 2010, registrando um crescimento de 25,5% em relação a 2001. Esse fenômeno pode ser creditado também à Zona Franca de Manaus, além de a demanda interna ter crescido com o aumento de renda das classes C e D que impulsionaram também a atividade econômica na região (MINISTÉRIO DA FAZENDA, 2011). No Centro-Oeste a concentração de trabalhadores não químicos era de 8,1% em 2000 e passou a ser de 8,3% em 2010.

O **Quadro 10** sintetiza o crescimento do número de trabalhadores nas atividades econômicas químicas e não químicas entre 2001 e 2010 nas regiões Norte, Nordeste e Centro-Oeste, e mostra a descentralização do número de trabalhadores nas atividades químicas e não químicas nas regiões Sudeste e Sul.

Quadro 10. Comparações dos anos de 2001 a 2010 entre regiões do país de percentual de número de trabalhadores químicos e não químicos (%)

Ano/Região	2001		2010	
	Químicos	N. Químicos	Químicos	N. Químicos
Norte	1,8	4,3	2,4	5,5
Nordeste	10,5	16,1	12,0	18,1
Sudeste	62,8	53,7	60,3	51,0
Sul	20,7	17,9	19,2	17,2
Centro-Oeste	4,3	8,0	6,0	8,3

Químicos e não químicos por Estado (UF)

Quando é verificada a concentração dos trabalhadores por Unidade Federativa (Estado) observa-se que o Estado de São Paulo, na região Sudeste, detinha a maior concentração de trabalhadores, e foi perdendo esta participação ao longo dos anos conforme **Tabela 6.1** (Anexos). Os trabalhadores químicos representavam em 2000 46,9% do total nacional da força de trabalho. Em 2001 foi de 45,4%. Em 2002 foi de 46,3%. No ano de 2003 os químicos que trabalhavam em São Paulo representavam 43,5%. Em 2004 o percentual foi de 44,5%, em 2005 44%. E houve uma curva descendente: 2006, 43,7%; 2007, 43,3%; 2008, um ligeiro acréscimo com 46,2%; em 2009 e 2010 a queda continuou com 42,7%. O mesmo se observou entre os não químicos: respectivamente os percentuais foram no comparativo proporcional em nível nacional: 2000 (32%); 2001 (30,6%); 2002 (33,2%); 2003 (29,9%); 2004 (29%); 2005 (28,9%); 2006 (29,1%); 2007 (29,2%); 2008 (29,5%); 2009 (29,1%); 2010 (29,1%), conforme demonstrado no **Gráfico 2**.

Gráfico 2. Percentuais de trabalhadores químicos no Estado de SP em relação ao total de trabalhadores químicos em nível nacional de 2000 a 2010

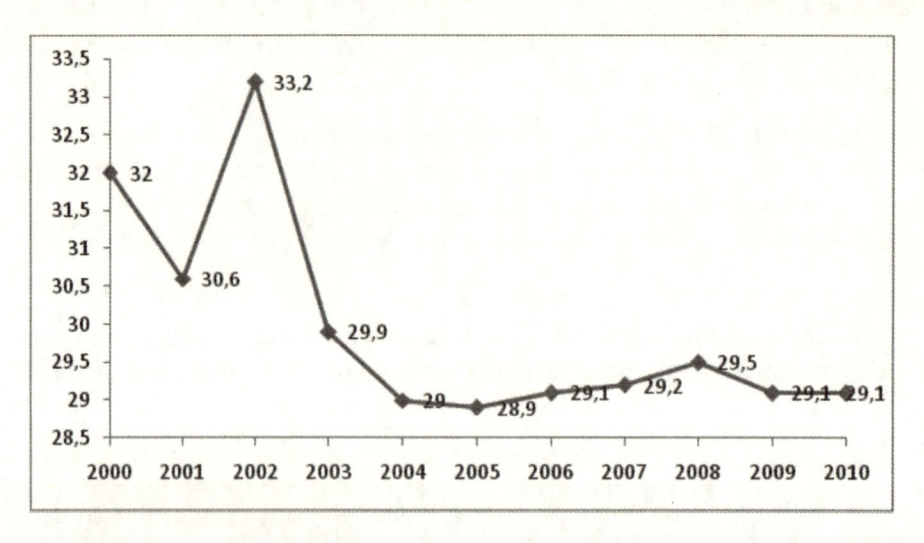

[Gráfico de linhas mostrando os valores: 2000: 32; 2001: 30,6; 2002: 33,2; 2003: 29,9; 2004: 29; 2005: 28,9; 2006: 29,1; 2007: 29,2; 2008: 29,5; 2009: 29,1; 2010: 29,1]

Na região Sul, o Rio Grande do Sul (RS) e o Paraná (PR), foram os Estados que mais se destacaram entre os daquela região, com maior participação tanto de trabalhadores químicos como não químicos. Os químicos representavam respectivamente no decorrer dos 11 anos estudados: 2000, 7,9% (RS); 2001, 8,0% (RS); 2002, 7,3% (RS); 2003, 7,4% (RS e PR); 2004, 7,7% (PR); 2005, 7,4% (PR); 2006, 7,6% (PR); 2007, 7,8% (PR); 2008, 8,0% (PR); 2009, 7,6% (PR) e 2010, 7,2% (PR). O Estado do Rio Grande do Sul observou o mesmo fenômeno de São Paulo, sendo substituído pelo Paraná, que também foi perdendo na participação relativa dos trabalhadores a partir de 2009. Entre os não químicos a participação relativa em 2000 era maior no Rio Grande do Sul, com 7,5%; em 2005 essa participação decresceu para 6,8%, e em 2010 era de 6,3%, a mesma do Estado do Paraná.

A região Norte teve o Estado do Amazonas, até em decorrência da Zona Franca de Manaus, como o Estado com maior crescimento e maior participação da indústria química na região. Os trabalhadores químicos representavam em 2001 0,9% da participação nacional; em 2002, 1%; 2003, 1,1%; 2004, 1,4%; 2005, 1,5%; 2006, 1,5%; 2007, 1,5%; 2008, 1,5%; 2009, 1,4% e 2010, 1,4%. O Amazonas teve em 10 anos 55% de crescimento na sua participação nacional entre os químicos. A participação dos não químicos no Amazonas acompanhou quase os mesmos números da área química: em 2001 eram 0,9% da participação nacional e em 2010 cresceram para 1,3%, um crescimento de 44%.

A região Nordeste apresentou a sua maior participação de trabalhadores químicos no Estado da Bahia. Respectivamente os trabalhadores químicos baianos, conforme **Gráfico 3,** eram: 2000, 3,1%; 2001, 3,2%; 2002, 3,4%; 2003, 3,3%; 2004, 3,3%; 2005, 3,2%; 2006, 3,6%; 2007, 3,6%; 2008, 3,2%; 2009, 3,6%; 2010, 3,5%.

Gráfico 3. Percentuais de trabalhadores químicos no Estado da BA em relação ao total de trabalhadores químicos em nível nacional de 2000 a 2010

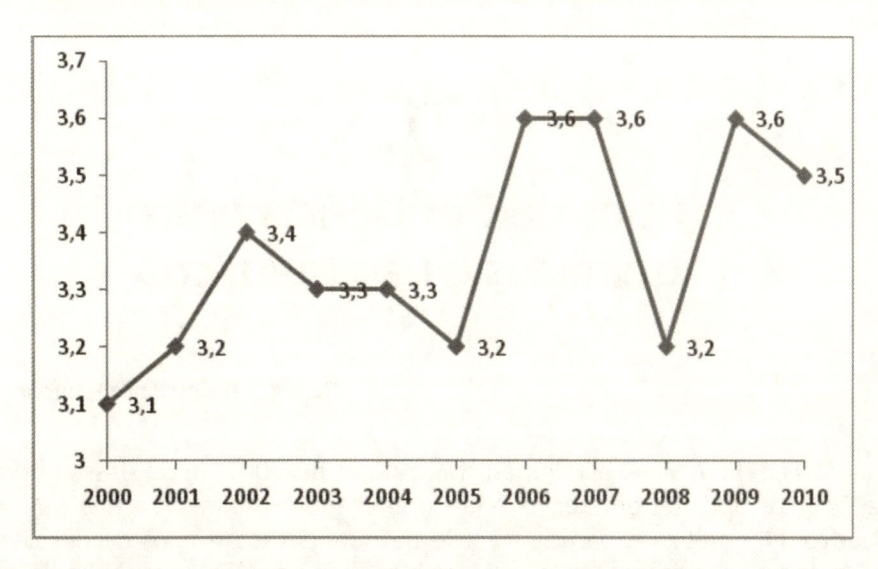

[Gráfico de linha mostrando os valores: 2000: 3,1; 2001: 3,2; 2002: 3,4; 2003: 3,3; 2004: 3,3; 2005: 3,2; 2006: 3,6; 2007: 3,6; 2008: 3,2; 2009: 3,6; 2010: 3,5]

Um crescimento em 11 anos de 12,9%. Entre os não químicos a participação nacional era de 4,6% em 2000, 4,8% em 2005 e 4,9% em 2010, um crescimento de 6,5% entre 2000 e 2010.

A região Centro-Oeste teve o Estado de Goiás com o maior índice de participação de trabalhadores químicos. A participação dos trabalhadores no decorrer dos anos foi a seguinte: em 2000 era de 2,3%; 2001, 2,5%; 2002, 2,8%; 2003, 3,1%; 2004, 2,6%; 2005, 2,7%; 2006, 3%; 2007, 3,3%; 2008, 3,6%; 2009, 3,5% e 2010, 3,5%. De 2000 a 2010 registrou um crescimento de participação de 52%.

Em síntese, as regiões Sul e Sudeste diminuíram sua participação em número de trabalhadores, tanto químicos como não químicos, em decorrência do fenômeno da descentralização industrial entre regiões e Estados nos últimos 10 anos. Sabóia (2012) e Paiva (2012) ao estudarem a descentralização da indústria no Brasil em estudos junto à Universidade Federal do Rio de Janeiro entre 2003 e 2010, no período do Governo Lula, afirmam que no período de 2004 a 2010 houve uma forte criação de empregos, quando o PIB brasileiro cresceu 35,6%, sendo que a taxa de desemprego foi reduzida pela metade. Neste período, as indústrias em geral cresceram 37%, enquanto que o emprego industrial cresceu 60%. Várias microrregiões tiveram crescimento significativo no emprego geral, como no Nordeste as regiões de Ipojuca (PE); Juazeiro (BA); Cariri (CE). O Norte também teve crescimento do emprego, assim como o Centro-Oeste. No Estado de Goiás, na microrregião de Anápolis-GO, de 2003 a 2010 houve um crescimento de emprego em 104%, e 20% dessa participação era de trabalhadores na Indústria de Produtos Químicos.

7.
Tipos de Deficiência entre químicos e não químicos

Remígio Todeschini e Wanderley Codo

A **Tabela 7** (Anexos) demonstra, a partir de 2007, início dessa informação na RAIS, os tipos de deficiência entre trabalhadores químicos e não químicos. O **quadro 11** sintetiza a participação de não deficientes e tipos de deficiência na força de trabalho, tanto química como não química. Não houve a declaração de três tipos de deficiência entre 2007 e 2010 (visual, mental e múltipla) tanto para químicos como para não químicos.

Quadro 11. Tipos de deficiência entre químicos e não químicos

ANO/ Tipo de Deficiente e não deficientes	2007		2008		2009		2010	
	Q(%)	N(%)	Q(%)	N(%)	Q(%)	N(%)	Q(%)	N(%)
Deficiência física	0,6	0,5	0,6	0,4	0,7	0,4	0,7	0,4
Deficiência auditiva	0,4	0,2	0,4	0,2	0,4	0,2	0,4	0,2
Reabilitado	0,2	0,1	0,1	0,1	0,1	0,1	0,1	0,1
Não deficiente	98,8	99,1	98,8	99,2	98,7	99,3	98,7	99,3

Fonte: RAIS. Q = químicos; N = não químicos.

O **Quadro 11** demonstra que praticamente os deficientes auditivos, físicos e reabilitados químicos em 2010 eram o dobro (1,2%) em relação aos não químicos (0,7%), porém muito distante da obrigação legal previdenciária/trabalhista de as empresas terem em seus quadros de 2% a 5%, dependendo do tamanho da empresa, do total de funcionários com deficiência ou reabilitados. Esses percentuais de trabalhadores com deficiência, químicos e não químicos, estavam 23 vezes mais distantes dos dados do Censo do IBGE 2010: *46 milhões de brasileiros, cerca de 24% da população, declarou possuir pelo menos uma das deficiências investigadas (mental, motora, visual e auditiva), a maioria, mulheres (IBGE, 2012c).*

8.
Perfil de raça e cor entre químicos

Remígio Todeschini e Wanderley Codo

A **Tabela 8** (Anexos) apresenta os resultados do perfil de raça e cor entre químicos e não químicos. O **Quadro 12** extraído da **Tabela 8** mostra a evolução percentual declarada na RAIS de cor/raça a partir de 2004 das três categorias mais predominantes na população (Branca, Parda e Preta). Entre os químicos é predominante a presença da cor/raça branca (63,9% em 2010), enquanto que entre os não químicos a participação da cor/raça branca é menor (48,5% em 2010) aproximando-se da distribuição cor/raça branca do censo do IBGE (2011) de 2010 (47,7%). Seguem como categorias predominantes a cor/raça parda entre químicos com 23,8%, sendo o mesmo percentual para não químicos em 2010. Em menor percentual a preta é representada entre químicos com 5,1%, e não químicos em 4,3% em 2010. A presença da cor/raça preta é maior dos químicos que dos não químicos, porém os químicos ainda estão distantes 32% do percentual geral da população negra que está sub-representada na força de trabalho tanto química, como não química comparada com o censo apurado pelo IBGE em 2010. Esse é um dado ainda muito sensível tanto na autodeclaração do Censo do IBGE, como na declaração feita pelos empregadores na RAIS. Os dados apresentam não identificação de raça entre os anos estudados (2004 a 2010) que variam de 2,1% a 11%, além de percentuais ignorados entre não químicos a partir de 2006 próximos a 19%.

Quadro 12. Três categorias mais predominantes de cor/raça entre químicos e não químicos

Ano/ Cor-Raça	Branca		Parda		Preta	
	Q%	N%	Q%	N%	Q%	N%
2004	71,8	60,2	19,3	23	4,8	4,3

| Ano/ | Branca | | Parda | | Preta | |
Cor-Raça	Q%	N%	Q%	N%	Q%	N%
2005	71,9	60,5	20	24,6	4,9	4,4
2006	71,5	50,9	20,7	21,1	4,8	4,1
2007	69,8	50,3	21,3	21,5	4,9	4,2
2008	67,4	50,1	22,2	22,2	5,0	4,3
2009	64,7	49,1	22,8	22,9	5	4,2
2010	63,9	48,5	23,8	23,8	5,1	4,3

Fonte: RAIS. Q = químicos; N = não químicos.

O IBGE (2011) ao apresentar os dados do Censo de 2010 por meio das características de população e domicílios mostrou os seguintes resultados percentuais do total do censo de 2010 cuja população era de 190.755.799: cor/raça branca 47,73%; cor/raça preta 7,61%; cor/raça amarela 1,09%; cor/raça parda 43,13%; cor/indígena 0,42%, e sem declaração 0,003%.

Em síntese, quando os dados são comparados com a população geral as três categorias predominantes são ou superiores na representação de cor/raça dos químicos, como no caso da cor/raça branca que tem 47,7% na população geral e 63,9% entre os químicos e 48,5% de não químicos em 2010, ou inferiores na representação da cor/raça parda e preta tanto entre químicos como não químicos quando comparados com a população geral. Os químicos e não químicos percentualmente apresentavam na cor/raça parda os mesmos percentuais: 23,8% (2010), e na população geral essa representação era de 43,13% em 2010. Para a cor/raça preta: 5,1% (químicos) e 4,3% (não químicos), sendo que na população geral essa representação era de 7,61%.

9.
Rendimento dos trabalhadores químicos

Remígio Todeschini e Wanderley Codo

A remuneração dos químicos em dezembro de cada ano

O **Quadro 13** mostra o acumulado em dezembro de cada ano dos salários nominais, incluída parcela final do 13º salário.

Quadro 13. Salários nominais em dezembro de cada ano

Massa Salarial dos trabalhadores químicos*	
Ano	Massa Salarial (R$)
2000	R$ 823.660.189,17
2001	R$ 1.003.610.680,39
2002	R$ 1.251.931.262,02
2003	R$ 1.462.706.269,16
2004	R$ 1.655.865.653,24
2005	R$ 1.843.749.518,35
2006	R$ 2.297.581.724,17
2007	R$ 2.514.765.801,15
2008	R$ 2.817.555.130,18
2009	R$ 3.226.818.906,25
2010	R$ 3.531.722.524,03

* Inclusão de parcela do 13º

Para que se estabeleça uma comparação real da renda dos trabalhadores químicos entre os diversos anos é necessário aplicar a correção monetária em base da inflação do período e verificar se houve crescimento ou decréscimo do salário médio nominativo por trabalhador químico em dezembro de cada ano. No ano 2000, depois de ser aplicada a correção inflacionária, a média em valores por trabalhador empregado seria o correspondente em 2010 a R$ 1.731,80; em 2005 essa média seria de 2.369,00 e em 2010 foi de 2.700,17. O que se observa é que o crescimento real do salário entre 2000 a 2005 foi de 36,7%, entre 2005 e 2010 foi de 13,9%, e nos últimos 11 anos foi de 55% (2000 a 2010).

A média em Salários Mínimos dos Trabalhadores químicos e não químicos

A **Tabela 9** (Anexos) apresenta como resultados as variações percentuais da média do Salário Mínimo (SM) dos trabalhadores químicos e não químicos, obtidos em dezembro de cada ano no período de 11 anos: 2000 a 2010. Há uma divisão de 12 faixas, que vai de 0,5 salários a mais de 20 (SM). A faixa de Salários Mínimos de maior concentração de renda para os químicos era aquela que variava de 2 a 3 SM. Essa faixa detinha em 2000 a participação de 14,8% de trabalhadores químicos, e 16,1% de trabalhadores não químicos. Em 2010 essa faixa cresceu para 21% de trabalhadores químicos, e de 17,2 para não químicos. Enquanto que os químicos mantiveram essa faixa em constante crescimento ou estabilização nos últimos anos, em torno dos 20% (2004 a 2010), os não químicos detiveram de 2005 a 2010 a faixa de 1 a 1,5 SM, como aquela de maiores índices percentuais, que variaram de 21,9% (2005) a 27,7% (2010).

Teria havido uma queda substancial dos salários para os não químicos? Parte disso pode ser explicado pela ampliação do mercado de trabalho, já que a taxa de desemprego neste período teve uma queda substancial, chegando em 2010 a 5,3%, e foram criados mais postos de trabalho com menores exigências de qualificação, com salários com menor remuneração, cerca de 15 milhões entre 2003 a 2010. Por outro lado, a partir de 2005 houve um aumento substancial do Salário Mínimo decorrente da política do governo federal do presidente Lula de valorização do mesmo. No período de 2003 a 2010 o SM teve um crescimento real de 57,3% considerada atualização de todo o período dos salários mínimos ano a ano aos valores reais de dezembro de 2010. Ou seja, teve uma expansão superior à da renda *per capita* do período. Somente em 2009 o SM teve um crescimento real de 7,2% (MINISTÉRIO DA FAZENDA, 2011).

Quando é feito um recorte entre químicos e não químicos dividindo-se as faixas salariais em dois grandes grupos, faixa até 5 SM e faixa acima de 5 SM, depara-se com o seguinte **Quadro 14:**

**Quadro 14. Faixas salariais maiores e menores
de 5 SM entre químicos e não químicos**

Faixas Salariais	2000	2000	2003	2003	2007	2007	2010	2010
	Q(%)	NQ(%)	Q(%)	NQ(%)	Q(%)	NQ(%)	Q(%)	NQ(%)
< 5 SM	44,4	54,4	50,1	60,7	69,1	81,3	70,9	82,6
>5 SM	32,4	20,8	28,1	14,9	27,5	15	25,8	13,7

Fonte: RAIS. Q= trabalhadores químicos; NQ = Trabalhadores não químicos.

Essa comparação entre trabalhadores químicos e não químicos mostra, conforme quadro acima, que a renda maior de 5 SM foi o dobro a partir de 2003, em relação aos não químicos. Isso pode ter decorrido da maior qualificação dos trabalhadores químicos em relação aos não químicos, já que as exigências para os químicos de qualificação foram maiores do que para os não químicos. Recorde-se também que houve um aumento substancial do emprego, sendo oferecidas vagas em que não havia maiores exigências de qualificação para aqueles setores de produção de bens de massa. O maior poder aquisitivo estimulou a produção e abertura de postos de trabalho em função das políticas de inclusão social do Governo Lula. A classe C que em 2003 representava 37% da população passou a ser de 50% em 2009. O coeficiente de Gini, que mede a desigualdade da renda pessoal, caiu progressivamente entre 2003 e 2009 para toda a população. Foi de 0,59 em 2003 para 0,54 em 2009, um decréscimo de desigualdade de 8,5%. Isso ocorreu tanto em decorrência da redução da desigualdade nas rendas do trabalho como pelo fortalecimento do salário mínimo (BALTAR; DEDECCA; KREIN, 2005) e pelos programas de transferência de renda (MINISTÉRIO DA FAZENDA, 2011).

A renda dos químicos até 5 SM em 2010 representava 70,9%, enquanto que a totalidade dos trabalhadores não químicos neste recorte de faixa era de 82,6%, ou seja 16,5% superior aos químicos, o que representava para os não químicos uma distribuição de renda menor.

Os dados da RAIS a partir de 2004 tiveram uma qualidade de preenchimento melhor, pois até 2003 cerca de 25% dos dados de faixa salarial não eram preenchidos (ignorados). A partir de 2004, essa quebra foi menor, cerca de 3%. Os dados analisados conforme **Tabela 9** (Anexos) mostram que a série histórica da RAIS de 2000 a 2010 diminuiu quanto aos dados ignorados. Entre 2000 e 2003 as informações ignoradas eram respectivamente de 22,9%, 22,7%, 23,1% e 21,7% entre químicos e para não químicos era de 24,9%, 25,5%, 26,6% e 24,2%.

A média em Salários Mínimos dos Trabalhadores químicos por grupo do CNAE da área química e afins

A **Tabela 9.1** (Anexos) estratifica as diversas faixas salariais pelos grupos do CNAE da área química como será visto a seguir. A partir dessa mesma tabela foi elaborado um quadro para conhecer a evolução salarial das diversas divisões químicas conforme **Quadro 15**, entre 2004 e 2010. O período escolhido decorreu da maior consistência e conformidade de dados, em que os dados ignorados ou perdidos entre esses anos variava de 8,9% a 1%, diferente dos anos anteriores (2000 a 2003) quando essa perda chegava a mais de 20%.

Quadro 15. Comparativo de faixas salariais e grupos CNAEs da área química entre 2004 e 2010

Descrição do grupo CNAE (2.0), com conversão do CNAE (1.1)	2004 (% de trabalhadores)		2010 (% de trabalhadores)	
	Químicos com faixas salariais			
	<5	>5	<5	>5
050 Extração de Carvão Mineral	72,3	24,6	81	12,8
060 Extração de Petróleo e Gás Natural	16,8	81,3	6,3	92,4
072 Extração de Minerais Radioativos	96,3	1,9	—	—
089 Extração Minerais Fabricação adubos e sal marinho	79,8	17,5	80	16,3
91 Apoio à extração de petróleo e gás natural	15,2	81,4	26,6	70,5
171 Fabricação de celulose e outras pastas	40	58,2	37,4	59,5
172 Fabricação de papel	56,6	41,6	64,7	31,4
173 Fabricação de embalagens	74,8	23,2	82,2	14,4
174 Fabricação de produtos diversos de papel	76,5	21,4	81,1	15,7
191 Coquerias	69,9	25,5	50,7	45,7
192 Fabricação de produtos derivados do petróleo	6,7	91,3	16	82,8
193 Fabricação de biocombustíveis	84,4	12,3	96,3	11,2
201 Fabricação de químicos inorgânicos	47,2	50,4	59,7	37
202 Fabricação de químicos orgânicos	48,3	49,3	42,7	54,9
203 Fabricação de resinas e elastômeros	28,5	70,1	42,4	54,5

Descrição do grupo CNAE (2.0), com conversão do CNAE (1.1)	2004 (% de trabalhadores)		2010 (% de trabalhadores)	
	Químicos com faixas salariais			
	<5	>5	<5	>5
204 Fabricação de resinas artificiais e sintéticas	52,3	44,8	69,2	28,2
205 Fabricação de defensivos agrícolas	35,6	63,2	43,4	54,5
206 Fabricação de sabões e detergentes	–	–	83,2	13,5
207 Fabricação de tintas e vernizes	53,8	44,6	66,4	31
209 Fabricação de produtos químicos diversos	53	45,1	62,7	34,6
211 Fabricação de produtos farmoquímicos	–	–	56,6	40,8
212 Fabricação de produtos farmacêuticos	53,3*	44,8*	54,2	43
221 Fabricação de produtos de borracha	68	29,5	76,4	19,5
222 Fabricação de material plástico	78,7	18,5	84,9	11,5
231 Fabricação de vidro e produtos de vidro	64,5	33,3	76,7	20
352 Produção e distribuição de combustíveis gasosos	19,9	79,1	17,2	81,8
468 Com. atacadista em combustíveis e prod. químicos	55,2	42,7	67,8	28,4

Fonte: RAIS. * Inclusive farmoquímicos

Os resultados do processamento feitos a partir dos dados da RAIS entre as variáveis de grupos do ramo químico e categorias de faixas salariais em SM, ao estabelecer a comparação salarial com valores inferiores e superiores a 5 SM mostram na discussão entre os diversos grupos da CNAE do ramo químico uma distribuição de renda que pode ser classificada preliminarmente em 4 categorias: superior, equilibrada, desigual e inferior em relação às faixas salariais analisadas. Entre os grupos de CNAE com renda superior acima de 5 SM em 2010, do contingente total da força de trabalho química de cada grupo encontram-se: Extração de Petróleo e Gás Natural, com 92,4%, sendo que 40,7% desse percentual pertence à categoria de renda superior a 20 SM; Apoio à extração de petróleo e gás, com

70,5%; Fabricação de produtos derivados do petróleo, 82,8%, com 34,7% dessa participação compreendida na categoria com renda superior a 20 SM; Produção e distribuição de combustíveis gasosos com 81,8%; e Fabricação de celulose e outras pastas 59,5%. A renda equilibrada, ou seja, oscilando entre 40 a 55% entre as duas faixas salariais comparadas, é encontrada nos seguintes setores: Fabricação de químicos orgânicos (petroquímica) 42,7% < 5 SM e 54,9% > 5 SM; Fabricação de resinas e elastômeros 42,4% < 5 SM e 54,5% > 5 SM; Fabricação de defensivos agrícolas 43,4% < 5 SM e 54,5% > 5 SM; Coquerias 50,7% < 5 SM e 45,7% > 5 SM; Fabricação de produtos farmoquímicos 56,6% < 5 SM e 40,8% > 5 SM; e Fabricação de produtos farmacêuticos 54,2% < 5 SM e 43% > 5 SM. A distribuição desigual, em que os percentuais são significativamente inferiores, nas faixas, a 5 SM, ocorre nos seguintes grupos: Fabricação de papel 64,7 < 5 SM e 31,4% > 5 SM; Fabricação de químicos inorgânicos 59,7 < 5 SM e 37% > 5 SM; Fabricação de resinas artificiais e sintéticas 69,2 < 5 SM e 28,2 > 5 SM; Fabricação de Tintas e Vernizes 66,4 < 5 SM e 31% > 5 SM; Comércio Atacadista de combustíveis e produtos químicos 67,8% < 5 SM e 28,4% > 5 SM. Por fim, a renda inferior, onde as concentrações de salários estão colocadas quando os salários menores que 5 SM são iguais ou superiores a 70% nessa categoria: Extração de carvão mineral 81% < 5 SM e 12,8% > 5 SM; Extração de minerais para fabricação de adubos e extração de sal marinho 80% < 5 SM e 16,3% > 5 SM; Fabricação de embalagens 82,2% < 5 SM e 14,4% > 5 SM; Fabricação de produtos diversos de papel 81,1 < 5 SM e 15,7% > 5 SM; Fabricação de biocombustíveis 96,3% < 5 SM e 11,2% > 5 SM, neste grupo está compreendida a Fabricação de Álcool que inclui os trabalhadores agrícolas que estão formalizados; Fabricação de sabões e detergentes 83,2% < 5 SM e 13,5 > 5 SM. Observa-se como resultado nas categorias de renda da Fabricação de sabões e detergentes que 44,5% do percentual relativo à renda inferior a 5 SM estão compreendidas entre 1 a 2 SM; Fabricação de Produtos de Borracha 76,4 < 5 SM e 19,5% > 5 SM; Fabricação de material plástico 84,9% < 5 SM e 11,5 > 5 SM; e a Fabricação de vidro e produtos de vidro 76,7% < 5 SM e 20% > 5 SM.

Em síntese, a série histórica de 2000 a 2010, dos valores em SM no mês de dezembro em cada ano quando comparada com os não químicos demonstra que a renda dos químicos e afins foi maior nas diversas faixas conforme demonstra a **Tabela 9** (Anexos) e maior também na estratificação comparativa das faixas até 5 SM e maior que 5 SM. Quando são mostrados os resultados por grupo de CNAE na **Tabela 9.1** (Anexos) há uma estratificação salarial na qual grupos têm uma distribuição salarial superior, com peso significativo dos salários maiores que 5 SM, como por exemplo o Ramo do Petróleo; uma distribuição salarial equilibrada, com pesos próximos entre faixas maiores e menores que 5 SM, como o grupo de química orgânica (petroquímica); desigual, com peso entre 60 a 70% das faixas salariais até 5 SM, como o grupo de tintas e vernizes; e inferior como o setor de biocombustíveis (fabricação de álcool) e fabricação de sabões e detergentes, quando o peso das faixas salariais menores de 5 SM compreende mais de 70% dos trabalhadores daqueles grupos econômicos químicos analisados.

Quanto à média salarial em dezembro de cada ano por trabalhador químico e afins se observa que o crescimento real do salário entre 2000 e 2005 foi de 36,7%, entre 2005 e 2010 foi de 13,9%, e nos últimos 11 anos foi de 55% (2000 a 2010). Houve em geral uma melhora da renda dos trabalhadores químicos neste período que decorreu tanto da valorização do salário mínimo, como do crescimento econômico do período ocorrido a partir de 2004 (MINISTÉRIO DA FAZENDA, 2011). A distribuição de renda tem melhorado neste período segundo as Contas Nacionais do IBGE: em 2000 os salários como proporção do PIB eram 47,14% e cresceram para 51,40% em 2009 e com projeção de 51,90% em 2010 (SICSU, 2012).

10.
Perfil dos trabalhadores químicos por gênero

Remígio Todeschini e Wanderley Codo

Na **Tabela 10** (Anexos) são apresentados os resultados ano a ano, de 2000 a 2010, do número de trabalhadores homens e mulheres entre químicos e não químicos. Entre os químicos houve uma redução mínima da presença masculina no mercado de trabalho entre 2000 e 2010: Em 2000, 76,7% dos empregados nos diversos setores químicos e afins eram homens, em 2005 eram 76,4% e em 2010 eram 75%. Essa redução foi de 2,21%. As mulheres tiveram neste mesmo período de 11 anos um incremento na força de trabalho química em 7,29%. Para os não químicos a participação masculina era menor: era de 62,3% em 2000, 59,7% em 2005 e 58,5% em 2010. A redução dos homens entre não químicos foi maior nestes 11 anos: foi de 6,09%, ou seja, três vezes menor do que os químicos. A participação das mulheres entre não químicos que em 2000 era de 37,7%, em 2005 foi de 40,3%, cresceu para 41,5% em 2010. O crescimento das trabalhadoras não químicas foi de 10,07% em 11 anos, 30% superior ao crescimento no mercado de trabalho das trabalhadoras químicas.

Ainda continua desigual a participação entre homens e mulheres no mercado de trabalho: o censo de 2010 do IBGE (2012b) apresentou que o resultado da proporcionalidade de homens e mulheres na população geral está muito longe dos dados que ocorrem no mercado de trabalho entre químicos e não químicos. Em 2010, no censo do IBGE, as mulheres representavam 51,03% da população geral e os homens 48,96%.

No detalhamento do cruzamento entre as atividades econômicas por divisões da CNAE da área química com gênero, vê-se com mais detalhes onde estão concentrados os homens e as mulheres da área química, conforme **Tabela 10.1** (Anexos). No **Quadro 16** a seguir é mostrada a concentração da força de trabalho masculina entre 13 divisões do CNAE 2.0 (e entre 11 divisões do CNAE 1.1) com participações mais expressivas que vão de 82,9% a 96,6% da força de trabalho masculina nas divisões estudadas de Extração de Carvão Mineral, Extração de minerais para adubos/fertilizantes e sal marinho; Fabricação de coque, de produtos derivados de petróleo e biocombustíveis (fabricação de álcool) e extração de petróleo e gás natural:

Quadro 16. Participação da força de trabalho masculina, majoritária em algumas divisões químicas

ANO	2000	2001	2002	2003	2004	2005	2006	2007	2008	2009	2010
Extr. carvão mineral	93%	96,6%	96,4%	95,7%	96,6%	96,2%	95,6%	95,2%	_	96,1%	95,8%
Extr. Adubos/ sal marinho	93,7%	92,4%	93,2%	90,3%	92,3%	91,6%	92,2%	91,7%	_	91,5%	92,2%
Fabr. Álcool e refino de petróleo	91,8%	90,1%	92%	91,4%	90,3%	91%	91,1%	90,8%	89,4%	89,9%	88,6%
Extr. Petróleo	82,7%	86,1%	88,5%	88,5%	83,6%	88%	90,2%	89,8%	_	89,2%	88,8%

As atividades relacionadas acima, onde há uma maior participação masculina decorre de atividades em minas subterrâneas ou a céu aberto, extração de petróleo e gás em locais remotos ou em alto mar, além das atividades agrícolas relacionadas à fabricação de álcool.

Gênero e divisões do CNAE na área química

A seguir, no quadro abaixo, em outra extração específica da **Tabela 10.1** (Anexos), destacam-se as divisões químicas onde há a maior participação feminina, sempre, no entanto inferior à participação masculina. As divisões onde há uma presença mais significativa das mulheres, que varia de 23% a 46,7% da força de trabalho química, compreendem as de: fabricação de produtos químicos; fabricação de produtos farmoquímicos e farmacêuticos, onde a participação feminina tem o maior destaque neste estudo; fabricação de produtos de borracha e plásticos; produção e distribuição de gás e combustíveis e comércio atacado de produtos químicos e combustíveis. Interessante observar que essa participação maior e crescente da força de trabalho feminina se destaca de 2005 a 2010, no **Quadro 17** a seguir:

Quadro 17. Participação da força de trabalho feminina mais significativa em algumas divisões químicas

ANO	2000	2001	2002	2003	2004	2005	2006	2007	2008	2009	2010
Produtos químicos	29,2%	29,8%	30,0%	30,0%	29,6%	30,1%	24,1%	24,5%	25,5%	25,9%	26,8%
Produtos farmoquim. farmacêut.	–	–	–	–	–	–	46%	46%	45,9%	46,5%	46,7%
Fabr. Borracha e Plástico	24,6%	24,5%	24,5%	24,8%	24%	24,8%	25,5%	26,5%	26,5%	27%	27,7%
Prod. Gás e distrib. combustíveis	15,7%	16,9%	13,1%	23,3%	23,8%	27,1%	27,4%	27,6%	27,7%	27,5%	28,8%
Comércio atacado de prod. Quim. e combust.	19,7%	20%	20,9%	21,8%	22,4%	23,2%	24%	23,7%	23,7%	24,1%	24,4%

Em síntese, a força de trabalho química tem participação masculina maior do que no restante das demais categorias profissionais. O que se observa nos últimos 6 anos da análise (2005 a 2010) é que cresce paulatinamente a participação feminina, até em face do grande crescimento econômico que houve a partir de 2004 (MINISTÉRIO DA FAZENDA, 2011). No entanto, esta participação continua muito desigual quando na comparação geral dos números do censo de 2010 do IBGE (2012b), em que a participação feminina na população geral é maior do que a masculina.

11.
Tamanho das empresas onde os trabalhadores químicos trabalham

Remígio Todeschini

A **Tabela 11** (Anexos) permite visualizar a partir dos dados da RAIS o tamanho das empresas entre 2000 e 2010 tanto do setor químico como do não químico. O **Quadro 18** compara em intervalos de dois em dois anos os agrupamentos de empresas em 3 novas categorias: até 49 empregados, de 50 a 249 empregados, acima de 250 empregados.

Quadro 18. Comparativo intervalar em 3 agrupamentos do tamanho de empresas entre químicos e não químicos

ANO/ Tamanho de empresa	2000(%)		2002(%)		2004(%)		2006(%)		2008(%)		2010(%)	
	Q	N	Q	N	Q	N	Q	N	Q	N	Q	N
Até 49 empregados	30,5	43,6	30,5	43,5	27,5	39,5	26,6	38,8	26,7	38,3	24,4	38,6
De 50 a 249 empregados	35,8	19	33,9	19,1	33,9	18,6	31,5	18,3	31,7	18,5	30,9	18,8
Acima de 250 empregados	33,7	37,5	35,5	37,5	38,6	41,6	41.8	42,9	41,6	43,2	44.6	53,2

Fonte: RAIS. Q = químicos; N = não químicos.

A legislação tributária nacional ao estabelecer a divisão das categorias de empresas entre pequena, média e grande, seja para fins tributários ou bancários, o faz em função do faturamento. No caso aqui para a divisão das categorias agregadas no **Quadro 18** adota-se um dos padrões da Comunidade Europeia que divide empresas em porte pequeno até 50 empregados, e médio até 250 empregados (CEE, 2012).

Interessante observar que em função do crescimento econômico ocorrido nestes 11 anos, quanto maior foi o crescimento do PIB anual houve um crescimento percentual maior das grandes empresas, sendo que no período de maior crescimento o número de empresas pequenas diminuiu tanto no setor químico como no não químico. Em 2002 o crescimento do Produto Interno Bruto (PIB) foi de 0,2%, 5,7% em 2004, 4% em 2006, 5,2% em 2008 e 7,5% em 2010 (MINISTÉRIO DA FAZENDA, 2011).

Em 2000 as empresas químicas pequenas (até 49 empregados) eram 30,5% e as não químicas eram 43,6% do universo total de empresas no Brasil. Caíram respectivamente para 24,4% (químicas) e 38,6% (não químicas) em 2010. Em 11 anos as pequenas empresas químicas decresceram 20%, e as não químicas também diminuíram 11,4%. O número das empresas de médio porte (entre 50 a 249 empregados) químicas tiveram pequeno declínio sendo que as não químicas mantiveram-se estáveis: em 2000 as químicas detinham 35,8%, as não químicas 19%, sendo que em 2010 esses percentuais foram de 30,9% para as químicas e 18,8% para as não químicas.

As grandes empresas químicas tiveram um crescimento significativo: em 2000 eram 33,7% e em 2010 saltaram para 44,6%: um crescimento de 32,3 em 11 anos. As não químicas representavam 37,5% do número total de empresas em 2000 e esse número aumentou para 53,2% em 2010: aumento de 41,8%. Interessante observar neste estudo longitudinal de 2000 a 2010 que as empresas químicas com mais de 1.000 empregados cresceram de 5,8% (2000) para 15,9% (2010). O número total de empresas cresceu mais de três vezes neste período. As não químicas com mais de mil empregados tiveram um crescimento menor: em 2000 eram 21,3% e representavam ¼ do total das empresas em 2010, ou seja 25,8%.

Quanto ao percentual do número total de trabalhadores pelo tamanho da empresa podem ser observados os resultados na **Tabela 11.1** (Anexos). Até 499 empregados quando são cruzados os dados entre tamanho de empresa e número de trabalhadores houve um tendência declinante no período de 2000 a 2010: até 4 trabalhadores, o percentual dos trabalhadores químicos em 2000 era de 3,1% e declinou para 2%; de 5 a 9 trabalhadores, em 2000 existiam 4,4% de trabalhadores químicos nesta faixa de tamanho de empresa que diminuiu para 3,5% em 2010; de 10 a 19 trabalhadores o percentual de trabalhadores do número total em 2000 era de 7,7% que declinou para 6,6% em 2010; de 100 a 249 trabalhadores era de 21,1% em 2000 diminuindo para 18,5% em 2010 e as empresas cujo tamanho era de 250 a 499 trabalhadores, o total de trabalhadores em 2000 era de 18,1%, declinando para 15,3% em 2010. A ascendência do número de trabalhadores somente ocorreu a partir das empresas com mais de 500 trabalhadores: de 500 a 999 trabalhadores em 2000, as empresas detinham 9,8% do total de trabalhadores que cresceu para 13,5% em 2010, sendo que as empresas com mais de 1000 empregados triplicaram em número total de trabalhadores: em 2000 eram 5,8%, passando a 15,9% em 2010.

Quando é apresentado o **Gráfico 4** vê-se nitidamente o crescimento do número de trabalhadores em 2010 das grandes empresas e diminuição das pequenas no comparativo com 2000. Em 2010, as empresas com mais de 1000 empregados triplicaram em relação a 2000. A maior concentração dos trabalhadores, ou seja, o pico do gráfico, no entanto, cerca de 20%, está nas empresas entre 100 a 249 trabalhadores.

Gráfico 4. Percentual de trabalhadores químicos em cada uma das categorias conforme tamanho de empresa. Comparativo 2000 e 2010

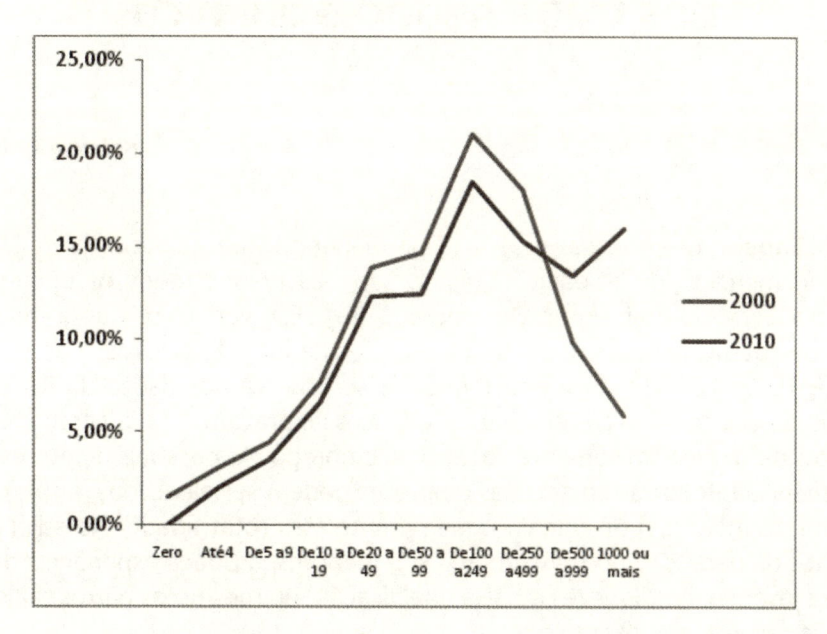

Em síntese, o crescimento econômico do PIB, que ao longo da década de 2000 saltou de uma média de 2,5% para cerca de 4,5%, graças a uma nova política econômica, que privilegiou a geração de empregos, os investimentos e o mercado interno (MINISTÉRIO DA FAZENDA, 2011) fortaleceu as empresas que passaram a ter um porte maior de empregados (>500), para dar conta da crescente demanda interna por consumo e novas exigências tecnológicas. Significativo foi o crescimento das empresas com mais de mil empregados, enquanto que a pequena empresa formal decresceu neste período tanto entre empresas químicas, como não químicas. Portanto, há uma tendência no setor mostrando ser diferente de outros setores nos quais há uma concentração dos empregos em pequenas empresas. Uma das hipóteses é que no setor químico e afins há uma necessidade de aportes mais significativos em investimentos em decorrência de novas tecnologias e inovação constante, necessitando que no setor existam empresas de porte em número de trabalhadores para dar conta da produção e dessas mudanças constantes da base tecnológica.

12.
Tempo de permanência no emprego dos trabalhadores químicos

Remígio Todeschini

A **Tabela 12** (Anexos) mostra a permanência dos químicos entre 2000 a 2010 no mercado de trabalho. Quando são observados todos os números do Cadastro Geral de Emprego e Desemprego (CAGED) verifica-se que a média nacional de rotatividade anual de todos os trabalhadores brasileiros é de cerca de 30% (MTE, 2012b). Essa mesma tendência se observa nos dados da RAIS entre aquelas classes econômicas em que os químicos laboravam: 1/3 dos trabalhadores químicos permaneciam somente um ano no emprego. As possíveis hipóteses dessa permanência inferior a um ano nas empresas podem ser elencadas, entre outras, no contrato individual de trabalho que permite essa rotatividade excessiva já que os custos da demissão no primeiro ano são menores, a pouca experiência da mão de obra jovem e muitas vezes a baixa qualificação, ou mesmo os baixos salários no início de carreira, por exemplo.

O **Quadro 19**, além de mostrar que a permanência até um ano, ou doze meses, variou de 30,34% em 2000 para 31,75% em 2010, mostra também que cerca de 26% dos trabalhadores permanecem no trabalho até 3 anos, e acima de 3 anos a permanência no emprego é de cerca de 40% dos trabalhadores químicos.

Quadro 19. Permanência em meses nas empresas, de trabalhadores químicos

ANO/ Permanência em meses nas empresas	2000	2002	2004	2006	2009	2010
	Q(%)	Q(%)	Q(%)	Q(%)	Q(%)	Q(%)
< 12 meses	30,34	31,87	29,50	28,88	29,05	31,75
12 a 36 meses	26,30	27,91	26,30	27,09	28,57	26,77

ANO/ Permanência em meses nas empresas	2000 Q(%)	2002 Q(%)	2004 Q(%)	2006 Q(%)	2009 Q(%)	2010 Q(%)
36 a 60 meses.	13,88	11,80	13,78	13,39	12,71	12,93
60 a 120 meses	14,82	14,42	15,48	15,24	14,77	14,13
> 120 meses	13,85	13,22	14,06	14,65	14,08	13,63

Em síntese, os trabalhadores químicos em regra acompanham a tendência de permanência existente no mercado de trabalho, segundo o CAGED do Ministério do Trabalho, que é cerca de 30% anualmente. Há uma força intermediária de 26% que permanece até 3 anos, e há um grupo permanente de trabalhadores químicos, cerca de 40%, que permanece de 3 a mais de 10 anos nas empresas.

PARTE III

Considerações finais

1.
Conclusões e Considerações Finais

Remígio Todeschini

O trabalho dos químicos acompanha a evolução e as revoluções tecnológicas: dos primórdios, quando faziam-se utensílios cerâmicos ou de vidro com processos artesanais rudimentares com utilização de produtos químicos básicos, até a recente revolução da nanotecnologia para medicamentos de precisão nos tratamentos de saúde.

O retrato do perfil dos Alquimistas do Século XXI, levado a efeito a partir dos microdados da RAIS apresenta conclusões interessantes no período estudado que vai de 2000 a 2010 (11 anos):

— Entre os 27 grupos do setor químico e afins estudados, o grupo que detinha o maior número de trabalhadores no conjunto de todas as atividades químicas era o de material plástico com 26,4% do total (2010);

— No estudo das ocupações da Classificação Brasileira de Ocupações (CBO), quando é feita a comparação entre atividades finalísticas e de meio dos trabalhadores químicos quanto à escolaridade e renda, observa-se que os que laboravam em atividades-meio (administrativo e manutenção, entre outros) têm escolaridade e renda superior aos que estavam em atividades finalísticas (operadores, ajudantes de fabricação entre outros). Quanto à renda, entre 11 subgrupos da CBO de atividades finalísticas, os supervisores e operadores de atividades químicas e petroquímicas são mais bem remunerados do que os demais subgrupos ocupacionais estudados;

— Quanto à escolaridade de químicos e não químicos houve uma crescente elevação da escolaridade nos 11 anos estudados, sendo que no conjunto de trabalhadores químicos, em 2010, 54,4% detinha o ensino médio completo e/ou incompleto, levemente superior aos não químicos que tinham 50,5%. Grupos de trabalhadores químicos, em função de maiores demandas e inovação tecnológica, apresentavam escolaridade do ensino médio completo ao ensino superior a 80% de sua força de trabalho, como petróleo, petroquímica, farmacêutica e produção e distribuição de combustíveis gasosos. Quanto ao ganho dos trabalhadores químicos quanto maior era a escolaridade, maiores foram os ganhos desses trabalhadores: doutores e mestres apresentavam o maior percentual de faixas de remuneração superior a 20 SM, e os de menor remuneração eram os trabalhadores analfabetos que representavam 0,4% de todos os químicos em 2010.

— As horas contratadas entre os químicos e não químicos apresentaram uma evolução de redução nos 11 anos estudados de 44 para 40 horas decorrentes da negociação e pressão sindical. As jornadas entre 35 a 39 horas também cresceram em função também do crescimento econômico do período analisado e da intensificação da introdução de novas tecnologias com processos contínuos e ininterruptos de produção.

— A participação dos jovens mostra declínio tanto para químicos como para não químicos nas faixas etárias entre 14 e 29 anos em decorrência do baixo crescimento vegetativo da população em geral. Por outro lado, fruto das novas regras da Previdência, como o Fator Previdenciário, e da experiência adquirida no mercado de trabalho, entre outros possíveis fatores, além de complemento de renda em virtude da aposentadoria, há uma permanência maior no mercado de trabalho dos trabalhadores, tanto químicos como não químicos, nos grupos etários de 40 a 69 anos.

— Constata-se a descentralização industrial tanto entre químicos como entre não químicos, nas diversas regiões do país, com a diminuição do número de trabalhadores químicos e não químicos na região Sul e Sudeste nos 11 anos estudados. Nordeste, Norte e Centro-Oeste apresentaram crescimento, sendo que Goiás apresentou o maior crescimento na atividade química.

— Os deficientes auditivos, físicos e reabilitados, químicos, em 2010, eram o dobro (1,2%) em relação aos não químicos (0,7%), porém muito distantes do censo do IBGE de 2010 que apontava que 24% de toda população detinha algum tipo de deficiência.

— Em duas categorias predominantes de raça/cor a presença da cor/raça branca entre químicos era de 63,9% e de 48,5% para não químicos em 2010, sendo que a cor branca representava 47,7% da população geral. Para a cor/raça preta: 5,1% (químicos) e 4,3% (não químicos), sendo que na população geral essa representação era de 7,61%, segundo o IBGE em 2010.

— A renda dos químicos quando comparada com os não químicos demonstra que a renda dos químicos e afins foi maior nas diversas faixas salariais estudadas, e maior também na estratificação comparativa das faixas até 5 SM e maior que 5 SM. Quando são mostrados os resultados por grupo de CNAE do ramo químico: a distribuição salarial é superior no ramo de Petróleo, equilibrada na Petroquímica (química orgânica), desigual no grupo de tintas e vernizes e inferior no setor de biocombustíveis (fabricação de álcool) e fabricação de sabão e vela. Quanto à média salarial, em dezembro de cada ano por trabalhador químico e afins se observa que o crescimento real do salário entre 2000 e 2010 foi de 55%, decorrente do crescimento econômico do período e da política de valorização do Salário Mínimo do Governo Lula.

— A força de trabalho química tem participação masculina maior do que no restante das demais categorias profissionais: era de 75% em 2010. Por sua vez a força de trabalho feminina química era de 25%, metade da representação real feminina entre toda a população, segundo o IBGE em 2010. Entre não químicos, os homens no mercado de trabalho eram 58,5%, e as mulheres representavam 41,5% da força de trabalho em 2010.

— As empresas cresceram de porte no período de 2000 a 2010 tanto químicas como não químicas. Cresceram as empresas com mais de 250 empregados: em 2000 as empresas químicas eram 33,7% e passaram a 44,6% em 2010. As não químicas eram 37,5% em 2000 e 53,2% em 2010. As empresas químicas com mais de 1000 empregados passaram de 5,8% em 2000 para 15,9% em 2010, sendo que as não químicas eram 21,3% em 2000 e 25,8% em 2010, enquanto que a pequena empresa formal decresceu neste período tanto entre empresas químicas, como não químicas. Essa tendência mostrada no setor químico difere de muitos outros setores como, por exemplo, no setor de serviços onde as pequenas empresas predominam. A hipótese para essa tendência do crescimento das empresas no ramo químico com mais de 250 empregados decorre da necessidade de constante inovação tecnológica e da necessidade de investimentos de recursos maiores do que em outros setores econômicos.

— A rotatividade da área química acompanha a rotatividade do mercado de trabalho nacional, cerca de 30%, que é a permanência de trabalhadores em seu primeiro ano no emprego. Outros 27% permanecem até 3 anos, e cerca de 40% permanecem no setor entre 3 e mais de 10 anos.

A evolução das tecnologias segue em curso veloz e pode vir a alterar a distribuição e as necessidades da força de trabalho entre os químicos, aumentando, por exemplo, a necessidade de formação superior. Os caminhos que esta evolução científica vai abrir deverão ser cada vez mais aprofundados, prospectados e pesquisados a partir de agora. Enfim é um grande desafio! Vê-se em geral que os indicadores do perfil socioprofissional dos químicos melhoraram nos últimos 11 anos (2000 a 2010). A melhora dos diversos indicadores demandará sempre uma ação contínua nas diversas temáticas aqui abordadas. Deverão ser aperfeiçoados programas de políticas públicas da área de educação superior e profissional e de inovação tecnológica, já que cresce sobremaneira uma nova divisão de trabalho em função das novas tecnologias, até porque está em curso a nova revolução da nanotecnologia. Há necessidade de maior conhecimento e escolaridade dos trabalhadores em geral até porque o produto de trabalho coletivo dos trabalhadores químicos é fruto de uma "sequência de processos e manipulações conexas" (CODO; SAMPAIO; HITOMI, 1994, p. 162). Também devem ser ampliados os espaços de diálogo social com ampliação dos espaços políticos de negociação e maior representação democrática nos locais de trabalho com melhoraria da distribuição de renda entre atividades finalísticas e de meio das diversas ocupações além da maior permanência no mercado de trabalho, diminuindo a rotatividade. Necessidade de ampliar as políticas sociais afirmativas de inclusão das mulheres e dos segmentos sub-representados de raça/cor. Enfim, fazer crescer o espaço onde o trabalho dos químicos possa "se expressar e construir suas potencialidades e identidades, que seja desafiante, interessante no conteúdo, plural e variado, estável, de relações de poder baseadas na equidade, estruturado nas organizações de forma mais horizontalizada e que preserve os espaços de participação" (BORGES; YAMAMOTO, 2004. p. 57).

Referências

ANALES DE HIDROLOGIA MÉDICA, 5 (2012): p. 113. Academic One File. VII: *La Quimica em El Mundo*. Disponível em: <http://go.galegroup.com.ez54.periodicos.capes.gov.br/ps/i.do?id=GALE%7CA297555036&v=2.1&u=capes58&it=r&p=AONE&sw=w > Acesso em: 13 dez. 2012.

ARCURI, A. S. A. Impacto ambiental da indústria química e o caminho até 2020. In: *CONFERÊNCIA INTERNACIONAL*: A Indústria Química em 2020 — Um Novo Rumo é Possível. Santo André, SP: Sindicato dos Químicos do ABC, 12 ago.2011. (Comunicação Oral).

BRASIL.Constituição (1988). *Constituição da República Federativa do Brasil de 1988*. Disponível em: <http://www.planalto.gov.br/ccivil_03/Constituicao/Constituiçao.htm#cfart198>. Acesso em: 21 ago. 2012.

BALTAR, P.E.A. Trabalho e Industrialização no Brasil. In: *Seminário Fundacentro/MTE — IPEA. Pesquisa e inovação para melhores condições de trabalho e emprego*. Brasília: Fundacentro/MTE, 17 out. 2012. (Comunicação Oral)

BALTAR, P.E.A; DEDECCA, C.S;KREIN,JD. (Orgs.). *Salário mínimo e desenvolvimento*. 1ª ed. Campinas, SP: Unicamp-I.E., 2005.

BANCO NACIONAL DE DESENVOLVIMENTO ECONÔMICO E SOCIAL (Brasil, RJ). *Relato Setorial. Fibras artificiais e sintéticas.* Rio de Janeiro: BNDES, 1995. 33p. Disponível em: <http://www.bndes.gov.br/SiteBNDES/export/sites/default/bndes_pt/Galerias/Arquivos/conhecimento/relato/fibras.pdf>. Acesso em: 22 dez. 1999.

BASKAR, S.; LIAO,C.-W.; CHANG, J.-L.; ZEN, J.-M. Electrochemical synthesis of electroactive poly (melamine) with mechanistic explanation and its applicability to functionalize carbon surface to prepare nanotube—nanoparticles hybrid. *Electrochimica Acta*, 88, 2012, p. 1-5. Disponível em: < http://dx.doi.org/10.1016/j.electacta.2012.10.040>. Acesso em: 14 dez. 2012.

BORGES-ANDRADE, J.E. Comprometimento organizacional na administração pública e em seus segmentos meio e fim. *Temas de Psicologia* (on line). V. 2, n. 1, 1994. p. 49-61. Disponível em: <http://pepsic.bvsalud.org/scielo.php?script=sci_arttext&pid=S1413-389X199400010000058Ing=pt&nim=iso>. Acesso em: 12 ago. 2012.

BORGES, L.O.; YAMAMOTO, O. H. O mundo do trabalho. In: ZANELLI, J.C.;BORGES-ANDRADE, J. E.;BASTOS, A.V.B. (Orgs.). *Psicologia, organizações e trabalho no Brasil*. Porto Alegre: Artmed, 2004.

BRASIL. Ministério da Educação. *ProUni*. Fies. Brasília: DF, 2012. Disponível em: <http://portal.mec.gov.br/index.php>. Acesso em: 09 nov. 2012.

BRASIL. Ministério da Fazenda. *Economia Brasileira em PERSPECTIVA*. Brasília: DF, 2011. 162p. Disponível em: <http://www.fazenda.gov.br/portugues/docs/perspectiva-economia-brasileira/edicoes/Economia-Brasileira-Em-Perpectiva-Especial-10.pdf>. Acesso em: 07 out. 2012.

BRASIL. Ministério do Trabalho e Emprego (MTE). *Normas Regulamentadoras*. Disponível em: <http://portal.mte.gov.br/legislacao/normas-regulamentadoras-1.htm>. Acesso em: 31 out. 2012a.

BRASIL. Ministério do Trabalho e Emprego (MTE). *CAGED. Comportamento do Emprego*. Disponível em: <http://portal.mte.gov.br/caged_mensal/principal.htm>. Acesso em: 12 dez. 2012.

CARTA CAPITAL. Energia Renovável. *Carta Capital*. Edição Especial n. 15. out./nov. 2012, p. 182-184.

CHILAKAA, N.; GHOSHA, S. Solid-state poly (ethylene glycol) polyurethane/polymethylmethacrylate/rutile TiO2 nanofiber composite electrolyte-correlation between morphology and conducting properties. *Electrochimica Acta*, 62, 2012, p. 362– 371. Disponível em: <doi:10.1016/j.electacta.2011.12.052>. Acesso em: 14 dez. 2012.

CODO, W; SAMPAIO, J.J.C; HITOMI, A.C. *Indivíduo, trabalho e sofrimento*: uma abordagem interdisciplinar. 2. ed. Petrópolis: Vozes, 1994.

COMISSÃO NACIONAL DE CLASSIFICAÇÃO (CONCLA). *CNAE 2.0. Estrutura*. Disponível em: <http://www.cnae.ibge.gov.br/estrutura.asp?TabelaBusca=CNAE_200@CNAE%202.0@0@cnae@0> Acesso em: 10 out. 2012.

COMUNIDADE ECONÔMICA EUROPEIA (CEE). Definição de micro, pequenas e médias empresas. Europa. *Síntese de legislação da EU*. Disponível em: <http://europa.eu/legislation_summaries/enterprise/business_environment/n26026_pt.htm>. Acesso em: 27 nov. 2012.

CONSELHO REGIONAL DE QUÍMICA 4ª. REGIÃO. O que faz um químico? São Paulo: *CRQ4*. Disponível em: <http://www.crq4.org.br/default.php?p=texto.php&c=o_que_faz_um_quimico>. Acesso em: 21 set. 2012.

Departamento de Engenharia Mecânica/Universidade Federal de Minas Gerais (DEM/UFMG). Perspectivas de Aproveitamento. In: *Carvão Mineral*. Belo Horizonte: UFMG. Disponível em: <http://www.demec.ufmg.br/disciplinas/ema003/solidos/mineral/index6.htm>. Acesso em: 10 out. 2012.

DERRY, T. K; WILLIAMS, T.I. *Historia de la tecnologia:* Desde La antiguedad hasta 1750. Traductores: Carlos Caranci *et al*. V. 1. México, DF: Siglo Veintiuno editores, 1986.

FANG, Y.; ZHAO, J.; ZHA, J.-W. ; WANG, D. R. ; DANG, Z.- M. Improved stability of volume resistivity in carbon black/ethylene-vinyl acetate copolymer composites by employing multi--walled carbon nanotubes as second filler. *Polymer*, Sept 28, 2012, Vol. 53 (21), p. 4871- 4878.

FENG, W.; LUO, R. ; XIAO, J.; JI, P.; ZHENG, Z. Self-assembly of sugar-based amphiphile on carbon nanotubes for protein adsorption. *Chemical Engineering Science*, Vol. 66, 20,

Oct 15, 2011, p.4807(7). Disponível em: <http://dx.doi.org.ez54.periodicos.capes.gov.br/10.1016/j.ces.2011.06.048>. Acesso em: 14 dez. 2012.

FONTES, S.; CRUZ R. Braskem fabrica plástico verde. *O Estado de São Paulo*. Caderno Negócios. p. B-16, 22 jun.2007.

GENT, C. Changes in the chemical industry: the perspective of a catalyst supplier. Chemical Communications, 24, p. 2926-2928, 2002. Disponível em: <DOI:10.1039/B207791B>. Acesso em: 17 out. 2012.

GERDAU. *Coprodutos e Resíduos: Carboquímicos. Disponível em:* <http://www.gerdau.com.br/meio-ambiente-e-sociedade/meio-ambiente-co-produtos-e-residuos-detalhes.aspx?idCoProduto=a68a4aba-527e-4538-99ca-44678a9204c1>. Acesso em: 15 out. 2012.

HEERS, J. *O trabalho na Idade Média*. Tradução de Cascais Franco; Mem Martins — Portugal: Publicações Europa-América, 1965.

HOBSBAWN, E. *Os trabalhadores:* estudo sobre a história do operariado. Tradução: Marina Leão Teixeira Viriato de Medeiros. Rio de Janeiro: Paz e Terra, 1981.

_____. *Era dos extremos:* o breve século XX — 1914-1991. Tradução Marcos Santarrita. Revisão Técnica: Maria Célia Paoli. 2. ed. São Paulo: Cia. das Letras, 2002.

HU,J.; LI, L.;FENG, W.; JI, P. Functionalization of carbon nanotubes regulated with aminoacids. *Colloids and Surfaces A:* Physicochemical and Engineering Aspects. V. 407, 05 aug. 2012, p. 16-22. Disponível em: <http://dx.doi.org.ez54.periodicos.capes.gov.br/10.1016/j.colsurfa.2012.04.043>. Acesso em: 14 dez. 2012.

INSTITUTO BRASILEIRO DE GEOGRAFIA E ESTATÍSTICA (Brasil, RJ). *Características da População e dos Domicílios. Resultados do Universo*. Rio de Janeiro: IBGE, 2011. Disponível em: <http://www.ibge.gov.br/home/estatistica/populacao/censo2010/caracteristicas_da_populacao/resultados_do_universo.pdf >. Acesso em: 24 nov. 2012.

IBGE — *Pirâmide Etária* — BRASIL — 2000 e 2010. Disponível em: <http: //www.censo2010.ibge.gov.br>. Acesso em: 18 out. 2012(a).

_____. *Resultados do censo de 2010*. Disponível em: < http://www.ibge.gov.br/home/presidencia/noticias/noticia_visualiza.php?id_noticia=1766>. Acesso em: 07 nov. 2012(b).

_____. *Censo demográfico 2010 — Características gerais da população, religião e pessoas com deficiência*. Disponível em: <http://www.ibge.gov.br/home/presidencia/noticias/noticia_impressao.php?id_noticia=2170>. Acesso em: 27 nov. 2012(c).

LEÃO, N. Na mira das nanopartículas. *Revista de Jornalismo Científico e Cultural da Universidade de Brasília*. Brasília: n. 12, agosto e setembro de 2012, p. 18-23.

LEE,S.; McCANN, D.; MESSENGER, J.C. *Duração do trabalho em todo o mundo: tendências de jornadas de trabalho, legislação e políticas numa perspectiva global comparada.* Tradução de Oswaldo de Oliveira Teófilo. Brasília: OIT, 2009.

MARTINS,E. A. J. *Reaproveitamento de valores nos efluentes líquidos das unidades-piloto de urânio e tório*. Dissertação de Mestrado. São Paulo; IPEN- USP,1990. Disponível em: <http://pelicano.ipen.br/PosG30/TextoCompleto/Elaine%20Arantes%20Jardim%20Martins_M.pdf>. Acesso em: 11 out. 2012.

MARX, K. *O capital* — Crítica da economia política. Livro 1º — O processo de produção do capital. Tomo 2. Tradução de Regis Barbosa e Flávio R. Kothe. São Paulo: Editora Nova Cultural, 1996.

MEDICI, A. *Memória dos 70 anos: sindicatos dos químicos ABC.* 1. ed. São Bernardo do Campo: MP Editora, 2008.

MOKYR, J. The industrial revolution and the economic history of technology: Lessons from the British experience, 1760—1850. *The Quarterly Review of Economics and Finance.* V. 41, 3, p. 295-311, outono de 2001. Disponível em: <http://dx.doi.org.ez54.periodicos.capes.gov.br/10.1016/S1062-9769(01)00084-9>. Acesso em: 16 out. 2012.

NEFFA, J. C. *El trabajo humano:* contribuciones al estúdio de un valor que permanece. 1. ed. B. Aires: Lumen, 2003.

PAIVA, Y. M. R. *O processo de desconcentração regional da indústria brasileira:* uma análise do período de 2003 a 2010. Rio de Janeiro: UFRJ, agosto de 2012. (Monografia)

PAUTRAT, J. L. Nanosciences: Evolution or revolution? *Comptes Rendus Physique*, V. 12, 7, p. 605-613, september 2011.

PERKINS, J. Chemistry Courses, the Parisian Chemical World and the Chemical Revolution, 1770-1790. *Ambix.* V. 57, n. 1, March 2010, p. 27-47.

PORTAL LABORATÓRIOS VIRTUAIS DE PROCESSOS QUÍMICOS. *Portal de Engenharia Química* — Nanotecnologias. Portugal: 2012. Disponível em: <http://labvirtual.eq.uc.pt/siteJoomla/index.php?option=com_content&task=view&id=116&Itemid=2>. Acesso em: 19 out. 2012.

REBOUÇAS, A. J. A.; TODESCHINI, R.; LACAZ, F. A. C.; RIBEIRO, H. P.; SATO, L.; ANTONAZ, D.; FREITAS, N. B. B.; CARDOSO, F. C.; SNELWAR, L.I; KUCINSKI, B; TONI, G. *Insalubridade:* morte lenta no trabalho. 1. ed. São Paulo: Oboré, 1989. V. 1.

RUBBERPEDIA. *Portal da Indústria da Borracha.* Disponível em: <http://www.rubberpedia.com/>. Acesso em: 10 out. 2012.

SABÓIA, J. Trabalho e Industrialização no Brasil. In: *Seminário Fundacentro/MTE — IPEA. Pesquisa e inovação para melhores condições de trabalho e emprego.* Brasília: Fundacentro/MTE, 17 out. 2012. (Comunicação Oral).

SICSÚ, J. A desigualdade em perspectiva. *Carta Capital.* Ano XVIII, n. 726. 05 dez. 2012. p. 34.

SILVA, L. H. Divisão Social do Trabalho. In: CATTANI, A. D. (Org.). *Trabalho e tecnologia:* dicionário crítico. 3. ed. Petrópolis: Vozes, 2000.

TODESCHINI, R. A conquista da 5ª turma e o turno de 6 horas. A luta pela redução da jornada e os acordos sindicais. In: *Seminário Nacional sobre jornada de trabalho em turnos de revezamento. Trabalho em turno — Redução da jornada +saúde+ emprego+ 6a. turma.* São Paulo: CUT-INST, 1996.

_____. É aplicado o artigo 7º, XVI, da Constituição para os turnos fixos? *Revista LTr Legislação do Trabalho,* São Paulo, v. 65, n. 05, p. 562-570, 2001.

WANG, L; LI, X.; YANG, W. Enhancement of electrochemical properties of hot-pressed poly (ethylene oxide)-based nanocomposite polymer electrolyte films for all-solid-state lithium polymer batteries. *Electrochimica Acta,* Feb 15, 2010, Vol.55(6), 15 feb. 2010, p.1895-1899. Disponível em: <http://dx.doi.org.ez54.periodicos.capes.gov.br/10.1016/j.electacta.2009.11.003>. Acesso em: 18 dez. 2012.

WIKIPEDIA. *Extração de Petróleo.* Disponível em: <http://pt.wikipedia.org/wiki/Extra%C3%A7%C3%A3o_de_petr%C3%B3leo>. Acesso em: 11 out. 2012.

WILLIAMS, T. I. *Historia de la tecnologia* — desde 1900 hasta 1950 (I) — Tradução: Juan C. Navascués. Vol. 4. 2. ed. México, D.F: Editora: Siglo Veintiuno, 1988.

YU, D.-G.; WILLIAMS, G.R.; GAO, L.- D.; BLIGH, S. W. A.; YANG, J.- H.; WANG, X. Coaxial electrospinning with sodium dodecylbenzene sulfonate solution for high quality polyacrylonitrile nanofibers. *Colloids and Surfaces A:* Physicochemical and Engineering Aspects, vol.396, 20 Feb. 2012, p. 161-168. Disponível em: <http://dx.doi.org.ez54.periodicos.capes.gov.br/10.1016/j.colsurfa.2011.12.063>. Acesso em: 14 dez. 2012.

ZARBIN, A.J.G. Nanoquímica: a visão química da nanociência e nanotecnologia. *Pré-Univesp*, n. 8 — Química — fev . 2011. Disponível em: <http://www.univesp.ensinosuperior.sp.gov.br/preunivesp/1199/nanoqu-mica-a-vis-o-qu-mica-da-nanoci-ncia-e-nanotecnologia.html >. Acesso em: 19 out. 2012.

Anexos

Sumário

Tabela 1. Percentual de trabalhadores químicos por divisão do CNAE...... 101

    Tabela 1.1. Percentual dos trabalhadores químicos entre os 27 grupos do CNAE selecionados............ 105

Tabela 2. Trabalhadores de atividades-fim e meio de CBOs selecionadas no ramo químico............ 114

    Tabela 2.1. Escolaridade das atividades finalísticas e meio de químicos 115

    Tabela 2.2. Faixas salariais de salários mínimos (SM) entre os químicos de atividades finalísticas e meio de 2003 a 2010............ 117

    Tabela 2.3. Subgrupos de CBO de químicos e faixas de renda............ 122

    Tabela 2.4. Subgrupos de CBO de químicos e escolaridade em números absolutos.. 130

    Tabela 2.5. Químicos de nível superior, engenheiros químicos e de minas distribuídos conforme sua escolaridade, de nível superior até doutorado...... 137

Tabela 3. Comparativo Grau de Instrução: Químicos e Não Químicos 2000 a 2010... 138

    Tabela 3.1. Frequência percentual do Grau de Instrução por CNAE (grupo) de químicos e afins de 2000 a 2010............ 142

    Tabela 3.2. Grau de Instrução por Faixa Salarial dos químicos de 2000 a 2010 ... 153

Tabela 4. Horas contratadas para químicos e não químicos de 2000 a 2010 158

Tabela 5. Faixas etárias entre trabalhadores químicos e não químicos............ 161

    Tabela 5.1. Divisão das CNAES químicas por faixa etária de 2006 a 2010 164

Tabela 6. Distribuição dos trabalhadores químicos e não químicos por região......... 166

    Tabela 6.1. Distribuição dos trabalhadores químicos e não químicos por UF (Estado).... 168

Tabela 7. Tipos de deficiência entre químicos e não químicos............ 173

Tabela 8. Raça/cor entre químicos e não químicos entre 2000 e 2010 174

Tabela 9. Faixas salariais em SM — 2000 a 2010............ 175

    Tabela 9.1. Faixa salarial por CNAE grupo da área química............ 180

Tabela 10. Percentuais de gênero entre químicos e não químicos de 2000 a 2010 .. 190

    Tabela 10.1. Divisões de CNAE químicos por sexo — 2000 a 2010............ 191

Tabela 11. Tamanho do estabelecimento por número de trabalhadores............ 195

    Tabela 11.1. Percentual de trabalhadores químicos em cada uma das faixas de tamanho de empresa de 2000 a 2010............ 198

Tabela 12. Tempo no emprego em meses, de trabalhadores químicos 199

Tabela 1. Percentual de trabalhadores químicos por divisão do CNAE

Ano	CNAE Divisão	%
	Frequência % de trabalhador por Divisão CNAE	
2000	10 Extração de carvão mineral	0,6
	11 Extração de petróleo e serviços relacionados	2,0
	13 Extração de minerais metálicos	0,1
	14 Extração de minerais não metálicos	1,2
	21 Fabricação de celulose, papel e produtos de papel	14,7
	23 Fabricação de coque, refino de petróleo, elaboração de combustíveis nucleares e produção de álcool	6,3
	24 Fabricação de produtos químicos	33,2
	25 Fabricação de artigos de borracha e plástico	34,1
	26 Fabricação de produtos não metálicos	3,1
	40 Eletricidade, gás e água quente	0,2
	51 Comércio por atacado e representantes comerciais e agentes do comércio	4,6
2001	10 Extração de carvão mineral	0,5
	11 Extração de petróleo e serviços relacionados	2,4
	13 Extração de minerais metálicos	0,1
	14 Extração de minerais não metálicos	1,1
	21 Fabricação de celulose, papel e produtos de papel	14,8
	23 Fabricação de coque, refino de petróleo, elaboração de combustíveis nucleares e produção de álcool	6,0
	24 Fabricação de produtos químicos	32,4
	25 Fabricação de artigos de borracha e plástico	34,7
	26 Fabricação de produtos não metálicos	3,1
	40 Eletricidade, gás e água quente	0,1
	51 Comércio por atacado e representantes comerciais e agentes do comércio	4,9
2002	10 Extração de carvão mineral	0,4
	11 Extração de petróleo e serviços relacionados	2,1
	13 Extração de minerais metálicos	0,1
	14 Extração de minerais não metálicos	1,0
	21 Fabricação de celulose, papel e produtos de papel	13,9
	23 Fabricação de coque, refino de petróleo, elaboração de combustíveis nucleares e produção de álcool	9,0

Frequência % de trabalhador por Divisão CNAE		
Ano	CNAE Divisão	%
2002	24 Fabricação de produtos químicos	32,1
	25 Fabricação de artigos de borracha e plástico	33,5
	26 Fabricação de produtos não metálicos	2,8
	40 Eletricidade, gás e água quente	0,1
	51 Comércio por atacado e representantes comerciais e agentes do comércio	4,9
2003	10 Extração de carvão mineral	0,5
	11 Extração de petróleo e serviços relacionados	2,3
	13 Extração de minerais metálicos	0,0
	14 Extração de minerais não metálicos	1,0
	21 Fabricação de celulose, papel e produtos de papel	13,6
	23 Fabricação de coque, refino de petróleo, elaboração de combustíveis nucleares e produção de álcool	9,6
	24 Fabricação de produtos químicos	31,6
	25 Fabricação de artigos de borracha e plástico	33,3
	26 Fabricação de produtos não metálicos	2,8
	40 Eletricidade, gás e água quente	0,2
	51 Comércio por atacado e representantes comerciais e agentes do comércio	5,0
2004	10 Extração de carvão mineral	0,5
	11 Extração de petróleo e serviços relacionados	2,6
	13 Extração de minerais metálicos	0,1
	14 Extração de minerais não metálicos	0,9
	21 Fabricação de celulose, papel e produtos de papel	14,3
	23 Fabricação de coque, refino de petróleo, elaboração de combustíveis nucleares e produção de álcool	7,8
	24 Fabricação de produtos químicos	32,0
	25 Fabricação de artigos de borracha e plástico	33,7
	26 Fabricação de produtos não metálicos	2,8
	40 Eletricidade, gás e água quente	0,2
	51 Comércio por atacado e representantes comerciais e agentes do comércio	5,1
2005	10 Extração de carvão mineral	0,5
	11 Extração de petróleo e serviços relacionados	2,6
	13 Extração de minerais metálicos	0,1

Frequência % de trabalhador por Divisão CNAE		
Ano	CNAE Divisão	%
2005	14 Extração de minerais não metálicos	0,8
	21 Fabricação de celulose, papel e produtos de papel	14,0
	23 Fabricação de coque, refino de petróleo, elaboração de combustíveis nucleares e produção de álcool	8,1
	24 Fabricação de produtos químicos	32,1
	25 Fabricação de artigos de borracha e plástico	33,8
	26 Fabricação de produtos não metálicos	2,7
	40 Eletricidade, gás e água quente	0,2
	51 Comércio por atacado e representantes comerciais e agentes do comércio	5,1
2006	5 Extração de carvão mineral	0,5
	6 Extração de petróleo e gás natural	2,1
	7 Extração de minerais metálicos	0,0
	8 Extração de minerais não metálicos	0,7
	9 Atividades de apoio à extração de minerais	2,5
	17 Fabricação de celulose, papel e produtos de papel	13,8
	19 Fabricação de coque, de produtos derivados do petróleo e de biocombustíveis	8,6
	20 Fabricação de produtos químicos	21,3
	21 Fabricação de produtos farmoquímicos e farmacêuticos	7,4
	22 Fabricação de produtos de borracha e de material plástico	34,8
	23 Fabricação de produtos de minerais não metálicos	2,8
	35 Eletricidade, gás e outras utilidades	0,2
	46 Comércio por atacado, exceto veículos automotores e motocicletas	5,1
2007	5 Extração de carvão mineral	0,5
	6 Extração de petróleo e gás natural	2,1
	7 Extração de minerais metálicos	0,0
	8 Extração de minerais não metálicos	0,7
	9 Atividades de apoio à extração de minerais	2,2
	17 Fabricação de celulose, papel e produtos de papel	13,7
	19 Fabricação de coque, de produtos derivados do petróleo e de biocombustíveis	9,3
	20 Fabricação de produtos químicos	20,8
	21 Fabricação de produtos farmoquímicos e farmacêuticos	7,3

Frequência % de trabalhador por Divisão CNAE		
Ano	CNAE Divisão	%
2007	22 Fabricação de produtos de borracha e de material plástico	34,9
	23 Fabricação de produtos de minerais não metálicos	2,7
	35 Eletricidade, gás e outras utilidades	0,2
	46 Comércio por atacado, exceto veículos automotores e motocicletas	5,5
2008	17 Fabricação de celulose, papel e produtos de papel	14,1
	19 Fabricação de coque, de produtos derivados do petróleo e de biocombustíveis	11,2
	20 Fabricação de produtos químicos	21,7
	21 Fabricação de produtos farmoquímicos e farmacêuticos	8,0
	22 Fabricação de produtos de borracha e de material plástico	36,2
	23 Fabricação de produtos de minerais não metálicos	2,8
	35 Eletricidade, gás e outras utilidades	0,2
	46 Comércio por atacado, exceto veículos automotores e motocicletas	5,8
2009	5 Extração de carvão mineral	0,4
	6 Extração de petróleo e gás natural	2,2
	7 Extração de minerais metálicos	0,0
	8 Extração de minerais não metálicos	0,7
	9 Atividades de apoio à extração de minerais	3,2
	17 Fabricação de celulose, papel e produtos de papel	13,2
	19 Fabricação de coque, de produtos derivados do petróleo e de biocombustíveis	10,7
	20 Fabricação de produtos químicos	20,3
	21 Fabricação de produtos farmoquímicos e farmacêuticos	7,3
	22 Fabricação de produtos de borracha e de material plástico	33,4
	23 Fabricação de produtos de minerais não metálicos	2,7
	35 Eletricidade, gás e outras utilidades	0,2
	46 Comércio por atacado, exceto veículos automotores e motocicletas	5,6
2010	5 Extração de carvão mineral	0,4
	6 Extração de petróleo e gás natural	2,2
	7 Extração de minerais metálicos	0,0
	8 Extração de minerais não metálicos	0,7
	9 Atividades de apoio à extração de minerais	1,7
	17 Fabricação de celulose, papel e produtos de papel	13,2

Frequência % de trabalhador por Divisão CNAE		
Ano	CNAE Divisão	%
2010	19 Fabricação de coque, de produtos derivados do petróleo e de biocombustíveis	11,4
	20 Fabricação de produtos químicos	20,6
	21 Fabricação de produtos farmoquímicos e farmacêuticos	7,0
	22 Fabricação de produtos de borracha e de material plástico	33,9
	23 Fabricação de produtos de minerais não metálicos	2,9
	35 Eletricidade, gás e outras utilidades	0,2
	46 Comércio por atacado, exceto veículos automotores e motocicletas	5,7

Tabela. 1.1 – Percentual dos trabalhadores químicos entre os 27 grupos do CNAE selecionados

Frequência % de trabalhadores por CNAE grupo		
ANO		%
2000	100 Extração de carvão mineral	0,6
	111 Extração de petróleo e gás natural	1,6
	112 Apoio à extração de petróleo e gás natural	0,4
	132 Extração de minerais radioativos	0,1
	142 Extração minerais fabricação adubos e extração sal	1,2
	211 Fabricação de celulose e outras pastas	1,1
	212 Fabricação de papel	5,0
	213 Fabricação de embalagens	4,8
	214 Fabricação de produtos diversos de papel	3,9
	231 Coquerias	0,0
	233 Elaboração de combustíveis nucleares	0,1
	234 Fabricação de biocombustíveis	6,2
	241 Fabricação de químicos inorgânicos	3,1
	242 Fabricação de químicos orgânicos	2,1
	243 Fabricação de resinas e elastômeros	1,0
	244 Fabricação de resinas artificiais e sintéticas	0,5
	245 Fabricação de produtos farmoquímicos e farmacêuticos	9,0
	246 Fabricação de defensivos agrícolas	0,6
	247 Fabricação de sabões e detergentes	6,9

Frequência % de trabalhadores por CNAE grupo		
ANO		%
2000	248 Fabricação de tintas e vernizes	2,7
	249 Fabricação de produtos de preparação de químicos diversos	7,4
	251 Fabricação de produtos de borracha	8,8
	252 Fabricação de material plástico	25,3
	261 Fabricação de vidro e produtos de vidro	3,1
	402 Produção e distribuição de combustíveis gasosos	0,2
	515 Comércio atacadista especializado em combustíveis e produtos químicos	4,6
2001	100 Extração de carvão mineral	0,5
	111 Extração de petróleo e gás natural	1,8
	112 Apoio à extração de petróleo e gás natural	0,6
	132 Extração de minerais radioativos	0,1
	142 Extração minerais fabricação para adubos e extração sal	1,1
	211 Fabricação de celulose e outras pastas	1,1
	212 Fabricação de papel	4,7
	213 Fabricação de embalagens	4,8
	214 Fabricação de produtos diversos de papel	4,2
	231 Coquerias	0,0
	233 Elaboração de combustíveis nucleares	0,1
	234 Fabricação de biocombustíveis	5,9
	241 Fabricação de químicos inorgânicos	3,0
	242 Fabricação de químicos orgânicos	2,1
	243 Fabricação de resinas e elastômeros	1,0
	244 Fabricação de resinas artificiais e sintéticas	0,5
	245 Fabricação de produtos farmoquímicos e farmacêuticos	8,9
	246 Fabricação de defensivos agrícolas	0,6
	247 Fabricação de sabões e detergentes	6,6
	248 Fabricação de tintas e vernizes	2,7
	249 Fabricação de produtos de preparação de químicos diversos	7,1
	251 Fabricação de produtos de borracha	8,7
	252 Fabricação de material plástico	26,0
	261 Fabricação de vidro e produtos de vidro	3,1
	402 Produção e distribuição de combustíveis gasosos	0,1
	515 Comércio atacadista especializado em combustíveis e produtos químicos	4,9

Frequência % de trabalhadores por CNAE grupo		
	ANO	%
2002	100 Extração de carvão mineral	0,4
	111 Extração de petróleo e gás natural	1,5
	112 Apoio à extração de petróleo e gás natural	0,7
	132 Extração de minerais radioativos	0,1
	142 Extração minerais fabricação adubos e extração sal	1,0
	211 Fabricação de celulose e outras pastas	1,1
	212 Fabricação de papel	4,3
	213 Fabricação de embalagens	4,7
	214 Fabricação de produtos diversos de papel	3,8
	231 Coquerias	0,0
	232 Fabricação de produtos derivados de petróleo	1,2
	233 Elaboração de combustíveis nucleares	0,1
	234 Fabricação de biocombustíveis	7,8
	241 Fabricação de químicos inorgânicos	2,7
	242 Fabricação de químicos orgânicos	2,2
	243 Fabricação de resinas e elastômeros	1,0
	244 Fabricação de resinas artificiais e sintéticas	0,5
	245 Fabricação de produtos farmoquímicos e farmacêuticos	8,6
	246 Fabricação de defensivos agrícolas	0,7
	247 Fabricação de sabões e detergentes	6,7
	248 Fabricação de tintas e vernizes	2,6
	249 Fabricação de produtos de preparação de químicos diversos	7,2
	251 Fabricação de produtos de borracha	8,2
	252 Fabricação material plástico	25,4
	261 Fabricação de vidro e produtos de vidro	2,8
	402 Produção e distribuição de combustíveis gasosos	0,1
	515 Comércio atacadista especializado em combustíveis e produtos químicos	4,9
2003	100 Extração de carvão mineral	0,5
	111 Extração de petróleo e gás natural	1,5
	112 Apoio à extração de petróleo e gás natural	0,9
	132 Extração de Minerais Radioativos	0,0
	142 Extração minerais fabricação adubos e extração sal	1,0

Frequência % de trabalhadores por CNAE grupo		
ANO		%
2003	211 Fabricação de celulose e outras pastas	1,0
	212 Fabricação de papel	4,3
	213 Fabricação de embalagens	4,7
	214 Fabricação de produtos diversos de papel	3,7
	231 Coquerias	0,0
	232 Fabricação de produtos derivados de petróleo	1,5
	233 Elaboração de combustíveis nucleares	0,1
	234 Fabricação de biocombustíveis	8,0
	241 Fabricação de químicos inorgânicos	3,1
	242 Fabricação de químicos orgânicos	2,1
	243 Fabricação de resinas e elastômeros	1,0
	244 Fabricação de resinas artificiais e sintéticas	0,4
	245 Fabricação de produtos farmoquímicos e farmacêuticos	8,6
	246 Fabricação de defensivos agrícolas	0,6
	247 Fabricação de sabões e detergentes	6,4
	248 Fabricação de tintas e vernizes	2,5
	249 Fabricação de produtos de preparação de químicos diversos	6,9
	251 Fabricação de produtos de borracha	8,3
	252 Fabricação material plástico	24,9
	261 Fabricação de vidro e produtos de vidro	2,8
	402 Produção e distribuição de combustíveis gasosos	0,2
	515 Comércio atacadista especializado em combustíveis e produtos químicos	5,0
2004	100 Extração de carvão mineral	0,5
	111 Extração de petróleo e gás natural	1,8
	112 Apoio à extração de petróleo e gás natural	0,9
	132 Extração de minerais radioativos	0,1
	142 Extração minerais fabricação adubos e sal	0,9
	211 Fabricação de celulose e outras pastas	1,0
	212 Fabricação de papel	4,5
	213 Fabricação de embalagens	5,0
	214 Fabricação de produtos diversos de papel	3,8
	231 Coquerias	0,0

Frequência % de trabalhadores por CNAE grupo		
ANO		%
2004	232 Fabricação de produtos derivados de petróleo	1,7
	233 Elaboração de combustíveis nucleares	0,1
	234 Fabricação de biocombustíveis	6,0
	241 Fabricação de químicos inorgânicos	3,3
	242 Fabricação de químicos orgânicos	2,3
	243 Fabricação de resinas e elastômeros	1,1
	244 Fabricação de resinas artificiais e sintéticas	0,4
	245 Fabricação de produtos farmoquímicos e farmacêuticos	8,9
	246 Fabricação de defensivos agrícolas	0,7
	247 Fabricação de sabões e detergentes	6,0
	248 Fabricação de tintas e vernizes	2,4
	249 Fabricação de produtos de preparação de químicos diversos	6,9
	251 Fabricação de produtos de borracha	8,6
	252 Fabricação de material plástico	25,1
	261 Fabricação de vidro e produtos de vidro	2,8
	402 Produção e distribuição de combustíveis gasosos	0,2
	515 Comércio atacadista especializado em combustíveis e produtos químicos	5,1
2005	100 Extração de carvão mineral	0,5
	111 Extração de petróleo e gás natural	1,6
	112 Apoio à extração de petróleo e gás natural	1,0
	132 Extração de minerais radioativos	0,1
	142 Extração minerais fabricação adubos e extração sal	0,8
	211 Fabricação de celulose e outras pastas	1,0
	212 Fabricação de papel	4,2
	213 Fabricação de embalagens	5,0
	214 Fabricação de produtos diversos de papel	3,8
	231 Coquerias	0,0
	232 Fabricação de produtos derivados de petróleo	1,9
	233 Elaboração de combustíveis nucleares	0,1
	234 Fabricação de biocombustíveis	6,1
	241 Fabricação de químicos inorgânicos	3,3
	242 Fabricação de químicos orgânicos	2,4

Frequência % de trabalhadores por CNAE grupo		
ANO		%
2005	243 Fabricação de resinas e elastômeros	1,1
	244 Fabricação de resinas artificiais e sintéticas	0,4
	2451 Fabricação de produtos farmoquímicos e farmacêuticos	8,7
	246 Fabricação de defensivos agrícolas	0,7
	247 Fabricação de sabões e detergentes	6,2
	248 Fabricação de tintas e vernizes	2,5
	249 Fabricação de produtos de preparação de químicos diversos	6,8
	251 Fabricação de produtos de borracha	8,2
	252 Fabricação de material plástico	25,6
	261 Fabricação de vidro e produtos de vidro	2,7
	402 Produção e distribuição de combustíveis gasosos	0,2
	515 Comércio atacadista especializado em combustíveis e produtos químicos	5,1
2006	050 Extração de carvão mineral	0,5
	060 Extração de petróleo e gás natural	2,1
	072 Extração de minerais radioativos	0,0
	089 Extração minerais fabricação adubos e sal marinho	0,7
	091 Apoio à extração de petróleo e gás natural	2,5
	171 Fabricação de celulose e outras pastas	1,2
	172 Fabricação de papel	3,4
	173 Fabricação de embalagens	4,6
	174 Fabricação de produtos diversos do papel	4,6
	191 Coquerias	0,0
	192 Fabricação de produtos derivados do petróleo	1,5
	193 Fabricação de biocombustíveis	7,1
	201 Fabricação de químicos inorgânicos	2,9
	202 Fabricação de químicos orgânicos	1,7
	203 Fabricação de resinas e elastômeros	1,1
	204 Fabricação de resinas artificiais e sintéticas	0,4
	205 Fabricação defensivos agrícolas	0,6
	206 Fabricação de sabões e detergentes	6,1
	207 Fabricação de tintas e vernizes	2,4
	209 Fabricação de produtos de preparação de químicos diversos	6,2

Frequência % de trabalhadores por CNAE grupo		
ANO		%
2006	211 Fabricação de produtos farmoquímicos	0,5
	212 Fabricação de produtos farmacêuticos	6,9
	221 Fabricação de produtos de borracha	8,1
	222 Fabricação de material plástico	26,6
	231 Fabricação de vidro e produtos de vidro	2,8
	352 Produção e distribuição de combustíveis gasosos	0,2
	468 Comércio atacadista especializado em combustíveis e produtos químicos	5,1
2007	050 Extração de carvão mineral	0,5
	060 Extração de petróleo e gás natural	2,1
	072 Extração de minerais radioativos	0,0
	089 Extração minerais fabricação adubos e sal marinho	0,7
	091 Apoio à extração de petróleo e gás natural	2,2
	171 Fabricação de celulose e outras pastas	1,2
	172 Fabricação de papel	3,2
	173 Fabricação de embalagens	4,8
	174 Fabricação de produtos diversos do papel	4,6
	191 Coquerias	0,0
	192 Fabricação de produtos derivados do petróleo	1,4
	193 Fabricação de biocombustíveis	7,9
	201 Fabricação de químicos inorgânicos	2,9
	202 Fabricação de químicos orgânicos	1,6
	203 Fabricação de resinas e elastômeros	0,9
	204 Fabricação de resinas artificiais e sintéticas	0,4
	205 Fabricação defensivos agrícolas	0,5
	206 Fabricação de sabões e detergentes	6,0
	207 Fabricação de tintas e vernizes	2,4
	209 Fabricação de produtos de preparação de químicos diversos	6,0
	211 Fabricação de produtos farmoquímicos	0,5
	212 Fabricação de produtos farmacêuticos	6,8
	221 Fabricação de produtos de borracha	8,0
	222 fabricação de material plástico	26,9

Frequência % de trabalhadores por CNAE grupo		
ANO		%
2007	231 Fabricação de vidro e produtos de vidro	2,7
	352 Produção e distribuição de combustíveis gasosos	0,2
	468 Comércio atacadista especializado em combustíveis e produtos químicos	5,5
2008	171 Fabricação de celulose e outras pastas	1,1
	172 Fabricação de papel	3,4
	173 Fabricação de embalagens	4,9
	174 Fabricação de produtos diversos do papel	4,7
	191 Coquerias	0,0
	192 Fabricação de produtos derivados do petróleo	1,7
	193 Fabricação de biocombustíveis	9,5
	201 Fabricação de químicos inorgânicos	2,9
	202 Fabricação de químicos orgânicos	1,7
	203 Fabricação de resinas e elastômeros	1,0
	204 Fabricação de resinas artificiais e sintéticas	0,4
	205 Fabricação defensivos agrícolas	0,7
	206 Fabricação de sabões e detergentes	6,5
	207 Fabricação de tintas e vernizes	2,6
	209 Fabricação de produtos de preparação de químicos diversos	5,9
	211 Fabricação de produtos farmoquímicos	0,5
	212 Fabricação de produtos farmacêuticos	7,4
	221 Fabricação de produtos de borracha	8,3
	222 Fabricação de material plástico	27,9
	231 Fabricação de vidro e produtos de vidro	2,8
	352 Produção e distribuição de combustíveis	0,2
	468 Comércio atacadista especializado em combustíveis e produtos químicos	5,8
2009	050 Extração de carvão mineral	0,4
	060 Extração de Petróleo e gás natural	2,2
	072 Extração de minerais radioativos	0,0
	089 Extração minerais fabricação adubos e sal marinho	0,7
	091 Apoio à extração de petróleo e gás natural	3,2
	171 Fabricação de celulose e outras pastas	1,0
	172 Fabricação de papel	3,0

Frequência % de trabalhadores por CNAE grupo		
ANO		%
2009	173 Fabricação de embalagens	4,6
	174 Fabricação de produtos diversos do papel	4,6
	191 Coquerias	0,0
	192 Fabricação de produtos derivados do petróleo	1,6
	193 Fabricação de biocombustíveis	9,1
	201 Fabricação de químicos inorgânicos	2,6
	202 Fabricação de químicos orgânicos	1,4
	203 Fabricação de resinas e elastômeros	0,9
	204 Fabricação de resinas artificiais e sintéticas	0,4
	205 Fabricação defensivos agrícolas	0,6
	206 Fabricação de sabões e detergentes	6,5
	207 Fabricação de tintas e vernizes	2,4
	209 Fabricação de produtos de preparação de químicos diversos	5,6
	211 Fabricação de produtos farmoquímicos	0,5
	212 Fabricação de produtos farmacêuticos	6,8
	221 Fabricação de produtos de borracha	7,3
	222 Fabricação de material plástico	26,2
	231 Fabricação de vidro e produtos de vidro	2,7
	352 Produção e distribuição de combustíveis	0,2
	468 Comércio atacadista especializado em combustíveis e produtos químicos	5,6
2010	050 Extração de carvão mineral	0,4
	060 Extração de petróleo e gás natural	2,2
	072 Extração de minerais radioativos	0,0
	089 Extração minerais fabricação adubos e sal marinho	0,7
	091 Apoio à extração de petróleo e gás natural	1,7
	171 Fabricação de celulose e outras pastas	1,1
	172 Fabricação de papel	2,8
	173 Fabricação de embalagens	4,8
	174 Fabricação de produtos diversos do papel	4,5
	191 Coquerias	0,0
	192 Fabricação de produtos derivados do petróleo	2,8
	193 Fabricação de biocombustíveis	8,6

Frequência % de trabalhadores por CNAE grupo		
ANO		%
2010	201 Fabricação de químicos inorgânicos	2,7
	202 Fabricação de químicos orgânicos	1,5
	203 Fabricação de resinas e elastômeros	0,9
	204 Fabricação de resinas artificiais e sintéticas	0,3
	205 Fabricação defensivos agrícolas	0,6
	206 Fabricação de sabões e detergentes	6,7
	207 Fabricação de tintas e vernizes	2,5
	209 Fabricação de produtos de preparação de químicos diversos	5,4
	211 Fabricação de produtos farmoquímicos	0,5
	212 Fabricação de produtos farmacêuticos	6,6
	221 Fabricação de produtos de borracha	7,6
	222 fabricação de material plástico	26,4
	231 Fabricação de vidro e produtos de vidro	2,9
	352 Produção e distribuição de combustíveis gasosos	0,2
	468 Comércio atacadista especializado em combustíveis e produtos químicos	5,7

Tabela 2. Trabalhadores de atividades-fim
e meio de CBOs selecionadas no ramo químico

Ano	CBO — Atividades-FIM e MEIO	
	Atividades finalísticas	Atividades-meio
2003	42,80%	57,20%
2004	42,40%	57,60%
2005	42,17%	57,83%
2006	41,00%	59,00%
2007	40,95%	59,05%
2008	39,88%	60,12%
2009	39,97%	60,03%
2010	39,72%	60,28%

Tabela 2.1. Escolaridade das atividades finalísticas e meio de químicos

ANO			Grau de instrução com atividades finalísticas e atividades-meio	
			Atividades finalísticas %	Atividades-meio %
2003	Grau de instrução	1	70,76%	29,24%
		2	63,16%	36,84%
		3	52,46%	47,54%
		4	49,83%	50,17%
		5	45,00%	55,00%
		6	43,05%	56,95%
		7	40,50%	59,50%
		8	20,99%	79,01%
		9	22,71%	77,29%
2004	Grau de instrução	1	73,24%	26,76%
		2	60,70%	39,30%
		3	50,15%	49,85%
		4	49,12%	50,88%
		5	45,32%	54,68%
		6	43,41%	56,59%
		7	42,41%	57,59%
		8	21,61%	78,39%
		9	23,69%	76,31%
2005	Grau de instrução	1	71,33%	28,67%
		2	60,88%	39,12%
		3	52,15%	47,85%
		4	48,58%	51,42%
		5	45,26%	54,74%
		6	43,42%	56,58%
		7	42,63%	57,37%
		8	21,97%	78,03%
		9	23,79%	76,21%

ANO			Grau de instrução com atividades finalísticas e atividades-meio	
			Atividades finalísticas	Atividades-meio
			%	%
2006	Grau de instrução	1	77,79%	22,21%
		2	61,43%	38,57%
		3	50,45%	49,55%
		4	48,11%	51,89%
		5	43,59%	56,41%
		6	42,55%	57,45%
		7	41,78%	58,22%
		8	21,57%	78,43%
		9	22,99%	77,01%
		10	28,49%	71,51%
		11	30,47%	69,53%
2007	Grau de instrução	1	79,38%	20,62%
		2	62,27%	37,73%
		3	49,49%	50,51%
		4	47,76%	52,24%
		5	44,14%	55,86%
		6	42,53%	57,47%
		7	42,02%	57,98%
		8	20,90%	79,10%
		9	22,84%	77,16%
		10	29,28%	70,72%
		11	40,41%	59,59%
2008	Grau de instrução	-1	26,90%	73,10%
		1	72,86%	27,14%
		2	62,12%	37,88%
		3	48,32%	51,68%
		4	46,61%	53,39%
		5	42,64%	57,36%
		6	41,43%	58,57%
		7	41,26%	58,74%
		8	19,79%	80,21%
		9	21,08%	78,92%
		10	37,37%	62,63%

ANO			Grau de instrução com atividades finalísticas e atividades-meio	
			Atividades finalísticas	Atividades-meio
			%	%
2009	Grau de instrução	1	74,66%	25,34%
		2	61,30%	38,70%
		3	49,84%	50,16%
		4	47,11%	52,89%
		5	42,90%	57,10%
		6	42,57%	57,43%
		7	41,57%	58,43%
		8	20,86%	79,14%
		9	22,55%	77,45%
		10	26,75%	73,25%
		11	38,66%	61,34%
2010	Grau de instrução	1	73,56%	26,44%
		2	56,48%	43,52%
		3	47,44%	52,56%
		4	46,40%	53,60%
		5	43,20%	56,80%
		6	42,36%	57,64%
		7	41,98%	58,02%
		8	20,93%	79,07%
		9	22,62%	77,38%
		10	28,37%	71,63%
		11	34,38%	65,63%

Tabela 2.2. Faixas salariais de salários mínimos (SM) entre os químicos de atividades finalísticas e meio de 2003 a 2010

ANO			Faixa de renda por SM e atividades finalísticas e meio	
			Atividades finalísticas	Atividades-meio
			%	%
2003	FAIXA DE RENDA EM SM	Ignorado	47,0%	53,0%
		até 0,5 SM	22,7%	77,3%
		0,51 a 1,0 - SM	51,1%	48,9%

ANO		Faixa de renda por SM e atividades finalísticas e meio	
		Atividades finalísticas	Atividades-meio
		%	%
2003	FAIXA DE RENDA EM SM	1,01 a 1,5 SM	51,2%	48,8%
		1,5 a 2,0 SM	48,2%	51,8%
		2,01 a 3,0SM	46,9%	53,1%
		3,1 a 4,0 SM	42,9%	57,1%
		4,01 a 5,0 SM	38,0%	62,0%
		5,01 a 7,0 SM	36,2%	63,8%
		7,01 a 10,0 SM	35,5%	64,5%
		10,01 a 15,0 SM	33,2%	66,8%
		15,01 a 20,0 SM	29,8%	70,2%
		Mais de 20 SM	33,2%	66,8%
2004	FAIXA DE RENDA EM SM	Ignorado	50,1%	49,9%
		até 0,5 SM	16,6%	83,4%
		0,51 a 1,0 - SM	51,0%	49,0%
		1,01 a 1,5 SM	51,2%	48,8%
		1,5 a 2,0 SM	48,8%	51,2%
		2,01 a 3,0SM	47,6%	52,4%
		3,1 a 4,0 SM	42,1%	57,9%
		4,01 a 5,0 SM	37,5%	62,5%
		5,01 a 7,0 SM	37,5%	62,5%
		7,01 a 10,0 SM	36,2%	63,8%
		10,01 a 15,0 SM	33,8%	66,2%
		15,01 a 20,0 SM	31,2%	68,8%
		Mais de 20 SM	32,4%	67,6%
2005	FAIXA DE RENDA EM SM	Ignorado	49,9%	50,1%
		até 0,5 SM	15,0%	85,0%
		0,51 a 1,0 - SM	50,3%	49,7%
		1,01 a 1,5 SM	51,0%	49,0%
		1,5 a 2,0 SM	48,5%	51,5%
		2,01 a 3,0SM	46,8%	53,2%
		3,1 a 4,0 SM	40,2%	59,8%

ANO			Faixa de renda por SM e atividades finalísticas e meio	
			Atividades finalísticas	Atividades-meio
			%	%
2005	FAIXA DE RENDA EM SM	4,01 a 5,0 SM	37,3%	62,7%
		5,01 a 7,0 SM	36,6%	63,4%
		7,01 a 10,0 SM	35,1%	64,9%
		10,01 a 15,0 SM	32,7%	67,3%
		15,01 a 20,0 SM	30,2%	69,8%
		Mais de 20 SM	33,1%	66,9%
2006	FAIXA DE RENDA EM SM	Ignorado	48,6%	51,4%
		até 0,5 SM	16,7%	83,3%
		0,51 a 1,0 - SM	48,7%	51,3%
		1,01 a 1,5 SM	50,3%	49,7%
		1,5 a 2,0 SM	47,2%	52,8%
		2,01 a 3,0 SM	43,5%	56,5%
		3,1 a 4,0 SM	37,7%	62,3%
		4,01 a 5,0 SM	36,3%	63,7%
		5,01 a 7,0 SM	35,3%	64,7%
		7,01 a 10,0 SM	33,8%	66,2%
		10,01 a 15,0 SM	30,4%	69,6%
		15,01 a 20,0 SM	28,7%	71,3%
		12	32,9%	67,1%
2007	FAIXA DE RENDA EM SM	Ignorado	49,8%	50,2%
		até 0,5 SM	14,3%	85,7%
		0,51 a 1,0 - SM	47,8%	52,2%
		1,01 a 1,5 SM	49,0%	51,0%
		1,5 a 2,0 SM	47,1%	52,9%
		2,01 a 3,0 SM	43,7%	56,3%
		3,1 a 4,0 SM	37,4%	62,6%
		4,01 a 5,0 SM	35,6%	64,4%
		5,01 a 7,0 SM	34,2%	65,8%
		7,01 a 10,0 SM	34,5%	65,5%
		10,01 a 15,0 SM	31,1%	68,9%
		15,01 a 20,0 SM	27,6%	72,4%
		Mais de 20 SM	33,3%	66,7%

ANO			Faixa de renda por SM e atividades finalísticas e meio	
			Atividades finalísticas	Atividades-meio
			%	%
2008	FAIXA DE RENDA EM SM	Ignorado	48,5%	51,5%
		até 0,5 SM	47,2%	52,8%
		0,51 a 1,0 - SM	46,2%	53,8%
		1,01 a 1,5 SM	46,7%	53,3%
		1,5 a 2,0 SM	45,8%	54,2%
		2,01 a 3,0SM	42,7%	57,3%
		3,1 a 4,0 SM	36,7%	63,3%
		4,01 a 5,0 SM	33,9%	66,1%
		5,01 a 7,0 SM	33,6%	66,4%
		7,01 a 10,0 SM	33,3%	66,7%
		10,01 a 15,0 SM	30,2%	69,8%
		15,01 a 20,0 SM	26,4%	73,6%
		Mais de 20 SM	39,2%	60,8%
2009	FAIXA DE RENDA EM SM	Ignorado	47,5%	
		até 0,5 SM	11,0%	
		0,51 a 1,0 - SM	45,2%	
		1,01 a 1,5 SM	48,7%	
		1,5 a 2,0 SM	46,8%	
		2,01 a 3,0SM	41,6%	
		3,1 a 4,0 SM	35,8%	
		4,01 a 5,0 SM	34,5%	
		5,01 a 7,0 SM	33,3%	
		7,01 a 10,0 SM	31,3%	
		10,01 a 15,0 SM	31,1%	
		15,01 a 20,0 SM	26,2%	
		Mais de 20 SM	32,9%	

ANO			Faixa de renda por SM e atividades finalísticas e meio	
			Atividades finalísticas	Atividades-meio
			%	%
2010	FAIXA DE RENDA EM SM	Ignorado	47,3%	
		até 0,5 SM	12,8%	
		0,51 a 1,0 - SM	39,8%	
		1,01 a 1,5 SM	48,0%	
		1,5 a 2,0 SM	46,8%	
		2,01 a 3,0SM	41,8%	
		3,1 a 4,0 SM	35,7%	
		4,01 a 5,0 SM	33,7%	
		5,01 a 7,0 SM	32,8%	
		7,01 a 10,0 SM	32,0%	
		10,01 a 15,0 SM	29,8%	
		15,01 a 20,0 SM	27,5%	
		Mais de 20 SM	32,1%	

Tabela 2.3. Subgrupos de CBO de químicos e faixas de renda

	CBO SUBGRUPOS — Químicos	Ignorado	até 0,5	0,51 a 1	1,01 a 1,5	1,5 a 2	2,01 a 3	3,1 a 4	4,01 a 5	5,01 a 7	7,01 a 10	10,01 a 15	15,01 a 20	Mais de 20
2003	Supervisores da extração mineral	0,70	0,00	0,10	0,20	0,50	0,20	0,30	0,40	0,70	0,80	1,30	2,70	0,80
	Trabalhadores da extração mineral	4,10	0,00	2,10	1,60	1,40	2,20	4,60	6,00	4,40	4,00	2,80	2,70	2,10
	Vidreiros, ceramistas e afins	1,90	0,00	1,60	1,40	2,10	2,10	1,70	1,70	1,30	0,60	0,30	0,00	0,00
	Supervisores da indústria química, petroquímica	4,00	2,10	2,70	2,50	2,10	2,20	3,00	4,80	6,20	8,30	11,90	18,20	11,10
	Operadores da indústria química e petroquímica	53,20	20,80	37,70	46,30	51,50	60,30	56,10	50,40	49,80	50,60	51,40	37,00	70,60
	Trabalhadores da fabricação de explosivos	2,80	0,00	4,40	12,40	1,00	0,70	0,20	0,20	0,10	0,10	0,20	0,00	0,00
	Operadores de outras instalações químicas	11,30	0,00	8,60	9,00	11,10	9,70	12,80	15,20	15,90	14,00	16,60	24,80	9,30
	Trabalhadores de operações de laboratório	2,10	0,00	0,90	1,60	2,10	2,10	2,60	2,50	2,30	1,60	1,30	1,20	0,30
	Supervisores da fabricação de celulose e papel	1,00	58,30	0,60	0,40	0,70	0,60	1,20	1,60	3,20	4,50	5,30	8,40	4,20
	Trabalhadores na preparação de pasta e de papel	3,10	0,00	3,50	3,80	3,50	2,30	2,60	3,00	2,50	2,80	2,10	2,40	1,30
	Trabalhadores da fabricação de papel	7,40	14,60	6,30	7,60	13,00	8,80	8,60	9,70	10,50	10,90	6,50	2,40	0,30
	Confeccionadores de produtos de papel e papelão	8,30	4,20	31,40	13,30	10,90	8,90	6,30	4,60	3,20	1,80	0,50	0,20	0,10

		Subgrupo de CBO por Faixa de renda em Salário Mínimo (%)										
CBO SUBGRUPOS – Químicos	Ignorado	até 0,5	0,51 a 1	1,01 a 1,5	1,5 a 2	2,01 a 3	3,1 a 4	4,01 a 5	5,01 a 7	7,01 a 10	10,01 a 15	15,01 a 20	Mais de 20
Supervisores da extração mineral	0,40	0,00	0,10	0,30	0,40	0,20	0,30	0,50	0,80	0,80	1,10	2,60	1,40
Trabalhadores da extração mineral	6,30	0,00	2,20	1,10	1,50	2,00	4,40	5,40	5,40	4,90	2,90	2,40	2,10
Vidreiros, ceramistas e afins	2,00	0,00	1,70	1,80	2,20	1,90	1,60	1,70	1,40	0,50	0,20	0,00	0,00
Supervisores da indústria química, petroquímica	2,80	0,00	2,60	2,10	2,00	2,10	3,00	5,10	6,40	7,70	11,00	16,70	12,60
Operadores da indústria química e petroquímica	53,70	65,40	43,30	42,80	52,70	59,60	55,50	49,10	46,50	48,30	51,10	41,80	65,50
Trabalhadores da fabricação de explosivos	1,00	0,00	1,60	12,10	1,00	0,60	0,20	0,20	0,10	0,00	0,10	0,00	0,00
Operadores de outras instalações químicas	11,80	3,80	11,90	9,40	10,30	10,60	14,20	16,10	18,90	17,10	17,80	23,40	11,50
Trabalhadores de operações de laboratório	1,50	0,00	1,60	2,60	2,90	2,60	2,60	2,30	2,30	2,10	1,40	1,10	0,30
Supervisores da fabricação de celulose e papel	2,20	0,00	0,80	0,60	0,60	0,50	1,00	2,00	2,70	4,50	4,80	6,00	5,10
Trabalhadores na preparação de pasta e de papel	2,60	0,00	2,40	3,70	3,50	2,30	2,20	2,40	2,30	2,60	2,90	3,70	1,20
Trabalhadores da fabricação de papel	8,50	23,10	10,10	7,80	10,60	9,30	9,30	10,60	9,80	9,90	6,20	2,00	0,30
Confeccionadores de produtos de papel e papelão	7,30	7,70	21,80	15,50	12,30	8,30	5,70	4,60	3,50	1,60	0,50	0,20	0,00

2004

CBO SUBGRUPOS – Químicos	Ignorado	Subgrupo de CBO por Faixa de renda em Salário Mínimo (%)										
		até 0,5	0,51 a 1	1,01 a 1,5	1,5 a 2	2,01 a 3	3,1 a 4	4,01 a 5	5,01 a 7	7,01 a 10	10,01 a 15	15,01 a 20	Mais de 20
Supervisores da extração mineral	0,50	0,00	0,40	0,40	0,40	0,20	0,40	0,50	0,70	1,10	1,40	2,20	1,60
Trabalhadores da extração mineral	6,10	0,00	3,20	1,10	1,60	2,50	4,80	5,70	5,90	4,40	3,50	2,40	2,60
Vidreiros, ceramistas e afins	1,60	0,00	2,10	1,80	2,10	2,00	1,40	1,50	0,80	0,50	0,10	0,00	0,00
Supervisores da indústria química, petroquímica	3,40	0,00	3,40	1,70	1,90	2,30	3,70	5,50	7,20	9,40	12,80	17,50	10,40
Operadores da indústria química e petroquímica	54,40	57,90	39,40	46,90	52,90	57,70	53,40	46,90	44,80	47,30	45,70	40,90	69,40
Trabalhadores da fabricação de explosivos	0,90	0,00	1,50	9,10	1,00	0,70	0,30	0,10	0,10	0,00	0,00	0,00	0,00
Operadores de outras instalações químicas	13,70	10,50	10,80	9,50	10,00	12,40	14,20	18,20	19,10	18,20	22,40	25,20	11,00
Trabalhadores de operações de laboratório	1,30	5,30	3,40	3,20	3,50	2,60	2,60	2,60	2,40	1,80	1,20	0,80	0,10
Supervisores da fabricação de celulose e papel	0,90	0,00	1,20	0,60	0,40	0,50	1,00	1,80	3,10	4,50	5,10	6,30	3,80
Trabalhadores na preparação de pasta e de papel	3,50	0,00	3,10	3,00	3,10	2,40	3,50	2,60	2,30	2,30	2,30	3,20	0,80
Trabalhadores da fabricação de papel	8,10	21,10	7,10	8,40	10,50	9,00	9,60	11,00	11,00	8,70	5,00	1,40	0,20
Confeccionadores de produtos de papel e papelão	5,60	5,30	24,50	14,30	12,60	7,80	5,00	3,60	2,70	1,70	0,60	0,10	0,00

2005

	CBO SUBGRUPOS – Químicos	Ignorado	até 0,5	0,51 a 1	1,01 a 1,5	1,5 a 2	2,01 a 3	3,1 a 4	4,01 a 5	5,01 a 7	7,01 a 10	10,01 a 15	15,01 a 20	Mais de 20
2006	Supervisores da extração mineral	0,50	0,00	1,40	0,40	0,60	0,40	0,50	0,60	0,70	1,20	2,30	2,50	0,80
	Trabalhadores da extração mineral	5,90	0,00	1,80	0,80	7,60	3,50	6,70	7,60	4,70	3,80	2,70	2,70	2,00
	Vidreiros, ceramistas e afins	1,60	0,00	4,50	1,90	1,50	1,80	1,70	1,50	1,00	0,20	0,10	0,00	0,00
	Supervisores da indústria química, petroquímica	3,00	0,00	1,20	1,70	6,50	2,70	4,50	6,50	6,90	9,70	13,70	15,70	7,80
	Operadores da indústria química e petroquímica	53,50	36,00	42,90	48,30	48,10	55,50	51,60	48,10	51,10	51,20	47,70	45,30	79,70
	Trabalhadores da fabricação de explosivos	1,30	0,00	2,10	7,80	0,10	0,40	0,10	0,10	0,10	0,10	0,10	0,10	0,00
	Operadores de outras instalações químicas	13,60	36,00	12,40	8,40	16,10	14,00	15,40	16,10	15,40	16,40	20,70	21,80	6,10
	Trabalhadores de operações de laboratório	1,30	4,00	2,90	3,40	2,40	2,80	2,70	2,40	2,00	1,70	1,40	0,90	0,20
	Supervisores da fabricação de celulose e papel	1,50	0,00	0,30	0,50	1,90	0,50	1,20	1,90	2,90	3,60	4,60	6,40	2,70
	Trabalhadores na preparação de pasta e de papel	2,70	0,00	3,10	3,10	3,20	2,10	2,30	3,20	3,50	2,70	2,40	3,50	0,60
	Trabalhadores da fabricação de papel	9,30	12,00	5,90	8,50	9,20	9,40	9,10	9,20	9,10	8,00	3,80	1,00	0,10
	Confeccionadores de produtos de papel e papelão	5,80	12,00	21,50	15,20	3,00	6,90	4,20	3,00	2,50	1,40	0,50	0,20	0,00

CBO SUBGRUPOS — Químicos		Subgrupo de CBO por Faixa de renda em Salário Mínimo (%)											
		Ignorado	até 0,5	0,51 a 1	1,01 a 1,5	1,5 a 2	2,01 a 3	3,1 a 4	4,01 a 5	5,01 a 7	7,01 a 10	10,01 a 15	15,01 a 20	Mais de 20
2007	Supervisores da extração mineral	0,60	0,00	0,60	0,40	0,20	0,30	0,50	0,80	1,00	1,10	2,00	2,00	0,50
	Trabalhadores da extração mineral	6,40	2,90	2,90	1,10	1,20	3,30	6,40	7,70	5,50	3,70	2,90	2,60	2,00
	Vidreiros, ceramistas e afins	1,50	2,90	3,40	2,10	2,00	1,80	1,80	1,90	1,00	0,30	0,10	0,00	0,00
	Supervisores da indústria química, petroquímica	3,10	0,00	2,50	1,40	1,70	2,70	4,60	6,10	7,90	9,20	13,00	16,60	7,70
	Operadores da indústria química e petroquímica	54,50	48,60	40,10	47,40	57,10	54,40	50,00	46,40	47,20	50,90	54,30	54,60	82,80
	Trabalhadores da fabricação de explosivos	1,00	0,00	2,10	6,70	0,70	0,50	0,10	0,10	0,10	0,00	0,00	0,00	0,00
	Operadores de outras instalações químicas	13,20	31,40	8,10	9,90	11,30	15,10	17,70	18,40	17,70	15,50	14,80	11,90	3,50
	Trabalhadores de operações de laboratório	1,20	0,00	4,20	3,40	2,80	2,60	2,60	2,80	2,20	1,50	1,30	2,00	0,40
	Supervisores da fabricação de celulose e papel	1,00	2,90	0,90	0,30	0,30	0,60	1,00	1,60	3,30	4,10	4,60	6,50	2,50
	Trabalhadores na preparação de pasta e de papel	2,90	2,90	2,70	3,40	1,90	2,00	2,30	2,60	2,30	3,00	2,40	3,10	0,60
	Trabalhadores da fabricação de papel	8,40	5,70	9,10	8,80	9,30	10,00	9,10	8,70	9,20	9,30	4,20	0,60	0,10
	Confeccionadores de produtos de papel e papelão	6,20	2,90	23,50	14,90	11,40	6,80	4,00	2,80	2,60	1,40	0,40	0,10	0,00

CBO SUBGRUPOS — Químicos	Ignorado	até 0,5	0,51 a 1	1,01 a 1,5	1,5 a 2	2,01 a 3	3,1 a 4	4,01 a 5	5,01 a 7	7,01 a 10	10,01 a 15	15,01 a 20	Mais de 20
Supervisores da extração mineral	0,40	0,30	0,30	0,30	0,20	0,20	0,40	0,50	0,50	0,70	1,10	0,90	0,40
Trabalhadores da extração mineral	0,70	0,70	0,40	0,40	0,50	1,00	1,40	1,10	0,50	0,30	0,10	0,00	0,70
Vidreiros, ceramistas e afins	1,60	1,70	4,40	1,80	1,60	1,90	1,80	1,70	1,00	0,20	0,10	0,10	1,40
Supervisores da indústria química, petroquímica	3,10	3,10	2,00	1,50	1,70	2,80	4,70	6,70	8,00	10,70	18,40	21,60	5,70
Operadores da indústria química e petroquímica	56,10	55,90	41,90	48,00	58,10	55,60	50,70	48,10	50,30	50,80	47,10	54,00	53,50
Trabalhadores da fabricação de explosivos	1,00	1,00	2,20	8,50	0,60	0,60	0,10	0,10	0,10	0,00	0,00	0,00	1,20
Operadores de outras instalações químicas	15,60	15,90	10,70	10,50	12,20	15,60	20,20	21,00	19,10	17,40	17,50	13,40	15,60
Trabalhadores de operações de laboratório	1,40	1,40	3,10	3,10	2,50	2,70	2,80	2,90	2,50	1,60	2,50	0,90	2,50
Supervisores da fabricação de celulose e papel	1,10	1,20	0,70	0,30	0,40	0,60	1,20	2,30	3,00	4,00	5,80	6,80	1,70
Trabalhadores na preparação de pasta e de papel	2,80	2,80	3,20	2,10	1,80	2,20	2,60	2,00	2,50	4,40	3,30	1,20	2,30
Trabalhadores da fabricação de papel	9,30	9,30	7,30	8,80	9,00	9,80	9,60	10,30	10,60	8,80	3,90	1,10	8,60
Confeccionadores de produtos de papel e papelão	6,90	6,80	23,80	14,80	11,60	6,90	4,60	3,10	1,90	1,00	0,40	0,00	6,40

2008

		Subgrupo de CBO por Faixa de renda em Salário Mínimo (%)											
	CBO SUBGRUPOS — Químicos	Ignorado	até 0,5	0,51 a 1	1,01 a 1,5	1,5 a 2	2,01 a 3	3,1 a 4	4,01 a 5	5,01 a 7	7,01 a 10	10,01 a 15	15,01 a 20	Mais de 20
2009	Supervisores da extração mineral	0,70	5,00	0,80	0,30	0,30	0,20	0,60	1,00	0,90	1,20	1,70	1,60	0,70
	Trabalhadores da extração mineral	8,30	0,00	2,30	1,00	1,50	4,60	8,00	7,70	7,60	7,10	7,50	8,40	9,60
	Vidreiros, ceramistas e afins	1,20	5,00	5,80	1,90	1,70	1,80	1,60	1,40	0,60	0,20	0,10	0,00	0,00
	Supervisores da indústria química, petroquímica	2,90	0,00	1,90	1,60	1,80	2,70	4,80	6,40	8,20	11,70	15,20	14,50	6,30
	Operadores da indústria química e petroquímica	51,10	35,00	40,40	47,30	58,30	53,50	47,20	47,20	46,10	44,30	50,50	58,30	78,40
	Trabalhadores da fabricação de explosivos	0,90	5,00	2,90	6,70	0,50	0,60	0,20	0,10	0,00	0,00	0,00	0,00	0,00
	Operadores de outras instalações químicas	15,10	30,00	9,00	9,00	12,40	16,00	18,70	18,70	17,80	17,20	14,20	10,40	3,30
	Trabalhadores de operações de laboratório	1,10	0,00	1,90	3,30	2,80	3,00	2,50	2,00	2,10	1,70	1,50	0,60	0,20
	Supervisores da fabricação de celulose e papel	1,00	0,00	0,50	0,30	0,40	0,50	1,00	2,00	3,10	4,00	4,10	4,70	1,40
	Trabalhadores na preparação de pasta e de papel	2,60	0,00	4,90	2,50	1,70	2,00	2,20	2,00	2,40	3,50	2,40	0,70	0,00
	Trabalhadores da fabricação de papel	8,60	5,00	5,60	8,90	8,30	8,60	9,10	9,00	9,50	8,20	2,60	0,60	0,00
	Confeccionadores de produtos de papel e papelão	6,40	15,00	23,90	17,20	10,30	6,50	4,10	2,40	1,70	1,00	0,20	0,00	0,00

		Subgrupo de CBO por Faixa de renda em Salário Mínimo (%)									
CBO SUBGRUPOS – Químicos	Ignorado	até 0,5	0,51 a 1	1,01 a 1,5	1,5 a 2	2,01 a 3	3,1 a 4	4,01 a 5	5,01 a 7	7,01 a 10	10,01 a 15	15,01 a 20	Mais de 20
2010 Supervisores da extração mineral	0,60	0,00	0,30	0,30	0,20	0,30	0,50	0,90	0,90	1,10	1,50	2,00	1,30
Trabalhadores da extração mineral	7,80	5,00	8,40	1,70	1,50	4,10	7,10	7,50	8,90	7,50	7,20	9,20	12,30
Vidreiros, ceramistas e afins	1,30	0,00	3,60	2,10	2,20	2,00	1,70	1,60	0,80	0,20	0,10	0,00	0,00
Supervisores da indústria química, petroquímica	2,90	0,00	1,10	1,40	1,80	2,80	4,60	6,50	8,00	11,10	15,00	14,80	7,80
Operadores da indústria química e petroquímica	51,30	50,00	39,40	48,80	58,20	54,30	47,90	46,00	44,70	47,70	49,40	54,20	69,70
Trabalhadores da fabricação de explosivos	1,00	5,00	2,20	7,00	0,50	0,50	0,40	0,10	0,10	0,00	0,00	0,00	0,00
Operadores de outras instalações químicas	15,10	30,00	6,80	9,80	12,80	16,70	19,30	19,20	18,40	17,20	15,90	13,10	6,80
Trabalhadores de operações de laboratório	1,60	0,00	1,90	2,50	2,60	2,80	2,50	2,20	1,90	1,70	1,50	0,30	0,20
Supervisores da fabricação de celulose e papel	0,90	0,00	0,50	0,20	0,30	0,40	1,00	1,70	2,70	3,30	4,20	5,10	1,70
Trabalhadores na preparação de pasta e de papel	2,60	0,00	2,90	2,50	1,50	1,90	2,30	2,20	2,40	2,60	2,80	1,00	0,10
Trabalhadores da fabricação de papel	8,80	5,00	6,40	7,70	8,50	8,10	8,70	9,50	9,30	6,70	2,20	0,20	0,00
Confeccionadores de produtos de papel e papelão	6,20	5,00	26,60	16,00	9,90	6,30	3,90	2,60	1,80	0,80	0,20	0,00	0,00

Tabela 2.4. Subgrupos de CBO de químicos e escolaridade em números absolutos

	CBO Subgrupo	Ignorado	Analfabeto	até 5ª Série	5ª série completo	6ª a 9ª fund.	Fund. Completo	Médio incompleto	Médio completo	Superior incompl	Superior completo	Mestrado	Doutorado
	\multicolumn{13}{l}{Subgrupo de CBO de algumas atividades finalísticas com Grau de Instrução (N. de trabalhadores)}
2003	Supervisores da extração mineral	0	12	56	142	194	216	86	359	37	62	0	0
	Trabalhadores da extração mineral	0	120	660	806	1097	1311	674	2045	43	58	0	0
	Vidreiros, ceramistas e afins	0	28	154	373	763	935	320	446	17	6	0	0
	Supervisores da indústria química, petroquímica.	0	0	349	890	1535	1736	936	2770	598	1081	0	0
	Operadores da indústria química e petroquímica	0	0	5075	9426	19735	23880	12412	34453	1824	1745	0	0
	Trabalhadores da fabricação de explosivos	0	0	403	927	835	418	256	325	8	6	0	0
	Operadores de outras instalações químicas	0	0	949	1751	3948	5182	2605	9092	841	404	0	0
	Trabalhadores de operações de laboratório	0	0	121	147	317	513	462	1857	342	206	0	0
	Supervisores da fabricação de celulose e papel	0	0	112	386	455	500	265	1622	190	321	0	0
	Trabalhadores na preparação de pasta e de papel	0	28	416	888	787	811	343	2003	87	91	0	0
	Trabalhadores da fabricação de papel	0	0	1065	2178	2935	3816	1688	5060	120	82	0	0
	Confeccionadores de produtos de papel e papelão	0	157	648	1617	3110	3359	1753	2821	68	31	0	0

Subgrupo de CBO de algumas atividades finalísticas com Grau de Instrução (N. de trabalhadores)

	CBO Subgrupo	Ignorado	Analfabeto	até 5ª Série	5ª série completo	6ª a 9ª fund.	Fund. Completo	Médio incompleto	Médio completo	Superior incompl	Superior completo	Mestrado	Doutorado
2004	Supervisores da extração mineral	0	7	53	113	138	210	94	366	37	61	0	0
	Trabalhadores da extração mineral	0	82	531	695	937	1163	566	2148	38	54	0	0
	Vidreiros, ceramistas e afins	0	24	101	330	652	806	287	470	17	9	0	0
	Supervisores da indústria química, petroquímica	0	0	280	718	1171	1662	822	2844	606	1138	0	0
	Operadores da indústria química e petroquímica	0	0	3978	7454	15503	21007	10879	37028	1921	1681	0	0
	Trabalhadores da fabricação de explosivos	0	0	224	638	640	324	194	281	5	3	0	0
	Operadores de outras instalações químicas	0	0	884	1617	3356	4429	2562	11737	968	382	0	0
	Trabalhadores de operações de laboratório	0	0	84	107	267	676	428	2136	347	225	0	0
	Supervisores da fabricação de celulose e papel	0	0	107	318	401	459	235	1653	222	375	0	0
	Trabalhadores na preparação de pasta e de papel	0	17	338	680	622	685	273	1974	96	105	0	0
	Trabalhadores da fabricação de papel	0	0	914	1938	2553	3526	1518	5591	157	107	0	0
	Confeccionadores de produtos de papel e papelão	0	130	525	1287	2437	2895	1611	3101	48	35	0	0

Subgrupo de CBO de algumas atividades finalísticas com Grau de Instrução (N. de trabalhadores)											
	CBO Subgrupo	Ignorado	Analfabeto	até 5ª Série	5ª série completo	6ª a 9ª fund.	Fund. Completo	Médio incompleto	Médio completo	Superior incompl	Superior completo	Mestrado	Doutorado
2005	Supervisores da extração mineral	0	7	65	99	128	224	117	385	35	60	0	0
	Trabalhadores da extração mineral	0	72	395	783	929	1206	572	2636	49	61	0	0
	Vidreiros, ceramistas e afins	0	42	135	266	593	728	285	504	16	7	0	0
	Supervisores da indústria química, petroquímica	0	0	260	657	1121	1580	846	3215	650	1294	0	0
	Operadores da indústria química e petroquímica	0	0	3381	6759	13706	19441	10715	40391	2164	1832	0	0
	Trabalhadores da fabricação de explosivos	0	0	189	578	531	304	138	420	6	9	0	0
	Operadores de outras instalações químicas	0	0	775	1550	3205	4212	2647	13569	1104	493	0	0
	Trabalhadores de operações de laboratório	0	0	68	97	253	671	452	2316	383	295	0	0
	Supervisores da fabricação de celulose e papel	0	0	79	244	273	403	215	1625	227	358	0	0
	Trabalhadores na preparação de pasta e de papel	0	19	316	588	596	753	366	2173	111	99	0	0
	Trabalhadores da fabricação de papel	0	0	830	1746	2274	3245	1520	6488	184	88	0	0
	Confeccionadores de produtos de papel e papelão	0	106	396	1054	2082	2748	1699	3707	56	27	0	0

Subgrupo de CBO de algumas atividades finalísticas com Grau de Instrução (N. de trabalhadores)

	CBO Subgrupo	Ignorado	Analfabeto	até 5ª. Série	5ª. série completo	6ª. a 9ª fund.	Fund. Completo	Médio incompleto	Médio completo	Superior incompl	Superior completo	Mestrado	Doutorado
2006	Supervisores da extração mineral	0	5	76	115	160	255	131	503	45	69	0	0
	Trabalhadores da extração mineral	0	65	568	717	972	1118	619	3254	59	74	1	1
	Vidreiros, ceramistas e afins	0	21	84	290	623	756	338	670	20	4	0	0
	Supervisores da indústria química, petroquímica.	0	0	252	602	1105	1498	830	3543	707	1346	13	1
	Operadores da indústria química e petroquímica	0	0	3109	6211	13220	19231	10475	49048	3078	2416	5	3
	Trabalhadores da fabricação de explosivos	0	0	177	561	543	321	188	313	7	5	0	0
	Operadores de outras instalações químicas	0	0	643	1387	3051	4058	2644	14221	1072	552	2	7
	Trabalhadores de operações de laboratório	0	0	61	96	252	585	451	2529	410	321	2	0
	Supervisores da fabricação de celulose e papel	0	0	71	204	260	376	222	1464	204	366	11	0
	Trabalhadores na preparação de pasta e de papel	0	12	287	472	605	779	350	2270	120	108	4	1
	Trabalhadores da fabricação de papel	0	0	793	1549	2125	3237	1498	6920	207	98	1	1
	Confeccionadores de produtos de papel e papelão	0	90	330	996	2300	2811	1737	4131	81	36	1	0

	Subgrupo de CBO de algumas atividades finalísticas com Grau de Instrução (N. de trabalhadores)											
	CBO Subgrupo	Ignorado	Analfa-beto	até 5ª. Série	5ª. série completo	6º. a 9ª fund.	Fund. Completo	Médio incom-pleto	Médio completo	Superior incompl	Superior completo	Mestrado	Doutorado
2007	Supervisores da extração mineral	0	4	51	111	141	206	128	478	38	93	1	0
	Trabalhadores da extração mineral	0	61	439	569	866	1100	585	3864	71	101	1	0
	Vidreiros, ceramistas e afins	0	17	82	292	610	746	387	856	26	1	0	1
	Supervisores da indústria química, petroquímica.	0	0	193	491	992	1506	811	3824	704	1432	18	3
	Operadores da indústria química e petroquímica	0	0	2973	5649	12374	18353	10464	53482	3061	2761	3	5
	Trabalhadores da fabricação de explosivos	0	0	153	502	437	299	139	384	7	8	0	0
	Operadores de outras instalações químicas	0	0	731	1394	3027	4237	2874	15198	786	405	3	7
	Trabalhadores de operações de laboratório	0	0	88	91	226	623	423	2617	450	355	6	2
	Supervisores da fabricação de celulose e papel	0	0	65	179	273	391	191	1504	195	388	12	0
	Trabalhadores na preparação de pasta e de papel	0	11	242	483	542	739	331	2127	87	166	3	1
	Trabalhadores da fabricação de papel	0	0	798	1446	2149	3330	1558	7492	211	141	1	0
	Confeccionadores de produtos de papel e papelão	0	75	308	857	2088	3010	1790	4402	83	38	1	0

Subgrupo de CBO de algumas atividades finalísticas com Grau de Instrução (N. de trabalhadores)

	CBO Subgrupo	Ignorado	Analfa-beto	até 5ª Série	5ª série completo	6ª a 9ª fund.	Fund. Completo	Médio incom-pleto	Médio completo	Superior incompl	Superior completo	Mestrado	Doutorado
2009	Supervisores da extração mineral	0	7	43	93	137	205	97	556	57	118	2	0
	Trabalhadores da extração mineral	0	60	434	532	849	1259	677	7248	189	245	6	0
	Vidreiros, ceramistas e afins	0	11	102	234	468	685	344	1024	32	6	0	0
	Supervisores da indústria química, petroquímica	0	0	186	412	836	1401	762	4586	800	1625	19	2
	Operadores da indústria química e petroquímica	0	0	2606	4686	10927	16708	9906	60222	2764	3012	17	3
	Trabalhadores da fabricação de explosivos	0	0	143	509	427	367	196	474	9	6	6	0
	Operadores de outras instalações químicas	0	0	625	1165	2722	4131	2882	17878	814	704	3	40
	Trabalhadores de operações de laboratório	0	0	61	91	206	576	370	2770	547	426	4	4
	Supervisores da fabricação de celulose e papel	0	0	46	116	226	337	160	1501	170	387	4	1
	Trabalhadores na preparação de pasta e de papel	0	8	179	370	491	561	280	2233	169	160	1	0
	Trabalhadores da fabricação de papel	0	0	580	1213	1849	3012	1555	8150	210	146	0	0
	Confeccionadores de produtos de papel e papelão	0	92	330	868	1998	2841	1846	5283	98	35	1	0

Subgrupo de CBO de algumas atividades finalísticas com Grau de Instrução (N. de trabalhadores)

	CBO Subgrupo	Ignorado	Analfabeto	até 5ª Série	5ª série completo	6ª a 9ª fund.	Fund. Completo	Médio incompleto	Médio completo	Superior incompl	Superior completo	Mestrado	Doutorado
2010	Supervisores da extração mineral	0	8	47	92	123	206	94	563	62	115	2	0
	Trabalhadores da extração mineral	0	55	414	530	854	1309	667	7756	203	326	4	1
	Vidreiros, ceramistas e afins	0	13	105	234	476	727	507	1355	33	10	0	0
	Supervisores da indústria química, petroquímica.	0	0	169	398	829	1390	754	4943	848	1702	17	7
	Operadores da indústria química e petroquímica	0	0	2637	4445	10627	16628	10419	65434	2769	2850	16	7
	Trabalhadores da fabricação de explosivos	0	0	259	480	411	370	209	537	10	6	2	0
	Operadores de outras instalações químicas	0	0	668	1114	2866	4325	3005	20632	891	972	3	42
	Trabalhadores de operações de laboratório	0	0	39	82	175	372	360	2952	522	507	3	2
	Supervisores da fabricação de celulose e papel	0	0	52	120	187	299	138	1456	184	390	3	2
	Trabalhadores na preparação de pasta e de papel	0	6	200	362	485	545	285	2370	145	153	2	0
	Trabalhadores da fabricação de papel	0	0	580	1140	1865	2863	1517	8782	198	146	2	0
	Confeccionadores de produtos de papel e papelão	0	85	412	819	1979	2695	1997	5585	88	47	2	0

Tabela 2.5. Químicos de nível superior, engenheiros químicos e de minas distribuídos conforme sua escolaridade, de nível superior até doutorado

FAMÍLIAS CBO		CBO família com Grau de Instrução			
		N. de trabalhadores			
		Ignorado	Superior completo	Mestrado	Doutorado
2003	Químicos	0	1932	0	0
	Engenheiros químicos e afins	0	3416	0	0
	Engenheiros de minas e afins	0	113	0	0
2004	Químicos	0	1849	0	0
	Engenheiros químicos e afins	0	3455	0	0
	Engenheiros de minas e afins	0	159	0	0
2005	Químicos	0	1969	0	0
	Engenheiros químicos e afins	0	3983	0	0
	Engenheiros de minas e afins	0	167	0	0
2006	Químicos	0	1968	22	12
	Engenheiros químicos e afins	0	4948	75	19
	Engenheiros de minas e afins	0	204	0	0
2007	Químicos	0	2009	29	18
	Engenheiros químicos e afins	0	4893	61	17
	Engenheiros de minas e afins	0	230	4	1
2008	Químicos	65	3986	51	0
	Engenheiros químicos e afins	122	5291	24	0
	Engenheiros de minas e afins	4	99	0	0
2009	Químicos	0	2171	35	23
	Engenheiros químicos e afins	0	5403	67	12
	Engenheiros de minas e afins	0	287	2	1
2010	Químicos	0	2339	45	23
	Engenheiros químicos e afins	0	5643	74	13
	Engenheiros de minas e afins	0	357	5	1

Tabela 3. Comparativo Grau de Instrução: Químicos e Não Químicos 2000 a 2010 (%)

Ano	Grau de Instrução	Químicos	Não químicos
2000	Analfabeto	1,6	2,0
	Até a 5º ano incompleto	7,0	8,3
	5º ano completo	11,0	12,2
	Do 6º ao 9º ano inc.	17,1	14,6
	Fund. Completo	19,4	17,9
	Ens. Médio Incompleto	9,8	9,1
	Ens. Médio Completo	21,9	22,8
	Superior Incompleto	4,1	3,5
	Superior Completo	8,1	9,6
	Mestrado	0,0	0,0
	Doutorado	0,0	0,0
	Ignorado	0,0	0,0
2001	Analfabeto	1,3	1,9
	Até a 5º ano incompleto	6,2	7,8
	5º ano completo	10,0	11,1
	Do 6º ao 9º ano inc.	16,1	14,0
	Fund. Completo	19,3	17,7
	Ens. Médio Incompleto	10,0	9,1
	Ens. Médio Completo	24,4	25,2
	Superior Incompleto	4,3	3,6
	Superior Completo	8,5	9,6
	Mestrado	0,0	0,0
	Doutorado	0,0	0,0
	Ignorado	0,0	0,0
2002	Analfabeto	1,3	1,6
	Até a 5º ano incompleto	6,1	7,2
	5º ano completo	9,0	10,2
	Do 6º ao 9º ano inc.	14,9	13,3
	Fund. Completo	18,6	17,6
	Ens. Médio Incompleto	9,7	9,1
	Ens. Médio Completo	26,9	27,2

Ano	Grau de Instrução	Químicos	Não químicos
2002	Superior Incompleto	4,4	3,7
	Superior Completo	9,1	10,1
	Mestrado	0,0	0,0
	Doutorado	0,0	0,0
	Ignorado	0,0	0,0
2003	Analfabeto	0,9	1,1
	Até a 5º ano incompleto	6,1	6,6
	5º ano completo	8,4	9,2
	Do 6º ao 9º ano inc.	13,6	12,8
	Fund. Completo	18,1	17,4
	Ens. Médio Incompleto	9,8	9,3
	Ens. Médio Completo	28,9	28,5
	Superior Incompleto	4,2	3,5
	Superior Completo	10,0	11,6
	Mestrado	0,0	0,0
	Doutorado	0,0	0,0
	Ignorado	0,0	0,0
2004	Analfabeto	0,7	0,9
	Até a 5º ano incompleto	4,9	5,6
	5º ano completo	6,9	8,0
	Do 6º ao 9º ano inc.	11,9	11,4
	Fund. Completo	17,2	16,4
	Ens. Médio Incompleto	9,6	9,0
	Ens. Médio Completo	33,5	31,7
	Superior Incompleto	4,7	3,9
	Superior Completo	10,6	13,2
	Mestrado	0,0	0,0
	Doutorado	0,0	0,0
	Ignorado	0,0	0,0
2005	Analfabeto	0,6	0,8
	Até a 5º ano incompleto	4,3	5,0
	5º ano completo	6,7	7,2
	Do 6º ao 9º ano inc.	10,8	10,7
	Fund. Completo	16,0	16,0

Ano	Grau de Instrução	Químicos	Não químicos
2005	Ens. Médio Incompleto	9,5	8,9
	Ens. Médio Completo	36,2	33,7
	Superior Incompleto	4,8	4,0
	Superior Completo	11,1	13,7
	Mestrado	0,0	0,0
	Doutorado	0,0	0,0
	Ignorado	0,0	0,0
2006	Analfabeto	0,6	0,7
	Até a 5º ano incompleto	4,2	4,6
	5º ano completo	5,6	6,6
	Do 6º ao 9º ano inc.	10,0	10,1
	Fund. Completo	15,0	15,8
	Ens. Médio Incompleto	9,1	8,9
	Ens. Médio Completo	38,6	35,7
	Superior Incompleto	5,0	4,2
	Superior Completo	11,6	13,2
	Mestrado	0,1	0,2
	Doutorado	0,0	0,1
	Ignorado	0,0	0,0
2007	Analfabeto	0,6	0,7
	Até a 5º ano incompleto	4,1	4,4
	5º ano completo	5,2	6,1
	Do 6º ao 9º ano inc.	9,4	9,5
	Fund. Completo	14,3	15,3
	Ens. Médio Incompleto	9,0	8,7
	Ens. Médio Completo	40,6	37,2
	Superior Incompleto	5,0	4,2
	Superior Completo	11,7	13,7
	Mestrado	0,1	0,2
	Doutorado	0,0	0,1
	Ignorado	0,0	0,0
2008	Analfabeto	0,5	0,6
	Até a 5º ano incompleto	3,8	4,0
	5º ano completo	4,8	5,6

Ano	Grau de Instrução	Químicos	Não químicos
2008	Do 6º ao 9º ano inc.	9,1	9,1
	Fund. Completo	14,1	14,6
	Ens. Médio Incompleto	9,0	8,5
	Ens. Médio Completo	42,4	39,1
	Superior Incompleto	5,1	4,2
	Superior Completo	11,1	14,0
	Mestrado	0,1	0,1
	Doutorado	0,0	0,0
	Ignorado	0,1	0,2
2009	Analfabeto	0,4	0,6
	Até a 5º ano incompleto	3,5	3,8
	5º ano completo	4,4	5,1
	Do 6º ao 9º ano inc.	8,3	8,5
	Fund. Completo	12,8	14,1
	Ens. Médio Incompleto	8,4	8,3
	Ens. Médio Completo	44,2	40,6
	Superior Incompleto	5,0	4,3
	Superior Completo	12,9	14,4
	Mestrado	0,1	0,2
	Doutorado	0,0	0,1
	Ignorado	0,0	0,0
2010	Analfabeto	0,4	0,5
	Até a 5º ano incompleto	3,1	3,7
	5º ano completo	3,8	4,7
	Do 6º ao 9º ano inc.	7,8	8,0
	Fund. Completo	12,1	13,5
	Ens. Médio Incompleto	8,3	8,2
	Ens. Médio Completo	46,1	42,3
	Superior Incompleto	4,8	4,1
	Superior Completo	13,2	14,6
	Mestrado	0,2	0,3
	Doutorado	0,1	0,1
	Ignorado	0,0	0,0

Tabela 3.1. Frequência percentual do Grau de Instrução por CNAE (grupo) de químicos e afins de 2000 a 2010

Frequência % de Grau de Instrução por CNAE Grupo

ANO	CNAE Grupo	Analfabeto	Até a 5ª série inicial	5ª série completa	Da 6ª a 9ª série	Fundamental completo	Médio Incompleto	Médio Completo	Superior Incompleto	Superior Completo	Mestrado	Doutorado
2000	100 Extração de carvão mineral	2,2%	11,9%	15,1%	26,5%	15,0%	13,0%	11,6%	1,5%	3,1%		
	111 Extração de petróleo e gás natural	0,2%	0,9%	2,6%	4,4%	11,9%	5,2%	53,2%	3,6%	18,0%		
	112 Apoio à extração de petróleo e gás natural	1,0%	2,0%	3,0%	7,5%	14,6%	5,1%	45,0%	3,4%	18,3%		
	132 Extração de minerais Radioativos	1,7%	52,5%	12,4%	13,5%	6,2%	6,5%	5,2%	1,0%	1,0%		
	142 Extração minerais fabricação adubos e sal	5,9%	30,9%	14,3%	14,6%	9,1%	4,4%	12,6%	1,0%	7,4%		
	211 Fabricação de celulose e outras pastas	0,7%	5,6%	12,7%	16,6%	11,7%	5,9%	30,5%	4,8%	11,5%		
	212 Fabricação de papel	0,7%	6,3%	13,7%	14,4%	14,6%	8,7%	29,4%	3,6%	8,5%		
	213 Fabricação de embalagens	0,9%	5,7%	14,2%	19,6%	24,4%	11,1%	17,9%	2,6%	3,7%		
	214 Fabricação de produtos diversos de papel	0,9%	4,0%	10,3%	20,8%	24,7%	12,4%	20,4%	2,9%	3,6%		
	231 Coquerias	0,4%	5,7%	23,5%	13,2%	34,5%	12,5%	6,4%	1,8%	2,1%		
	233 Elaboração de combustíveis nucleares	0,0%	9,5%	2,5%	6,6%	7,2%	3,7%	27,7%	3,2%	39,5%		
	234 Fabricação de biocombustíveis	11,4%	32,8%	18,8%	14,2%	7,6%	4,4%	7,9%	,8%	2,0%		
	241 Fabricação de químicos inorgânicos	1,0%	8,3%	10,7%	13,1%	12,6%	7,7%	24,4%	5,7%	16,5%		
	242 Fabricação de químicos orgânicos	1,3%	9,7%	7,3%	9,5%	10,3%	6,5%	32,1%	6,9%	16,3%		
	243 Fabricação de resinas e elastômeros	0,4%	2,7%	4,8%	8,3%	13,2%	7,4%	34,4%	10,0%	18,9%		
	244 Fabricação de resinas artificiais e sintéticas	0,2%	1,9%	5,8%	11,3%	22,3%	11,1%	37,9%	2,8%	6,8%		
	245 Fabricação de produtos farmoquímicos e farmacêuticos	0,4%	3,7%	4,9%	9,4%	16,0%	10,0%	29,6%	9,3%	16,7%		
	246 Fabricação de defensivos agrícolas	0,8%	6,6%	8,3%	12,8%	14,6%	7,3%	22,1%	5,0%	22,6%		
	247 Fabricação de sabões e detergentes	0,8%	3,9%	9,7%	16,6%	22,0%	12,4%	24,9%	3,5%	6,3%		
	248 Fabricação de tintas e vernizes	0,8%	4,0%	7,6%	13,8%	18,2%	10,9%	25,4%	7,5%	11,8%		
	249 Fabricação de produtos químicos diversos	0,8%	5,4%	11,5%	14,6%	16,6%	8,6%	22,6%	5,8%	14,1%		
	251 Fabricação de produtos de borracha	1,1%	6,2%	13,6%	25,1%	22,3%	9,8%	15,3%	2,6%	4,2%		
	252 Fabricação material plástico	0,9%	4,2%	11,2%	21,8%	25,5%	11,6%	18,8%	2,4%	3,5%		
	261 Fabricação de vidro e produtos de vidro	1,0%	6,1%	11,0%	17,9%	22,2%	9,7%	23,2%	2,8%	6,1%		
	402 Produção e distribuição de combustíveis gasosos	7,4%	2,1%	3,9%	11,1%	12,4%	18,7%	23,0%	6,0%	15,5%		
	515 Comércio atacadista em combustíveis e produtos químicos	0,8%	5,4%	9,4%	13,3%	17,0%	9,1%	22,7%	7,2%	15,0%		

Frequência % de Grau de Instrução por CNAE Grupo

ANO	CNAE Grupo	Grau de Instrução									
		Analfabeto	Até a 5ª série inicial	5ª série completa	Da 5ª a 9ª série	Fundamental completo	Médio Incompleto	Médio Completo	Superior Incompleto	Superior Completo	Mestrado	Doutorado
2001	100 Extração de carvão mineral	1,9%	9,1%	16,0%	26,6%	16,3%	13,1%	11,7%	1,6%	3,7%		
	111 Extração de Petróleo e gás natural	0,1%	,7%	2,1%	3,8%	10,2%	4,6%	55,1%	3,7%	19,6%		
	112 Apoio à extração de petróleo e gás natural	0,8%	2,5%	3,7%	7,5%	13,1%	5,6%	42,5%	3,0%	21,1%		
	132 Extração de minerais Radioativos	2,6%	28,1%	50,2%	10,4%	4,9%	2,0%	1,3%	0,0%	0,0%		
	142 Extração minerais fabricação adubos e sal	4,4%	28,7%	13,5%	16,3%	10,2%	5,1%	16,3%	1,2%	4,3%		
	211 Fabricação de celulose e outras pastas	1,2%	9,7%	11,9%	16,2%	12,5%	5,8%	28,7%	4,4%	9,7%		
	212 Fabricação de papel	0,6%	5,7%	13,7%	12,8%	14,5%	8,3%	31,8%	3,8%	8,8%		
	213 Fabricação de embalagens	0,8%	4,9%	12,2%	19,0%	24,2%	11,5%	21,1%	2,7%	3,8%		
	214 Fabricação de produtos diversos de papel	0,7%	3,5%	9,0%	18,5%	25,4%	12,4%	22,6%	3,5%	4,2%		
	231 Coquerias	0,4%	7,8%	29,7%	26,7%	11,6%	10,8%	7,3%	2,6%	3,0%		
	233 Elaboração de combustíveis nucleares	0,0%	7,6%	2,6%	5,9%	7,3%	4,2%	29,5%	3,5%	39,5%		
	234 Fabricação de biocombustíveis	8,9%	31,5%	18,2%	15,7%	8,0%	5,0%	9,5%	1,3%	1,9%		
	241 Fabricação de químicos inorgânicos	0,9%	7,1%	9,8%	12,6%	13,0%	7,3%	26,2%	5,8%	17,3%		
	242 Fabricação de químicos orgânicos	2,2%	9,6%	7,0%	9,9%	11,8%	6,4%	31,0%	6,4%	15,7%		
	243 Fabricação de resinas e elastômeros	0,2%	2,4%	3,5%	8,3%	12,6%	6,6%	34,1%	10,9%	21,3%		
	244 Fabricação de resinas artificiais e sintéticas	0,4%	1,9%	5,2%	10,4%	19,4%	10,1%	41,4%	3,0%	8,3%		
	245 Fabricação de produtos farmoquímicos e Farmacêuticos	0,4%	2,3%	4,0%	8,4%	14,6%	9,5%	33,2%	9,8%	18,0%		
	246 Fabricação de defensivos agrícolas	0,8%	5,4%	8,6%	12,0%	12,8%	7,8%	20,9%	4,9%	26,8%		
	247 Fabricação de sabões e detergentes	0,8%	3,5%	9,9%	15,7%	20,8%	12,7%	27,5%	3,4%	5,8%		
	248 Fabricação de tintas e vernizes	0,7%	3,7%	7,0%	12,5%	18,1%	10,7%	27,4%	7,8%	12,1%		
	249 Fabricação de produtos químicos diversos	0,9%	5,2%	10,3%	13,0%	16,4%	9,1%	24,7%	6,1%	14,4%		
	251 Fabricação de produtos de borracha	0,8%	5,5%	12,8%	23,4%	23,0%	10,3%	17,7%	2,6%	4,0%		
	252 Fabricação material plástico	0,9%	3,8%	9,8%	20,2%	25,1%	12,1%	21,8%	2,6%	3,7%		
	261 Fabricação de vidro e produtos de vidro	0,7%	5,0%	10,2%	17,0%	22,8%	10,2%	25,4%	3,0%	5,8%		
	402 Produção e distribuição de combustíveis gasosos	6,7%	2,0%	4,1%	9,8%	10,6%	15,8%	25,4%	7,4%	18,3%		
	515 Comércio atacadista sem combustíveis e produtos químicos	0,6%	3,5%	7,9%	12,7%	15,4%	8,7%	25,0%	7,8%	17,4%		

143

Frequência % de Grau de Instrução por CNAE Grupo

ANO	CNAE Grupo	Analfabeto	Até a 5ª série inicial	5ª série completa	Da 6ª a 9ª série	Fundamental completo	Médio Incompleto	Médio Completo	Superior Incompleto	Superior Completo	Mestrado	Doutorado
2002	100 Extração de carvão mineral	2,2%	8,4%	16,2%	25,2%	18,3%	12,0%	12,3%	1,8%	3,6%		
	111 Extração de petróleo e gás natural	0,1%	0,6%	1,2%	3,0%	8,4%	3,8%	58,2%	4,5%	20,3%		
	112 Apoio à extração de petróleo e gás natural	0,3%	3,8%	5,0%	8,5%	12,6%	4,9%	40,7%	3,4%	20,8%		
	132 Extração de minerais radioativos	2,5%	16,1%	49,9%	14,4%	10,6%	4,0%	2,5%	0,0%	0,0%		
	142 Extração minerais fabricação adubos e sal	3,6%	18,3%	12,8%	27,0%	10,4%	6,3%	17,7%	1,2%	2,8%		
	211 Fabricação de celulose e outras pastas	1,2%	7,8%	10,6%	13,8%	10,0%	5,7%	31,1%	5,4%	14,4%		
	212 Fabricação de papel	0,5%	5,0%	12,0%	12,1%	14,2%	8,0%	35,5%	3,7%	8,9%		
	213 Fabricação de embalagens	0,7%	3,8%	10,1%	17,7%	24,3%	12,1%	24,5%	2,9%	3,9%		
	214 Fabricação de produtos diversos de papel	0,7%	3,3%	8,4%	16,9%	24,5%	12,4%	26,4%	3,4%	4,0%		
	231 Coquerias	0,7%	4,7%	24,9%	29,6%	14,1%	6,1%	11,6%	4,7%	3,6%		
	232 Fabricação de produtos derivados de petróleo	0,0%	0,9%	2,3%	3,1%	6,3%	1,8%	39,9%	5,8%	39,8%		
	233 Elaboração de combustíveis nucleares	0,0%	6,5%	2,5%	4,9%	6,8%	3,9%	35,5%	3,6%	36,3%		
	234 Fabricação de biocombustíveis	7,7%	31,8%	18,2%	17,4%	7,9%	4,7%	9,8%	0,8%	1,7%		
	241 Fabricação de químicos inorgânicos	0,8%	5,5%	8,5%	12,5%	13,6%	7,3%	28,3%	6,3%	17,2%		
	242 Fabricação de químicos orgânicos	3,9%	12,5%	7,1%	8,2%	10,8%	5,4%	29,3%	6,6%	16,3%		
	243 Fabricação de resinas e elastômeros	0,6%	3,0%	3,0%	6,8%	11,6%	5,9%	36,6%	10,5%	22,0%		
	244 Fabricação de resinas artificiais e sintéticas	0,5%	1,1%	4,5%	8,2%	18,7%	9,5%	43,4%	3,5%	10,7%		
	245 Fabricação de produtos farmoquímicos e farmacêuticos.	0,3%	2,0%	3,5%	7,1%	12,8%	9,2%	35,3%	9,8%	20,0%		
	246 Fabricação de defensivos agrícolas	0,8%	4,0%	9,4%	9,5%	11,5%	7,0%	23,5%	5,9%	28,4%		
	247 Fabricação de sabões e detergentes	0,7%	3,0%	8,5%	14,0%	21,0%	12,2%	30,8%	3,7%	6,2%		
	248 Fabricação de tintas e vernizes	0,5%	3,2%	6,7%	10,7%	17,5%	10,4%	30,3%	8,1%	12,7%		
	249 Fabricação de produtos químicos diversos	0,8%	4,4%	9,2%	11,8%	15,2%	8,6%	28,2%	6,3%	15,4%		
	251 Fabricação de produtos de borracha	0,7%	5,0%	11,0%	22,0%	23,4%	10,6%	20,7%	2,6%	4,0%		
	252 Fabricação de material plástico	0,7%	3,4%	8,7%	18,4%	25,1%	12,2%	25,3%	2,7%	3,4%		
	261 Fabricação de vidro e produtos de vidro	0,7%	4,4%	8,3%	15,9%	23,4%	11,0%	27,3%	3,0%	6,0%		
	402 Produção e distribuição de combustíveis gasosos	4,0%	1,3%	2,9%	10,6%	12,9%	10,3%	24,7%	8,1%	25,2%		
	515 Comércio atacadista especializado em combustíveis e produtos químicos	0,8%	2,7%	6,0%	12,0%	17,6%	8,4%	26,4%	8,5%	17,5%		

Frequência % de Grau de Instrução por CNAE Grupo

ANO	CNAE Grupo	Analfabeto	Até a 5ª série inicial	5ª série completa	Da 6ª a 9ª série	Fundamental completo	Médio incompleto	Médio Completo	Superior Incompleto	Superior Completo	Mestrado	Doutorado
2003	100 Extração de carvão mineral	1,6%	9,1%	16,5%	22,3%	15,5%	17,3%	12,2%	2,2%	3,3%		
	111 Extração de petróleo e gás natural	0,1%	0,6%	1,0%	3,0%	7,9%	4,1%	58,4%	5,0%	20,0%		
	112 Apoio à extração de petróleo e gás natural	0,2%	2,8%	4,8%	7,4%	13,2%	4,9%	41,5%	3,2%	22,0%		
	132 Extração de minerais radioativos	10,2%	45,0%	21,9%	5,5%	10,4%	5,0%	2,0%	0,0%	0,0%		
	142 Extração minerais fabricação adubos e sal	2,5%	15,6%	13,3%	20,1%	14,7%	7,3%	20,5%	1,5%	4,3%		
	211 Fabricação de celulose e outras pastas	0,7%	9,8%	10,3%	8,6%	10,4%	6,0%	33,3%	5,8%	15,1%		
	212 Fabricação de papel	0,3%	4,9%	11,5%	12,5%	13,6%	7,6%	37,5%	3,3%	8,8%		
	213 Fabricação de embalagens	0,4%	3,4%	8,8%	16,2%	24,3%	12,3%	27,3%	2,8%	4,3%		
	214 Fabricação de produtos diversos de papel	0,3%	3,0%	7,0%	14,2%	24,3%	12,4%	31,1%	3,2%	4,5%		
	231 Coquerias	1,5%	10,1%	25,1%	31,0%	14,3%	3,7%	10,3%	3,1%	0,9%		
	232 Fabricação de produtos derivados de petróleo	0,0%	0,8%	1,7%	2,2%	4,6%	1,8%	41,2%	6,3%	41,5%		
	233 Elaboração de combustíveis nucleares	0,0%	4,9%	2,3%	3,5%	6,4%	3,1%	37,3%	5,3%	37,1%		
	234 Fabricação de biocombustíveis	6,1%	32,0%	20,7%	15,9%	7,8%	4,5%	10,2%	,8%	1,7%		
	241 Fabricação de químicos inorgânicos	0,4%	4,9%	8,3%	11,8%	13,6%	7,0%	29,6%	6,0%	18,4%		
	242 Fabricação de químicos orgânicos	2,7%	14,6%	7,8%	7,9%	10,4%	4,9%	28,8%	6,3%	16,7%		
	243 Fabricação de resinas e elastômeros	0,0%	2,7%	2,4%	6,0%	10,7%	5,9%	37,4%	10,5%	24,3%		
	244 Fabricação de resinas artificiais e sintéticas	0,1%	0,8%	3,7%	7,3%	18,7%	9,3%	43,8%	3,1%	13,1%		
	245 Fabricação de produtos farmoquímicos e Farmacêuticos	0,1%	2,0%	2,9%	7,0%	11,8%	9,1%	36,9%	9,2%	21,0%		
	246 Fabricação de defensivos agrícolas	0,9%	5,2%	9,1%	9,0%	10,2%	6,0%	24,3%	5,0%	30,2%		
	247 Fabricação de sabões e detergentes	0,5%	3,0%	7,2%	13,4%	21,2%	12,3%	32,3%	3,5%	6,8%		
	248 Fabricação de tintas e vernizes	0,2%	3,2%	6,4%	10,0%	17,2%	10,8%	30,7%	7,7%	13,7%		
	249 Fabricação de produtos químicos diversos	0,3%	4,7%	8,7%	11,1%	14,8%	8,5%	28,8%	5,5%	17,3%		
	251 Fabricação de produtos da borracha	0,3%	4,0%	9,5%	19,5%	22,4%	11,3%	25,0%	2,7%	5,1%		
	252 Fabricação de material plástico	0,3%	3,3%	7,8%	16,8%	24,9%	12,5%	28,0%	2,6%	3,8%		
	261 Fabricação de vidro e produtos de vidro	0,5%	3,9%	7,3%	14,4%	21,7%	11,4%	31,5%	2,7%	6,5%		
	402 Produção e distribuição de combustíveis	0,2%	0,7%	1,5%	7,2%	7,2%	10,5%	26,5%	7,2%	39,1%		
	515 Comércio atacadista em combustíveis e produtos químicos	0,6%	2,7%	5,3%	10,7%	16,5%	8,4%	28,1%	8,0%	19,6%		

Freqüência % de Grau de Instrução por CNAE Grupo

ANO	CNAE Grupo	Analfabeto	Até a 5ª série inicial	5ª série completa	Da 6ª a 9ª série	Fundamental completo	Médio Incompleto	Médio Completo	Superior Incompleto	Superior Completo	Mestrado	Doutorado
2004	100 Extração de carvão mineral	1,7%	8,2%	16,4%	22,7%	16,4%	13,0%	15,9%	2,5%	3,3%		
	111 Extração de petróleo e gás natural	0,1%	1,1%	0,9%	2,1%	7,1%	3,6%	57,0%	6,7%	21,4%		
	112 Apoio à extração de petróleo e gás natural	0,1%	1,3%	2,0%	4,4%	12,6%	5,0%	47,5%	4,0%	23,1%		
	132 Extração de minerais radioativos	4,4%	12,1%	36,2%	16,1%	14,9%	9,6%	5,3%	0,7%	0,7%		
	142 Extração minerais fabricação adubos e sal	2,4%	14,1%	12,9%	19,4%	11,8%	7,2%	25,4%	2,0%	4,8%		
	211 Fabricação de celulose e outras pastas	0,5%	6,6%	8,4%	8,1%	12,1%	4,9%	33,8%	7,1%	18,5%		
	212 Fabricação de papel	0,2%	4,2%	10,3%	11,4%	13,3%	7,4%	40,0%	4,3%	8,8%		
	213 Fabricação de embalagens	0,4%	3,1%	7,6%	14,6%	22,4%	12,3%	32,0%	3,2%	4,5%		
	214 Fabricação de produtos diversos de papel	0,3%	2,8%	6,1%	12,2%	23,5%	13,1%	34,0%	3,4%	4,6%		
	231 Coquerias	0,0%	9,2%	26,1%	19,6%	20,3%	9,8%	13,1%	0,7%	1,3%		
	232 Fabricação de produtos derivados de petróleo	0,0%	1,8%	0,9%	1,6%	6,7%	1,8%	38,6%	6,3%	42,2%		
	233 Elaboração de combustíveis nucleares	0,0%	4,3%	2,2%	3,4%	6,6%	2,7%	40,4%	5,1%	35,3%		
	234 Fabricação de biocombustíveis	5,6%	28,6%	16,1%	15,9%	9,9%	5,8%	14,3%	1,3%	2,5%		
	241 Fabricação de químicos inorgânicos	0,4%	4,0%	6,9%	10,6%	13,8%	7,1%	32,5%	6,5%	18,0%		
	242 Fabricação de químicos orgânicos	3,6%	16,2%	7,0%	8,9%	10,2%	4,5%	27,4%	6,5%	15,7%		
	243 Fabricação de resinas e elastômeros	0,0%	1,5%	1,6%	4,3%	10,5%	5,8%	40,9%	10,5%	24,8%		
	244 Fabricação de resinas artificiais e sintéticas	0,2%	1,2%	4,1%	7,6%	17,2%	7,6%	46,2%	2,8%	13,1%		
	245 Fabricação de produtos farmoquímicos e farmacêuticos	0,1%	1,6%	2,7%	6,0%	10,4%	8,3%	40,2%	9,1%	21,5%		
	246 Fabricação de defensivos agrícolas	0,3%	4,3%	6,6%	7,0%	8,4%	5,5%	28,4%	5,7%	33,7%		
	247 Fabricação de sabões e detergentes	0,3%	3,0%	6,2%	11,6%	19,5%	12,0%	36,8%	3,7%	6,9%		
	248 Fabricação de tintas e vernizes	0,2%	2,8%	5,5%	9,2%	15,8%	9,9%	35,2%	8,2%	13,2%		
	249 Fabricação de produtos químicos diversos	0,2%	3,7%	7,5%	10,2%	13,8%	8,0%	33,2%	6,2%	17,0%		
	251 Fabricação de produtos de borracha	0,3%	3,4%	7,9%	17,1%	20,5%	11,7%	30,8%	3,0%	5,2%		
	252 Fabricação material plástico	0,3%	2,9%	6,7%	14,2%	23,2%	12,0%	33,8%	2,9%	4,0%		
	261 Fabricação de vidro e produtos de vidro	0,4%	3,4%	6,0%	12,9%	19,7%	11,3%	37,2%	3,0%	6,0%		
	402 Produção e distribuição de combustíveis gasosos	0,3%	,6%	1,1%	4,2%	7,8%	8,7%	25,7%	8,8%	42,8%		
	515 Comércio atacadista em combustíveis e produtos químicos	0,5%	2,8%	4,4%	9,6%	14,9%	7,9%	29,9%	9,1%	21,0%		

Frequência % de Grau de Instrução por CNAE Grupo

ANO	CNAE Grupo	Grau de Instrução								
		Analfabeto	Até a 5ª série inicial	5ª série completa	Da 6ª a 9ª série	Fundamental completo	Médio incompleto	Médio Completo	Superior Incompleto	Superior Completo	Mestrado	Doutorado
2005	100 Extração de carvão mineral	0,8%	5,9%	15,9%	20,7%	17,2%	12,7%	20,4%	2,9%	3,4%		
	111 Extração de petróleo e gás natural	0,1%	1,0%	0,6%	1,1%	5,1%	2,3%	58,9%	7,5%	23,9%		
	112 Apoio à extração de petróleo e gás natural	0,1%	0,6%	1,6%	3,8%	10,5%	4,5%	50,7%	4,2%	23,9%		
	132 Extração de minerais radioativos	4,5%	12,1%	40,6%	24,0%	11,9%	3,3%	3,1%	0,2%	0,3%		
	142 Extração minerais fabricação adubos e sal	2,1%	13,4%	10,6%	18,5%	12,1%	7,5%	28,5%	1,9%	5,4%		
	211 Fabricação de celulose e outras pastas	0,5%	6,1%	7,0%	6,8%	12,4%	5,8%	37,7%	6,8%	16,8%		
	212 Fabricação de papel	0,3%	4,5%	9,5%	10,3%	12,2%	7,0%	42,9%	4,5%	8,9%		
	213 Fabricação de embalagens	0,3%	2,6%	6,8%	12,4%	21,1%	12,2%	36,4%	3,4%	4,8%		
	214 Fabricação de produtos diversos de papel	0,2%	2,5%	5,4%	10,7%	20,8%	12,5%	39,4%	3,4%	5,0%		
	231 Coquerias	1,6%	16,5%	18,9%	20,7%	17,7%	8,5%	15,2%	0,6%	00,0%		
	232 Fabricação de produtos derivados de petróleo	0,0%	1,7%	0,7%	1,4%	3,5%	1,7%	39,2%	6,1%	45,6%		
	233 Elaboração de combustíveis nucleares	0,0%	4,3%	2,5%	3,1%	6,5%	2,6%	39,5%	4,6%	36,7%		
	234 Fabricação de biocombustíveis	4,2%	25,5%	21,1%	14,7%	9,4%	6,0%	15,0%	1,4%	2,8%		
	241 Fabricação de químicos inorgânicos	0,3%	3,5%	6,2%	9,6%	12,6%	7,4%	34,6%	6,9%	18,9%		
	242 Fabricação de químicos orgânicos	3,4%	13,9%	8,8%	11,2%	9,0%	4,1%	27,1%	6,3%	16,1%		
	243 Fabricação de resinas e elastômeros	0,0%	1,2%	1,6%	4,1%	10,3%	5,8%	40,4%	10,8%	25,9%		
	244 Fabricação de resinas artificiais e sintéticas	0,1%	1,4%	3,7%	6,3%	16,0%	6,5%	48,9%	3,2%	14,0%		
	245 Fabricação de produtos farmoquímicos e farmacêuticos	0,1%	1,2%	2,4%	5,3%	9,4%	6,1%	42,6%	8,9%	21,9%		
	246 Fabricação de defensivos agrícolas	0,2%	3,7%	3,1%	5,0%	6,7%	5,4%	29,5%	6,6%	39,8%		
	247 Fabricação de sabões e detergentes	0,3%	2,6%	5,8%	10,8%	17,8%	11,7%	39,9%	4,0%	7,0%		
	248 Fabricação de tintas e vernizes	0,2%	2,4%	4,8%	8,3%	16,0%	9,4%	37,8%	8,1%	13,1%		
	249 Fabricação de produtos químicos diversos	0,2%	3,3%	7,1%	9,4%	13,1%	7,6%	35,2%	6,5%	17,0%		
	251 Fabricação de produtos de borracha	0,2%	3,0%	7,3%	15,2%	20,0%	11,6%	33,6%	3,4%	5,7%		
	252 Fabricação material plástico	0,2%	2,5%	5,8%	12,9%	22,0%	12,2%	37,1%	3,1%	4,2%		
	261 Fabricação de vidro e produtos de vidro	0,5%	2,5%	5,4%	11,7%	18,3%	10,5%	41,2%	3,3%	6,6%		
	402 Produção e distribuição de combustíveis gasosos	0,1%	1,2%	6,4%	2,5%	4,0%	4,9%	23,1%	8,6%	49,2%		
	515 Comércio atacadista em combustíveis e produtos químicos	0,3%	2,0%	4,4%	9,1%	13,4%	7,7%	31,8%	9,4%	22,0%		

Frequência % de Grau de Instrução por CNAE Grupo

ANO	CNAE Grupo	Grau de Instrução									
		Analfabeto	Até a 5ª série incial	5ª série completa	Da 6ª a 9ª série	Fundamental completo	Médio Incompleto	Médio Completo	Superior Incompleto	Superior Completo	Mestrado	Doutorado
2006	050 Extração de carvão mineral	0,8%	11,1%	17,0%	17,6%	15,6%	11,2%	21,5%	2,0%	3,2%	0,0%	0,0%
	060 Extração de petróleo e gás natural	0,0%	1,1%	0,4%	0,7%	3,1%	1,2%	60,1%	7,3%	26,1%	0,0%	0,0%
	072 Extração de minerais radioativos	0,3%	10,5%	6,6%	3,9%	14,8%	3,6%	42,2%	4,8%	13,3%	0,0%	0,0%
	089 Extração minerais fabricação adubos e sal marinho	1,9%	10,7%	11,0%	19,3%	13,7%	7,1%	28,0%	2,4%	6,0%	0,0%	0,0%
	091 Apoio à extração de petróleo e gás natural	0,1%	,8%	,5%	1,4%	5,2%	2,5%	37,9%	4,4%	47,2%	0,1%	0,0%
	171 Fabricação de celulose e outras pastas	0,2%	3,7%	5,4%	5,9%	11,0%	6,2%	40,0%	6,8%	19,8%	0,8%	0,1%
	172 Fabricação de papel	0,1%	4,1%	8,7%	10,1%	12,1%	6,8%	44,2%	4,7%	9,1%	0,1%	0,0%
	173 Fabricação de embalagens	0,3%	2,5%	6,1%	11,3%	20,5%	11,6%	39,1%	3,5%	5,0%	0,1%	0,0%
	174 Fabricação de produtos diversos do papel	0,2%	1,9%	4,3%	9,6%	18,3%	12,6%	42,5%	4,1%	6,3%	0,0%	0,0%
	191 Coquerias	1,3%	10,8%	18,5%	25,0%	12,9%	8,2%	16,8%	3,9%	2,6%	0,0%	0,0%
	192 Fabricação de produtos derivados do petróleo	0,1%	1,9%	2,0%	4,0%	7,3%	3,7%	49,3%	7,9%	23,8%	0,0%	0,0%
	193 Fabricação de biocombustíveis	4,2%	24,8%	15,3%	16,4%	10,4%	6,6%	18,1%	1,3%	2,8%	0,0%	0,0%
	201 Fabricação de químicos inorgânicos	0,3%	3,5%	5,7%	10,0%	12,6%	7,1%	33,1%	6,9%	20,5%	0,2%	0,0%
	202 Fabricação de químicos orgânicos	0,3%	2,7%	3,7%	6,8%	8,4%	5,2%	39,1%	8,6%	24,7%	0,3%	0,1%
	203 Fabricação de resinas e elastômeros	0,0%	1,1%	2,1%	4,0%	9,5%	5,1%	41,3%	10,5%	25,5%	0,7%	0,1%
	204 Fabricação de resinas artificiais e sintéticas	0,1%	0,9%	2,9%	5,2%	13,5%	7,3%	51,0%	3,3%	15,6%	0,1%	0,0%
	205 Fabricação defensivos agrícolas	0,2%	3,1%	5,5%	5,0%	7,1%	5,9%	28,8%	7,2%	36,1%	0,9%	0,2%
	206 Fabricação de sabões e detergentes	0,2%	2,4%	4,8%	9,2%	16,1%	10,9%	44,4%	4,4%	7,5%	0,0%	0,1%
	207 Fabricação de tintas e vernizes	0,2%	2,3%	4,2%	7,6%	14,8%	9,4%	39,9%	8,1%	13,4%	0,1%	0,0%
	209 Fabricação de produtos químicos diversos	2,0%	7,6%	8,0%	9,6%	11,4%	7,1%	33,4%	5,7%	15,0%	0,1%	0,0%
	211 Fabricação de produtos farmoquímicos	0,2%	,9%	2,2%	4,3%	7,9%	8,0%	44,8%	8,4%	23,0%	0,1%	0,2%
	212 Fabricação de produtos farmacêuticos	0,1%	1,0%	2,0%	3,8%	6,9%	6,4%	41,5%	11,1%	26,8%	0,1%	0,1%
	221 Fabricação de produtos de borracha	0,2%	2,6%	6,1%	12,9%	18,7%	10,9%	39,3%	3,5%	5,8%	0,0%	0,0%
	222 Fabricação de material plástico	0,2%	2,2%	5,0%	11,8%	20,7%	11,8%	40,7%	3,4%	4,1%	0,0%	0,0%
	231 Fabricação de vidro e produtos de vidro	0,3%	2,3%	5,0%	10,8%	16,8%	11,6%	43,4%	3,2%	6,6%	0,0%	0,0%
	352 Produção e distribuição de combustíveis gasosos	0,2%	0,4%	0,3%	2,0%	4,6%	2,4%	20,0%	7,3%	54,0%	8,6%	0,1%
	468 Com. atacadista em combustíveis e prod. químicos	0,2%	1,8%	3,6%	8,7%	12,4%	7,8%	34,7%	9,0%	21,8%	0,1%	0,0%

Frequência % de Grau de Instrução por CNAE Grupo

ANO	CNAE Grupo	Analfabeto	Até a 5ª série inicial	5ª série completa	Da 6ª a 9ª série	Fundamental completo	Médio Incompleto	Médio Completo	Superior Incompleto	Superior Completo	Mestrado	Doutorado
2007	050 Extração de carvão mineral	0,8%	7,0%	10,7%	19,2%	16,6%	11,2%	27,8%	2,3%	4,3%	0,0%	0,0%
	060 Extração de petróleo e gás natural	0,0%	1,0%	0,2%	0,5%	2,4%	1,0%	58,9%	7,3%	28,7%	0,1%	0,0%
	072 Extração de minerais radioativos	0,2%	6,7%	3,5%	5,2%	11,1%	2,4%	37,0%	3,9%	29,8%	0,0%	0,2%
	089 Extração minerais fabricação adubos e sal marinho	1,6%	11,3%	10,8%	18,9%	12,2%	7,5%	28,7%	2,5%	6,3%	0,0%	0,0%
	091 Apoio à extração de petróleo e gás natural	0,0%	0,5%	0,6%	1,5%	4,1%	2,4%	44,3%	4,3%	42,0%	0,1%	0,0%
	171 Fabricação de celulose e outras pastas	0,3%	3,6%	4,9%	4,0%	12,0%	5,6%	41,6%	7,3%	19,8%	0,9%	0,1%
	172 Fabricação de papel	0,1%	4,1%	7,9%	10,7%	11,5%	6,7%	44,5%	4,0%	10,4%	0,0%	0,0%
	173 Fabricação de embalagens	0,3%	2,2%	5,4%	10,6%	20,0%	11,4%	41,8%	3,3%	5,2%	0,0%	0,0%
	174 Fabricação de produtos diversos do papel	0,2%	1,8%	4,2%	6,6%	17,0%	12,1%	44,9%	4,2%	6,9%	0,0%	0,0%
	191 Coquerias	1,4%	9,7%	19,0%	26,4%	12,0%	6,9%	17,6%	2,8%	4,2%	0,0%	0,0%
	192 Fabricação de produtos derivados do petróleo	0,1%	1,8%	1,8%	3,7%	7,5%	3,5%	49,5%	7,9%	24,2%	0,1%	0,0%
	193 Fabricação de biocombustíveis	4,2%	24,1%	14,8%	15,6%	10,7%	6,8%	19,3%	1,5%	3,1%	0,0%	0,0%
	201 Fabricação de químicos inorgânicos	0,3%	3,1%	5,4%	9,8%	13,1%	7,2%	34,3%	7,3%	19,1%	0,3%	0,1%
	202 Fabricação de químicos orgânicos	0,3%	2,4%	3,1%	6,9%	8,6%	5,0%	40,2%	8,6%	24,3%	0,5%	0,1%
	203 Fabricação de resinas e elastômeros	0,0%	1,2%	2,1%	4,2%	9,9%	5,0%	41,5%	11,1%	24,3%	0,5%	0,1%
	204 Fabricação de resinas artificiais e sintéticas	0,1%	0,9%	2,7%	5,3%	13,8%	7,4%	52,5%	2,8%	14,4%	0,1%	0,0%
	205 Fabricação defensivos agrícolas	0,3%	2,9%	5,5%	4,8%	8,5%	6,7%	36,9%	6,0%	27,9%	0,4%	0,2%
	206 Fabricação de sabões e detergentes	0,2%	2,2%	4,4%	8,6%	14,4%	10,7%	47,3%	4,6%	7,6%	0,1%	0,0%
	207 Fabricação de tintas e vernizes	0,2%	2,3%	3,5%	7,0%	14,2%	9,0%	42,3%	8,1%	13,3%	0,1%	0,1%
	209 Fabricação de produtos de preparação de químicos div.	1,6%	5,2%	5,7%	8,2%	11,4%	7,1%	37,5%	6,1%	16,9%	0,2%	0,0%
	211 Fabricação de produtos farmoquímicos	0,1%	0,9%	2,3%	3,5%	7,0%	8,1%	45,3%	8,1%	24,4%	0,1%	0,2%
	212 Fabricação de produtos farmacêuticos	0,1%	0,9%	1,8%	3,5%	6,1%	6,1%	41,2%	11,6%	28,4%	0,2%	0,1%
	221 Fabricação de produtos de borracha	0,2%	2,4%	5,3%	11,7%	17,7%	10,4%	42,8%	3,5%	5,9%	0,0%	0,0%
	222 Fabricação de material plástico	0,2%	2,1%	4,5%	11,0%	19,3%	11,8%	43,7%	3,1%	4,3%	0,0%	0,0%
	231 Fabricação de vidro e produtos de vidro	0,3%	2,2%	4,7%	11,1%	15,4%	11,9%	43,7%	3,6%	6,9%	0,0%	0,0%
	352 Produção e distribuição de combustíveis gasosos	0,0%	0,4%	0,3%	2,0%	4,9%	3,8%	23,7%	6,4%	52,0%	6,5%	0,1%
	468 Com. atacadista em combustíveis e prod. químicos	0,2%	1,9%	3,5%	8,3%	13,5%	7,3%	34,6%	8,9%	21,4%	,2%	0,0%

Freqüência % de Grau de Instrução por CNAE Grupo

ANO	CNAE Grupo	Grau de Instrução									
		Analfabeto	Até a 5ª série inicial	5ª série completa	Da 6ª a 9ª série	Fundamental completo	Médio Incompleto	Médio Completo	Superior Incompleto	Superior Completo	Mestrado	Doutorado
2008	171 Fabricação de celulose e outras pastas	0,3%	3,1%	3,8%	3,8%	10,5%	5,7%	44,5%	7,1%	19,8%	0,2%	
	172 Fabricação de papel	0,2%	3,7%	7,0%	9,8%	10,5%	6,7%	48,1%	4,2%	9,8%	0,0%	
	173 Fabricação de embalagens	0,2%	2,0%	5,1%	9,9%	18,4%	11,5%	43,9%	3,4%	5,5%	0,0%	
	174 Fabricação de produtos diversos do papel	0,2%	1,8%	3,7%	8,2%	16,7%	11,4%	46,9%	4,2%	6,8%	0,0%	
	191 Coquerias	1,3%	7,6%	15,7%	25,5%	11,9%	7,6%	18,0%	4,2%	8,1%	0,0%	
	192 Fabricação de produtos derivados do petróleo	0,1%	1,5%	1,8%	2,9%	6,1%	3,2%	49,6%	7,1%	27,5%	0,0%	
	193 Fabricação de biocombustíveis	3,2%	20,9%	13,2%	15,9%	12,3%	6,9%	21,8%	1,8%	3,9%	0,0%	
	201 Fabricação de químicos inorgânicos	0,4%	2,7%	4,9%	8,7%	12,4%	6,8%	36,5%	7,1%	20,2%	0,1%	
	202 Fabricação de químicos orgânicos	0,1%	1,6%	2,5%	5,5%	8,0%	4,7%	41,3%	8,6%	27,1%	0,1%	
	203 Fabricação de resinas e elastômeros	0,0%	1,0%	2,0%	4,1%	9,6%	5,4%	44,7%	10,7%	21,9%	0,1%	
	204 Fabricação de resinas artificiais e sintéticas	0,0%	,9%	2,8%	5,5%	13,5%	7,1%	52,4%	3,2%	14,4%	0,0%	
	205 Fabricação de defensivos agrícolas	0,4%	2,2%	4,6%	8,0%	7,7%	6,2%	36,2%	5,3%	28,7%	0,2%	
	206 Fabricação de sabões e detergentes	0,3%	1,9%	3,3%	8,0%	13,5%	10,3%	49,7%	4,6%	8,4%	0,0%	
	207 Fabricação de tintas e vernizes	0,2%	2,0%	3,2%	6,4%	13,5%	8,7%	44,6%	7,8%	13,3%	0,1%	
	209 Fabricação de produtos químicos diversos	0,2%	3,2%	5,2%	7,7%	12,0%	7,1%	40,5%	6,5%	17,2%	0,2%	
	211 Fabricação de produtos farmoquímicos	0,1%	,7%	2,3%	3,0%	5,7%	7,2%	44,9%	9,1%	26,7%	0,2%	
	212 Fabricação de produtos farmacêuticos	0,1%	,7%	1,5%	3,2%	5,3%	5,7%	41,6%	12,2%	29,2%	0,2%	
	221 Fabricação de produtos de borracha	0,2%	2,1%	4,7%	10,9%	16,5%	9,4%	46,5%	3,5%	6,2%	0,0%	
	222 Fabricação de material plástico	0,2%	2,0%	4,2%	10,1%	17,9%	11,4%	46,4%	3,2%	4,7%	0,0%	
	231 Fabricação de vidro e produtos de vidro	0,2%	2,0%	4,1%	10,2%	14,6%	11,2%	46,5%	3,8%	7,3%	0,0%	
	352 Produção e distribuição de combustíveis gasosos	0,0%	,5%	,4%	1,6%	4,5%	2,3%	22,9%	6,5%	55,4%	0,1%	
	468 Com. atacadista especializado em combustíveis e prod. químicos	0,2%	1,7%	3,3%	7,8%	13,4%	7,4%	35,8%	8,9%	21,1%	0,0%	

Frequência % de Grau de Instrução por CNAE Grupo

ANO	CNAE Grupo	Analfabeto	Até a 5ª série inicial	5ª série completa	Da 6ª a 9ª série	Fundamental completo	Médio Incompleto	Médio Completo	Superior Incompleto	Superior Completo	Mestrado	Doutorado
2009	050 Extração de carvão mineral	0,7%	4,7%	9,6%	16,1%	17,0%	11,4%	33,1%	2,7%	4,8%	0,0%	0,0%
	060 Extração de petróleo e gás natural	0,0%	,8%	,1%	,4%	2,0%	0,7%	58,7%	6,5%	30,7%	0,1%	0,0%
	072 Extração de minerais radioativos	0,0%	4,8%	5,2%	,8%	8,5%	1,6%	45,5%	,0%	33,6%	0,0%	0,0%
	089 Extração mineiras fabricação adubos e sal marinho	1,7%	10,4%	8,7%	15,1%	12,8%	8,2%	33,9%	2,8%	6,5%	0,0%	0,0%
	091 Apoio à extração de petróleo e gás natural	0,0%	,5%	,3%	1,0%	3,7%	2,0%	44,1%	3,8%	44,4%	0,1%	0,0%
	171 Fabricação de celulose e outras pastas	0,2%	2,3%	4,0%	3,8%	10,5%	5,1%	43,8%	7,5%	21,8%	0,8%	0,2%
	172 Fabricação de papel	0,1%	3,4%	6,8%	9,4%	10,4%	6,2%	48,4%	4,7%	10,5%	0,0%	0,0%
	173 Fabricação de embalagens	0,3%	1,9%	4,5%	9,7%	17,9%	11,4%	45,2%	3,4%	5,8%	0,0%	0,0%
	174 Fabricação de produtos diversos do papel	0,1%	1,7%	3,1%	7,4%	16,0%	10,5%	48,8%	4,3%	7,8%	0,1%	0,0%
	191 Coquerias	0,7%	4,4%	7,7%	11,9%	6,4%	4,0%	41,5%	9,1%	14,3%	0,0%	0,0%
	192 Fabricação de produtos derivados do petróleo	0,1%	1,4%	1,5%	2,9%	5,8%	3,2%	51,3%	7,1%	26,5%	0,1%	0,0%
	193 Fabricação de biocombustíveis	3,0%	18,5%	13,7%	17,0%	12,8%	7,8%	21,3%	1,8%	4,0%	0,0%	0,0%
	201 Fabricação de químicos inorgânicos	0,4%	2,8%	5,0%	9,0%	12,3%	6,5%	36,6%	7,0%	20,1%	0,3%	0,0%
	202 Fabricação de químicos orgânicos	0,2%	1,9%	2,5%	5,3%	7,7%	4,4%	43,2%	8,8%	25,2%	0,6%	0,1%
	203 Fabricação de resinas e elastômeros	0,0%	1,1%	1,9%	3,6%	9,7%	5,6%	45,5%	10,0%	22,0%	0,5%	0,1%
	204 Fabricação de resinas artificiais e sintéticas	0,0%	,6%	2,1%	5,9%	14,9%	7,0%	54,1%	2,8%	12,6%	0,1%	0,1%
	205 Fabricação defensivos agrícolas	0,1%	2,1%	2,9%	5,9%	6,9%	5,7%	37,6%	6,1%	32,1%	0,5%	0,1%
	206 Fabricação de sabões e detergentes	0,2%	2,6%	3,3%	7,0%	12,0%	10,1%	51,8%	4,4%	8,5%	0,1%	0,0%
	207 Fabricação de tintas e vernizes	0,1%	1,9%	2,9%	5,6%	12,4%	8,6%	46,0%	7,9%	14,1%	0,2%	0,2%
	209 Fabricação de produtos químicos diversos	0,3%	3,6%	4,7%	6,6%	11,3%	6,5%	39,8%	6,6%	20,0%	0,4%	0,2%
	211 Fabricação de produtos farmoquímicos	0,1%	,6%	1,3%	2,1%	4,7%	6,8%	48,1%	7,0%	29,0%	0,1%	0,2%
	212 Fabricação de produtos farmacêuticos	0,1%	,8%	1,5%	3,1%	4,9%	5,9%	43,1%	11,0%	29,3%	0,3%	0,2%
	221 Fabricação de produtos de borracha	0,2%	2,3%	4,3%	10,0%	15,9%	9,2%	48,1%	3,7%	6,3%	0,0%	0,0%
	222 Fabricação de material plástico	0,2%	1,7%	3,7%	9,3%	16,9%	11,0%	48,8%	3,4%	4,9%	0,0%	0,0%
	231 Fabricação de vidro e produtos de vidro	0,2%	1,8%	3,5%	8,9%	13,9%	10,7%	49,8%	3,8%	7,5%	0,1%	0,0%
	352 Produção e distribuição de combustíveis	0,0%	0,5%	0,1%	0,8%	2,2%	1,7%	25,6%	6,0%	57,6%	5,5%	0,0%
	468 Com. atacadista em combustíveis e prod. químicos	0,1%	1,5%	2,9%	7,1%	11,1%	7,1%	39,7%	8,9%	21,2%	0,3%	0,1%

151

Frequência % de Grau de Instrução por CNAE Grupo

ANO	CNAE Grupo	Analfabeto	Até a 5ª série inicial	5ª série completa	Da 6ª a 9ª série	Fundamental completo	Médio Incompleto	Médio Completo	Superior Incompleto	Superior Completo	Mestrado	Doutorado
2010	050 Extração de carvão mineral	0,4%	6,4%	8,9%	13,9%	15,7%	11,2%	35,7%	2,7%	5,1%	0,0%	0,0%
	060 Extração de petróleo e gás natural	0,0%	0,7%	0,2%	0,4%	2,1%	0,9%	56,8%	5,9%	32,7%	0,2%	0,1%
	072 Extração de minerais radioativos	0,0%	2,2%	13,3%	2,2%	15,6%	6,7%	60,0%	0,0%	0,0%	0,0%	0,0%
	089 Extração minerais fabricação adubos e sal marinho	1,4%	10,8%	8,0%	14,6%	12,6%	8,4%	34,4%	3,2%	6,7%	0,0%	0,0%
	091 Apoio à extração de petróleo e gás natural	0,0%	,3%	,5%	1,6%	5,0%	2,9%	62,9%	3,8%	22,6%	0,3%	0,0%
	171 Fabricação de celulose e outras pastas	0,3%	2,4%	3,1%	3,3%	9,8%	4,7%	46,2%	7,3%	22,5%	0,4%	0,1%
	172 Fabricação de papel	0,1%	3,2%	6,5%	8,8%	10,0%	5,8%	49,7%	4,4%	11,2%	0,1%	0,0%
	173 Fabricação de embalagens	0,2%	1,9%	4,0%	8,9%	15,9%	11,2%	48,4%	3,3%	6,0%	0,1%	0,0%
	174 Fabricação de produtos diversos do papel	0,1%	1,7%	2,8%	6,9%	14,2%	10,1%	51,4%	4,0%	8,7%	0,1%	0,0%
	191 Coquerias	0,7%	5,0%	5,9%	10,5%	9,8%	4,3%	41,1%	8,2%	14,5%	0,0%	0,0%
	192 Fabricação de produtos derivados do petróleo	0,0%	1,0%	,8%	1,6%	3,9%	2,0%	35,5%	5,2%	49,9%	0,1%	0,0%
	193 Fabricação de biocombustíveis	3,2%	16,8%	11,6%	17,4%	13,3%	7,9%	23,8%	1,9%	4,2%	0,0%	0,0%
	201 Fabricação de químicos inorgânicos	0,4%	2,5%	4,1%	8,4%	12,2%	6,3%	38,5%	6,3%	20,9%	0,3%	0,0%
	202 Fabricação de químicos orgânicos	0,2%	1,6%	2,3%	4,2%	7,0%	4,4%	46,3%	8,1%	25,2%	0,5%	0,1%
	203 Fabricação de resinas e elastômeros	0,0%	1,1%	1,7%	3,1%	8,9%	5,5%	46,9%	9,8%	22,4%	0,4%	0,1%
	204 Fabricação de resinas artificiais e sintéticas	0,0%	0,8%	2,2%	5,5%	14,6%	7,2%	53,7%	2,6%	13,2%	0,1%	0,1%
	205 Fabricação defensivos agrícolas	0,1%	1,8%	1,9%	3,9%	7,7%	5,9%	37,2%	5,9%	34,8%	0,6%	0,2%
	206 Fabricação de sabões e detergentes	0,2%	2,1%	2,8%	6,1%	11,0%	9,3%	54,8%	4,2%	9,5%	0,1%	0,0%
	207 Fabricação de tintas e vernizes	0,1%	1,7%	2,5%	5,3%	11,3%	8,2%	48,6%	7,4%	14,4%	0,3%	0,2%
	209 Fabricação de produtos químicos diversos	0,3%	3,3%	4,2%	6,2%	10,2%	6,5%	40,7%	6,8%	21,2%	0,4%	0,2%
	211 Fabricação de produtos farmoquímicos	0,1%	0,7%	1,1%	2,0%	6,5%	6,0%	45,4%	6,9%	30,7%	0,3%	0,3%
	212 Fabricação de produtos farmacêuticos	0,1%	0,7%	1,2%	2,5%	4,4%	5,5%	44,3%	10,4%	30,5%	0,2%	0,2%
	221 Fabricação de produtos de borracha	0,1%	2,1%	4,0%	9,1%	14,5%	9,1%	51,1%	3,6%	6,4%	0,0%	0,0%
	222 Fabricação de material plástico	0,2%	1,8%	3,3%	8,8%	16,0%	10,9%	50,6%	3,3%	5,0%	0,1%	0,0%
	231 Fabricação de vidro e produtos de vidro	0,3%	1,7%	3,0%	8,1%	13,5%	11,0%	51,8%	3,7%	6,9%	0,0%	0,0%
	352 Produção e distribuição de combustíveis gasosos	0,1%	0,3%	0,2%	1,2%	2,1%	1,5%	24,8%	6,0%	58,9%	4,8%	0,1%
	468 Com. atacadista em combustíveis e prod. químicos	0,2%	1,4%	2,7%	6,3%	10,4%	6,9%	41,0%	8,7%	22,0%	0,3%	0,1%

Tabela 3.2. Grau de Instrução por Faixa Salarial dos químicos de 2000 a 2010

Frequência % do Grau de Instrução pela Faixa Salarial (por Salários Mínimos)

ANO	Grau de Instrução	Faixa de renda em dezembro											
		Ignorado	Até 0,5	De 0,51 a 1,0	De 1,01 a 1,5	De 1,51 a 2,0	De 2,01 a 3,0	De 3,01 a 4,0	De 4,01 a 5,0	De 5,01 a 7,0	De 7,01 a 10,0	De 10,01 a 15,0	De 15,01 a 20,0	Mais de 20,01
2000	Analfabeto	37,50%	0,00%	4,50%	11,30%	9,50%	13,70%	7,90%	5,10%	4,60%	2,60%	1,70%	0,60%	1,00%
	Até a 5ª série incompleta	35,50%	0,00%	3,00%	7,30%	7,50%	14,30%	10,30%	6,50%	6,90%	4,30%	2,90%	0,60%	0,90%
	5ª série fundamental completa	23,60%	0,00%	1,60%	5,70%	7,30%	18,10%	13,60%	8,30%	9,30%	6,30%	4,10%	1,10%	1,10%
	6ª a 9ª série fundamental	23,60%	0,00%	1,50%	6,10%	8,40%	19,20%	12,70%	7,90%	8,60%	5,80%	4,00%	1,30%	0,80%
	Fundamental completo	22,60%	0,00%	1,20%	5,00%	7,90%	18,60%	12,50%	8,00%	9,60%	7,10%	4,50%	1,50%	1,50%
	Médio incompleto	22,20%	0,10%	1,40%	5,30%	7,50%	18,30%	11,70%	7,70%	9,30%	7,20%	5,10%	1,90%	2,10%
	Médio completo	19,60%	0,00%	0,70%	2,80%	4,30%	11,70%	10,10%	7,70%	11,70%	10,80%	10,10%	4,70%	5,80%
	Superior incompleto	18,60%	0,00%	0,20%	0,70%	1,20%	4,10%	4,90%	4,60%	10,00%	13,10%	15,40%	9,20%	18,10%
	Superior completo	20,00%	0,00%	0,10%	0,30%	0,60%	1,80%	1,70%	1,80%	4,30%	7,70%	12,70%	11,30%	37,70%
	Total	22,90%	0,00%	1,20%	4,50%	6,20%	14,80%	10,60%	7,10%	9,10%	7,60%	6,60%	3,20%	5,90%
2001	Analfabeto	34,10%	0,00%	6,40%	13,20%	11,20%	15,30%	7,90%	4,10%	3,50%	1,90%	1,10%	0,30%	1,10%
	Até a 5ª série incompleta	31,60%	0,00%	3,20%	9,20%	9,10%	17,40%	10,40%	6,00%	6,00%	3,90%	2,00%	0,50%	0,50%
	5ª série fundamental completa	24,20%	0,00%	1,60%	7,30%	8,90%	20,10%	12,80%	7,50%	8,00%	5,30%	2,70%	0,70%	0,80%
	6ª a 9ª série fundamental	25,20%	0,00%	1,50%	8,10%	9,50%	20,60%	11,70%	6,90%	7,20%	5,00%	3,00%	0,80%	0,60%
	Fundamental completo	23,90%	0,00%	1,40%	7,00%	9,00%	20,40%	11,60%	7,30%	8,40%	5,80%	3,20%	1,00%	1,10%
	Médio incompleto	23,40%	0,10%	1,50%	7,40%	9,20%	19,90%	11,00%	6,90%	8,10%	6,20%	3,70%	1,20%	1,30%
	Médio completo	19,20%	0,00%	0,70%	4,10%	5,40%	14,30%	10,50%	7,70%	10,90%	9,70%	8,00%	3,80%	5,70%
	Superior incompleto	18,60%	0,00%	0,20%	0,90%	1,60%	5,20%	5,50%	5,70%	11,00%	13,10%	14,50%	8,30%	15,30%
	Superior completo	16,70%	0,00%	0,10%	0,40%	0,70%	2,00%	2,00%	2,20%	4,90%	8,70%	13,80%	11,40%	37,10%
	Total	22,70%	0,00%	1,30%	5,90%	7,20%	16,40%	10,20%	6,70%	8,40%	7,00%	5,60%	2,80%	5,80%

Frequência % do Grau de Instrução pela Faixa Salarial (por Salários Mínimos)

ANO	Grau de Instrução	Faixa de renda em dezembro											
		Ignorado	Até 0,5	De 0,51 a 1,0	De 1,01 a 1,5	De 1,51 a 2,0	De 2,01 a 3,0	De 3,01 a 4,0	De 4,01 a 5,0	De 5,01 a 7,0	De 7,01 a 10,0	De 10,01 a 15,0	De 15,01 a 20,0	Mais de 20,01
2002	Analfabeto	36,20%	0,10%	7,20%	14,50%	10,20%	12,90%	6,40%	4,20%	3,20%	1,80%	1,40%	0,60%	1,30%
	Até a 5ª série incompleta	32,40%	0,10%	5,10%	11,10%	10,70%	15,80%	9,20%	5,20%	4,90%	3,20%	1,60%	0,40%	0,40%
	5ª série fundamental completa	26,30%	0,00%	2,00%	8,10%	9,20%	19,70%	12,10%	6,90%	7,20%	4,80%	2,50%	0,60%	0,60%
	6ª a 9ª série fundamental	26,50%	0,00%	1,70%	8,10%	9,80%	20,20%	11,50%	6,70%	6,90%	4,80%	2,80%	0,70%	0,50%
	Fundamental completo	24,20%	0,00%	1,30%	7,40%	9,10%	21,00%	11,70%	7,10%	7,80%	5,40%	3,00%	0,90%	1,00%
	Médio incompleto	23,60%	0,10%	1,70%	7,80%	9,50%	20,80%	11,10%	6,60%	7,40%	5,50%	3,40%	1,20%	1,20%
	Médio completo	19,00%	0,00%	0,70%	4,40%	5,60%	15,70%	11,00%	7,80%	10,10%	8,90%	7,40%	3,60%	5,70%
	Superior incompleto	19,10%	0,00%	0,20%	1,00%	1,80%	5,90%	5,70%	5,90%	11,00%	12,80%	14,10%	8,20%	14,20%
	Superior completo	17,20%	0,00%	0,10%	0,30%	0,50%	1,70%	1,80%	2,20%	4,70%	8,50%	13,80%	11,40%	37,80%
	Total	23,10%	0,00%	1,40%	6,20%	7,30%	16,50%	10,10%	6,50%	7,80%	6,60%	5,50%	2,80%	6,10%
2003	Analfabeto	41,90%	0,10%	9,80%	17,30%	10,10%	10,90%	4,50%	1,90%	1,90%	1,00%	0,40%	0,00%	0,10%
	Até a 5ª série incompleta	33,00%	0,00%	5,30%	12,30%	10,90%	15,40%	8,50%	4,80%	4,80%	2,90%	1,20%	0,30%	0,40%
	5ª série fundamental completa	28,10%	0,00%	2,30%	9,10%	10,30%	19,20%	11,10%	6,50%	6,50%	4,00%	1,90%	0,50%	0,50%
	6ª a 9ª série fundamental	25,10%	0,10%	1,80%	9,70%	11,00%	20,80%	11,20%	6,40%	6,40%	4,30%	2,30%	0,50%	0,40%
	Fundamental completo	22,90%	0,00%	1,60%	8,80%	10,50%	21,30%	11,50%	6,70%	7,20%	5,10%	2,90%	0,70%	0,70%
	Médio incompleto	22,60%	0,30%	2,10%	9,40%	11,20%	21,30%	10,40%	6,10%	6,70%	4,90%	3,10%	1,00%	1,00%
	Médio completo	17,50%	0,00%	0,90%	5,40%	7,00%	17,00%	11,00%	7,60%	9,90%	8,40%	6,80%	2,90%	5,50%
	Superior incompleto	16,40%	0,00%	0,30%	1,40%	2,50%	7,30%	7,00%	6,90%	11,60%	12,70%	13,40%	7,50%	13,10%
	Superior completo	15,00%	0,00%	0,10%	0,40%	0,60%	1,90%	2,10%	2,70%	5,80%	9,60%	15,20%	11,40%	35,30%
	Total	21,70%	0,10%	1,60%	7,20%	8,30%	16,80%	9,80%	6,30%	7,60%	6,40%	5,40%	2,70%	6,00%

ANO	Grau de Instrução	Frequência % do Grau de Instrução pela Faixa Salarial (por Salários Mínimos)											
		Faixa de renda em dezembro											
		Igno-rado	Até 0,5	De 0,51 a 1,0	De 1,01 a 1,5	De 1,51 a 2,0	De 2,01 a 3,0	De 3,01 a 4,0	De 4,01 a 5,0	De 5,01 a 7,0	De 7,01 a 10,0	De 10,01 a 15,0	De 15,01 a 20,0	Mais de 20,01
2004	Analfabeto	5,70%	0,10%	14,40%	33,80%	20,30%	16,10%	4,60%	2,00%	1,80%	0,70%	0,30%	0,10%	0,00%
	Até a 5ª série incompleta	4,50%	0,10%	7,70%	20,20%	17,30%	21,90%	10,90%	6,10%	5,70%	3,30%	1,60%	0,40%	0,40%
	5ª série fundamental completa	3,60%	0,00%	2,90%	13,10%	14,40%	26,80%	14,40%	8,40%	8,20%	4,90%	2,20%	0,50%	0,50%
	6ª a 9ª série fundamental	3,20%	0,10%	2,60%	13,20%	15,20%	27,80%	14,20%	7,80%	7,70%	4,90%	2,60%	0,50%	0,30%
	Fundamental completo	2,80%	0,00%	1,80%	10,90%	14,40%	28,30%	14,30%	8,10%	8,40%	5,80%	3,30%	1,00%	0,90%
	Médio incompleto	2,30%	0,30%	2,50%	12,60%	15,50%	28,30%	12,90%	7,20%	7,80%	5,40%	3,40%	1,00%	0,90%
	Médio completo	1,60%	0,00%	0,90%	6,90%	9,70%	22,50%	13,60%	8,90%	11,20%	9,30%	7,10%	3,10%	5,10%
	Superior incompleto	0,90%	0,00%	0,30%	1,70%	3,70%	9,60%	9,00%	8,40%	13,90%	15,20%	15,40%	8,20%	13,50%
	Superior completo	1,20%	0,00%	0,10%	0,40%	0,80%	2,50%	2,70%	3,30%	6,80%	11,40%	17,00%	13,50%	40,30%
	Total	2,30%	0,10%	1,90%	9,20%	11,30%	22,20%	12,20%	7,60%	9,10%	7,60%	6,30%	3,30%	7,00%
2005	Analfabeto	6,80%	0,10%	14,30%	34,40%	18,80%	16,50%	5,20%	2,20%	1,10%	0,40%	0,20%	0,00%	0,10%
	Até a 5ª série incompleta	5,60%	0,10%	7,70%	23,60%	16,40%	22,50%	10,30%	5,20%	4,30%	2,60%	1,20%	0,30%	0,30%
	5ª série fundamental completa	4,80%	0,00%	3,10%	15,20%	15,50%	28,00%	13,70%	7,40%	6,30%	3,70%	1,60%	0,40%	0,40%
	6ª a 9ª série fundamental	4,10%	0,10%	2,80%	15,80%	16,20%	27,60%	13,30%	7,20%	6,40%	3,90%	1,90%	0,40%	0,20%
	Fundamental completo	3,50%	0,00%	2,00%	13,60%	15,80%	28,70%	13,40%	7,20%	7,20%	4,80%	2,50%	0,70%	0,60%
	Médio incompleto	2,70%	0,40%	3,00%	16,00%	16,60%	27,90%	11,90%	6,40%	6,70%	4,50%	2,50%	0,80%	0,70%
	Médio completo	2,00%	0,00%	1,10%	8,60%	10,80%	24,10%	13,50%	8,40%	10,30%	8,30%	5,90%	2,60%	4,40%
	Superior incompleto	1,10%	0,00%	0,40%	2,50%	4,60%	11,50%	10,50%	9,10%	14,40%	14,40%	13,50%	7,60%	10,40%
	Superior completo	1,30%	0,00%	0,10%	0,50%	1,00%	3,00%	3,30%	3,80%	7,80%	12,40%	17,30%	13,50%	35,90%
	Total	2,80%	0,10%	2,00%	10,90%	12,00%	22,80%	11,90%	7,20%	8,40%	7,00%	5,70%	3,10%	6,30%

Frequência % do Grau de Instrução pela Faixa Salarial (por Salários Mínimos)

ANO	Grau de Instrução	Faixa de renda em dezembro											
		Ignorado	Até 0,5	De 0,51 a 1,0	De 1,01 a 1,5	De 1,51 a 2,0	De 2,01 a 3,0	De 3,01 a 4,0	De 4,01 a 5,0	De 5,01 a 7,0	De 7,01 a 10,0	De 10,01 a 15,0	De 15,01 a 20,0	Mais de 20,01
2006	Analfabeto	9,40%	0,10%	18,10%	34,90%	18,60%	12,70%	3,40%	1,60%	0,70%	0,30%	0,10%	0,00%	0,00%
	Até a 5ª série incompleta	6,80%	0,10%	8,70%	25,10%	18,80%	20,30%	8,90%	4,20%	3,60%	2,00%	1,00%	0,30%	0,40%
	5ª série fundamental completa	6,10%	0,00%	4,30%	18,20%	19,10%	24,00%	12,10%	6,10%	5,50%	3,00%	1,10%	0,30%	0,30%
	6ª a 9ª série fundamental	4,90%	0,10%	3,50%	19,20%	19,40%	24,60%	11,80%	5,90%	5,60%	3,20%	1,30%	0,30%	0,10%
	Fundamental completo	4,30%	0,10%	2,40%	16,70%	20,40%	25,00%	11,80%	6,30%	6,50%	3,90%	1,80%	0,50%	0,50%
	Médio incompleto	3,50%	0,40%	3,80%	20,00%	20,80%	23,50%	10,60%	5,40%	5,60%	3,60%	1,90%	0,50%	0,50%
	Médio completo	2,30%	0,00%	1,30%	11,10%	15,20%	22,90%	12,40%	7,70%	9,40%	7,00%	4,80%	2,10%	4,00%
	Superior incompleto	1,10%	0,00%	0,50%	3,60%	6,10%	12,90%	11,10%	8,90%	14,20%	13,50%	12,40%	6,40%	9,30%
	Superior completo	1,00%	0,00%	0,10%	0,70%	1,20%	3,30%	3,80%	4,00%	8,40%	12,80%	18,40%	13,70%	32,40%
	Mestrado	1,50%		0,20%	1,50%	0,90%	0,80%	0,80%	2,30%	4,60%	9,90%	17,20%	15,00%	45,50%
	Doutorado	2,50%		0,20%		0,70%	0,50%	0,70%	2,20%	2,50%	8,10%	14,70%	16,70%	51,10%
	Total	3,20%	0,10%	2,30%	13,10%	15,20%	20,50%	10,80%	6,40%	7,80%	6,40%	5,30%	2,90%	6,00%
2007	Analfabeto	8,30%	0,00%	15,20%	38,60%	18,80%	13,10%	3,50%	1,40%	0,70%	0,20%	0,10%	0,00%	0,00%
	Até a 5ª série incompleta	7,20%	0,10%	7,60%	25,60%	19,80%	20,40%	8,90%	4,10%	3,30%	1,70%	0,70%	0,30%	0,30%
	5ª série fundamental completa	7,10%	0,10%	4,10%	17,10%	18,90%	24,90%	11,90%	5,90%	5,50%	2,80%	1,10%	0,40%	0,30%
	6ª a 9ª série fundamental	5,50%	0,10%	3,30%	19,30%	20,20%	24,60%	11,40%	5,70%	5,40%	3,00%	1,20%	0,20%	0,10%
	Fundamental completo	4,60%	0,10%	2,50%	17,10%	21,00%	24,80%	11,40%	5,90%	6,00%	3,70%	1,80%	0,60%	0,50%
	Médio incompleto	3,60%	0,50%	3,70%	20,30%	22,30%	23,40%	10,10%	5,10%	5,30%	3,20%	1,60%	0,50%	0,40%
	Médio completo	2,40%	0,00%	1,30%	11,60%	16,40%	22,90%	12,50%	7,50%	8,70%	6,70%	4,50%	1,90%	3,70%
	Superior incompleto	1,20%	0,00%	0,50%	3,50%	6,70%	13,40%	11,30%	9,10%	14,10%	13,40%	11,80%	6,20%	8,90%
	Superior completo	1,10%	0,00%	0,10%	0,70%	1,50%	3,80%	4,20%	4,30%	9,10%	13,40%	17,00%	13,60%	31,30%
	Mestrado	1,30%	0,00%	0,30%	1,30%	0,60%	2,10%	2,10%	2,50%	6,20%	8,90%	17,70%	14,00%	42,90%
	Doutorado	1,20%	0,00%	0,00%	0,60%	0,90%	2,30%	1,70%	0,60%	4,10%	4,40%	12,50%	22,40%	49,40%
	Total	3,40%	0,10%	2,20%	13,20%	16,00%	20,60%	10,70%	6,30%	7,60%	6,30%	5,00%	2,80%	5,80%

ANO	Grau de Instrução	Frequência % do Grau de Instrução pela Faixa Salarial (por Salários Mínimos)											
		Faixa de renda em dezembro											
		Ignorado	Até 0,5	De 0,51 a 1,0	De 1,01 a 1,5	De 1,51 a 2,0	De 2,01 a 3,0	De 3,01 a 4,0	De 4,01 a 5,0	De 5,01 a 7,0	De 7,01 a 10,0	De 10,01 a 15,0	De 15,01 a 20,0	Mais de 20,01
2009	Analfabeto	10,40%	0,10%	9,00%	39,60%	21,40%	13,50%	3,60%	1,20%	1,00%	0,20%	0,00%	0,00%	0,00%
	Até a 5ª série incompleta	8,10%	0,10%	6,00%	26,80%	20,90%	21,40%	7,90%	3,50%	2,70%	1,40%	0,70%	0,30%	0,20%
	5ª série fundamental completa	7,20%	0,00%	3,50%	19,50%	20,30%	24,40%	11,70%	5,50%	4,60%	2,20%	0,80%	0,20%	0,20%
	6ª a 9ª série fundamental	6,30%	0,10%	3,50%	20,70%	20,60%	24,30%	11,10%	5,40%	4,60%	2,50%	0,70%	0,10%	0,10%
	Fundamental completo	4,80%	0,00%	2,60%	18,70%	21,50%	24,50%	11,50%	5,90%	5,40%	3,10%	1,30%	0,40%	0,40%
	Médio incompleto	3,70%	0,50%	4,40%	22,00%	22,60%	23,10%	9,90%	4,90%	4,50%	2,60%	1,10%	0,30%	0,30%
	Médio completo	2,40%	0,00%	1,40%	12,80%	17,50%	23,20%	12,60%	7,40%	8,30%	5,80%	3,70%	1,70%	3,20%
	Superior incompleto	1,50%	0,00%	0,60%	4,60%	8,00%	15,70%	12,40%	9,70%	13,50%	11,90%	9,80%	5,70%	6,40%
	Superior completo	1,40%	0,00%	0,10%	0,90%	1,70%	4,50%	5,00%	4,90%	10,00%	13,40%	16,20%	12,40%	29,40%
	Mestrado	1,80%	0,00%	0,30%	1,30%	1,60%	2,80%	2,30%	3,00%	7,50%	9,60%	16,00%	14,20%	39,80%
	Doutorado	3,10%	0,00%	0,00%	0,50%	0,90%	1,10%	1,50%	1,30%	6,00%	11,60%	15,40%	15,10%	43,60%
	Total	3,40%	0,10%	2,00%	13,90%	16,40%	20,60%	10,90%	6,40%	7,40%	5,90%	4,60%	2,80%	5,70%
2010	Analfabeto	9,90%	0,10%	10,10%	37,30%	23,00%	14,30%	3,10%	1,40%	0,60%	0,20%	0,00%	0,00%	0,00%
	Até a 5ª série incompleta	8,10%	0,10%	5,30%	24,90%	22,60%	22,30%	8,20%	3,50%	2,70%	1,40%	0,70%	0,20%	0,10%
	5ª série fundamental completa	7,70%	0,00%	2,80%	18,50%	20,70%	24,90%	11,90%	5,70%	4,50%	2,10%	0,80%	0,20%	0,20%
	6ª a 9ª série fundamental	6,10%	0,10%	2,90%	19,80%	21,40%	25,00%	11,20%	5,60%	4,40%	2,40%	0,80%	0,10%	0,10%
	Fundamental completo	4,90%	0,00%	2,30%	18,00%	22,40%	24,60%	11,40%	5,90%	5,30%	2,90%	1,40%	0,40%	0,30%
	Médio incompleto	3,80%	0,50%	4,40%	21,30%	24,00%	23,40%	9,60%	4,70%	4,20%	2,30%	1,10%	0,30%	0,30%
	Médio completo	2,40%	0,00%	1,40%	12,50%	18,70%	23,70%	12,50%	7,50%	8,40%	5,50%	3,60%	1,60%	2,20%
	Superior incompleto	1,30%	0,00%	0,60%	4,30%	8,50%	16,50%	12,80%	9,80%	13,50%	11,70%	10,40%	5,20%	5,50%
	Superior completo	1,10%	0,00%	0,10%	0,80%	2,00%	5,00%	5,40%	5,40%	10,40%	13,70%	17,70%	13,90%	24,30%
	Mestrado	1,70%	0,00%	0,20%	1,20%	2,50%	3,80%	3,50%	2,90%	6,20%	10,00%	17,00%	13,60%	37,30%
	Doutorado	2,40%	0,00%	0,10%	0,30%	1,00%	1,80%	1,80%	1,60%	5,10%	9,40%	19,00%	16,00%	41,50%
	Total	3,30%	0,10%	1,90%	13,20%	17,30%	21,00%	10,90%	6,50%	7,50%	5,80%	4,90%	2,90%	4,70%

Fonte: RAIS. Exceto 2008.

Tabela 4. Horas contratadas para químicos e não químicos de 2000 a 2010.

Comparação da Frequência % Horas contratadas entre Químicos e Não Químicos			
Ano	Faixa de Horas	Químicos	Não químicos
2000	Menos de 15 h	0,1	0,9
	De 15 a 24 h	0,2	3,8
	De 25 a 34 h	1,1	5,5
	De 35 a 39 h	4,7	3,5
	40 horas	7,4	14,2
	De 41 a 44 h	86,5	72,1
	De 45 a 48 h	0,0	0,0
	Mais de 48 h	0,0	0,0
2001	Menos de 15 h	0,1	1,0
	De 15 a 24 h	0,2	3,6
	De 25 a 34 h	1,2	5,9
	De 35 a 39 h	4,6	3,4
	40 horas	7,4	13,6
	De 41 a 44 h	86,4	72,6
	De 45 a 48 h	0,0	0,0
	Mais de 48 h	0,0	0,0
2002	Menos de 15 h	0,1	1,1
	De 15 a 24 h	0,2	3,4
	De 25 a 34 h	1,2	5,5
	De 35 a 39 h	4,5	3,6
	40 horas	7,6	13,0
	De 41 a 44 h	86,3	73,4
	De 45 a 48 h	0,0	0,0
	Mais de 48 h	0,0	0,0
2003	Menos de 15 h	0,1	1,0
	De 15 a 24 h	0,3	3,5
	De 25 a 34 h	1,3	5,5
	De 35 a 39 h	4,6	3,7
	40 horas	7,3	13,4
	De 41 a 44 h	86,4	72,9
	De 45 a 48 h	0,0	0,0
	Mais de 48 h	0,0	0,0

Comparação da Frequência % Horas contratadas entre Químicos e Não Químicos			
Ano	Faixa de Horas	Químicos	Não químicos
2004	Menos de 15 h	0,1	1,0
	De 15 a 24 h	0,3	3,5
	De 25 a 34 h	1,5	5,5
	De 35 a 39 h	5,2	3,7
	40 horas	7,7	13,4
	De 41 a 44 h	85,2	72,9
	De 45 a 48 h	0,0	0,0
	Mais de 48 h	0,0	0,0
2005	Menos de 15 h	0,1	1,0
	De 15 a 24 h	0,3	3,7
	De 25 a 34 h	1,6	5,5
	De 35 a 39 h	5,1	4,4
	40 horas	7,8	15,9
	De 41 a 44 h	85,2	69,6
	De 45 a 48 h	0,0	0,0
	Mais de 48 h	0,0	0,0
2006	Menos de 15 h	0,1	1,0
	De 15 a 24 h	0,3	3,6
	De 25 a 34 h	1,8	5,3
	De 35 a 39 h	4,9	4,4
	40 horas	8,6	15,8
	De 41 a 44 h	84,3	69,9
	De 45 a 48 h	0,0	0,0
	Mais de 48 h	0,0	0,0
2007	Menos de 15 h	0,1	1,0
	De 15 a 24 h	0,4	3,8
	De 25 a 34 h	1,8	5,2
	De 35 a 39 h	4,7	4,4
	40 horas	8,4	15,3
	De 41 a 44 h	84,7	70,2
	De 45 a 48 h	0,0	0,0
	Mais de 48 h	0,0	0,0

Comparação da Frequência % Horas contratadas entre Químicos e Não Químicos.			
Ano	Faixa de Horas	Químicos	Não químicos
2008	Menos de 15 h	0,1	0,9
	De 15 a 24 h	0,4	3,6
	De 25 a 34 h	0,7	5,1
	De 35 a 39 h	4,2	4,6
	40 horas	7,1	14,8
	De 41 a 44 h	87,5	70,9
	De 45 a 48 h	0,0	0,0
	Mais de 48 h	0,0	0,0
2009	Menos de 15 h	0,1	0,9
	De 15 a 24 h	0,5	3,6
	De 25 a 34 h	1,9	5,1
	De 35 a 39 h	5,0	4,6
	40 horas	9,8	14,8
	De 41 a 44 h	82,7	70,9
	De 45 a 48 h	0,0	0,0
	Mais de 48 h	0,0	0,0
2010	Menos de 15 h	0,1	0,8
	De 15 a 24 h	0,6	3,5
	De 25 a 34 h	1,7	5,1
	De 35 a 39 h	5,1	4,7
	40 horas	9,9	14,4
	De 41 a 44 h	82,6	71,5
	De 45 a 48 h	0,0	0,0
	Mais de 48 h	0,0	0,0

Fonte: RAIS

Tabela 5. Faixas etárias entre trabalhadores químicos e não químicos

Comparação da Frequência % Idade entre Químicos e Não Químicos			
Ano	Idade	Químicos	Não Químicos
2000	14 a 19 anos	4,9	5,8
	20 a 29 anos	37,6	34,4
	30 a 39 anos	32,4	29,6
	40 a 49 anos	18,6	19,8
	50 a 59 anos	5,4	8,0
	60 a 69 anos	1,0	2,0
	70 a 80 anos	0,1	0,2
	Outras idades	0,0	0,0
2001	14 a 19 anos	4,5	5,3
	20 a 29 anos	38,0	34,8
	30 a 39 anos	32,0	29,6
	40 a 49 anos	18,8	20,0
	50 a 59 anos	5,6	8,2
	60 a 69 anos	1,0	1,9
	70 a 80 anos	0,1	0,2
	Outras idades	0,0	0,0
2002	14 a 19 anos	4,1	5,0
	20 a 29 anos	38,5	35,5
	30 a 39 anos	31,5	29,3
	40 a 49 anos	19,0	19,8
	50 a 59 anos	5,8	8,3
	60 a 69 anos	1,0	1,9
	70 a 80 anos	0,1	0,2
	Outras idades	0,0	0,0
2003	14 a 19 anos	3,8	4,6
	20 a 29 anos	38,2	35,2
	30 a 39 anos	31,2	29,0
	40 a 49 anos	19,6	20,3
	50 a 59 anos	6,2	8,7
	60 a 69 anos	1,0	1,9
	70 a 80 anos	0,1	0,2
	Outras idades	0,0	0,0

Comparação da Frequência % Idade entre Químicos e Não Químicos			
Ano	Idade	Químicos	Não Químicos
2004	14 a 19 anos	3,7	4,2
	20 a 29 anos	37,4	32,9
	30 a 39 anos	31,2	29,4
	40 a 49 anos	20,3	21,7
	50 a 59 anos	6,4	9,5
	60 a 69 anos	0,9	2,0
	70 a 80 anos	0,1	0,2
	Outras idades	0,0	0,0
2005	14 a 19 anos	3,6	4,2
	20 a 29 anos	37,2	32,9
	30 a 39 anos	30,9	28,9
	40 a 49 anos	20,5	21,8
	50 a 59 anos	6,8	9,9
	60 a 69 anos	0,9	2,0
	70 a 80 anos	0,1	0,2
	Outras idades	0,0	0,0
2006	14 a 19 anos	3,5	4,2
	20 a 29 anos	36,9	32,7
	30 a 39 anos	30,7	28,7
	40 a 49 anos	20,5	21,9
	50 a 59 anos	7,3	10,2
	60 a 69 anos	1,0	2,1
	70 a 80 anos	0,1	0,2
	Outras idades	0,0	0,0
2007	14 a 19 anos	3,8	4,3
	20 a 29 anos	36,6	32,7
	30 a 39 anos	30,5	28,5
	40 a 49 anos	20,3	21,6
	50 a 59 anos	7,6	10,5
	60 a 69 anos	1,0	2,2
	70 a 80 anos	0,1	0,2
	Outras idades	0,0	0,0

Comparação da Frequência % Idade entre Químicos e Não Químicos			
Ano	Idade	Químicos	Não Químicos
2008	14 a 19 anos	3,8	4,3
	20 a 29 anos	36,8	32,4
	30 a 39 anos	30,9	28,4
	40 a 49 anos	19,8	21,5
	50 a 59 anos	7,5	10,9
	60 a 69 anos	1,1	2,2
	70 a 80 anos	0,1	0,2
	Outras idades	0,0	0,0
2009	14 a 19 anos	3,4	4,1
	20 a 29 anos	35,6	32,1
	30 a 39 anos	31,0	28,7
	40 a 49 anos	20,3	21,5
	50 a 59 anos	8,5	11,1
	60 a 69 anos	1,2	2,4
	70 a 80 anos	0,1	0,2
	Outras idades	0,0	0,0
2010	14 a 19 anos	3,7	4,3
	20 a 29 anos	35,0	31,7
	30 a 39 anos	31,2	28,7
	40 a 49 anos	19,9	21,2
	50 a 59 anos	8,9	11,3
	60 a 69 anos	1,3	2,5
	70 a 80 anos	0,1	0,2
	Outras idades	0,0	0,0

Fonte: RAIS, MTE.

Tabela 5.1. Divisão das CNAES químicas por faixa etária de 2006 a 2010

ANO	Divisão CNAE	Frequência % da faixa etária (em anos) por divisão CNAE						
		14 a 19	20 a 29	30 a 39	40 a 49	50 a 59	60 a 69	70 a 80
2006	5 — Extração de carvão mineral	2,0%	29,9%	29,8%	29,6%	7,4%	1,2%	0,1%
	6 — Extração de petróleo e gás natural	0,2%	18,6%	17,9%	44,4%	18,2%	0,7%	0,0%
	7 — Extração de minerais radioativos	0,3%	18,1%	25,9%	36,1%	16,9%	2,7%	0,0%
	8 — Extração de minerais para adubos e sal marinho	2,1%	30,1%	30,1%	25,3%	10,3%	2,0%	0,1%
	9 — Atividades de apoio à extração de petróleo e gás	,4%	23,6%	24,0%	32,0%	18,3%	1,5%	0,1%
	17 — Fabricação de celulose, papel e produtos de papel	4,2%	37,7%	31,0%	19,8%	6,2%	0,9%	0,1%
	19 — Fabricação de coque, de produtos derivados do petróleo e de biocombustíveis	2,9%	32,8%	28,9%	24,0%	9,7%	1,5%	0,2%
	20 — Fabricação de produtos químicos	2,7%	34,2%	32,2%	21,9%	7,8%	1,0%	0,1%
	21 — Fabricação de produtos farmoquímicos e farmacêuticos	2,5%	38,8%	34,6%	17,8%	5,4%	0,9%	0,1%
	22 — Fabricação de produtos de borracha e de material plástico	4,9%	41,8%	29,9%	16,9%	5,5%	0,8%	0,1%
	23 — Fabricação de vidro	3,5%	38,7%	31,4%	19,1%	6,4%	0,8%	0,1%
	35 — Fabricação de gás	,5%	27,9%	35,8%	24,8%	9,5%	1,4%	,1%
	46 — Comércio por atacado de produtos químicos/combustíveis/gás	2,0%	31,4%	33,5%	22,9%	8,9%	1,2%	,1%
2007	5 — Extração de carvão mineral	2,2%	30,1%	29,7%	28,2%	8,5%	1,3%	0,1%
	6 — Extração de petróleo e gás natural	,2%	18,2%	18,5%	40,8%	21,4%	0,8%	0,1%
	7 — Extração de minerais radioativos	,2%	13,7%	20,9%	25,9%	30,7%	8,3%	0,4%
	8 — Extração de minerais para adubos e sal marinho	2,4%	29,7%	30,4%	24,7%	10,6%	2,0%	0,2%
	9 — Atividades de apoio à extração de petróleo e gás	,7%	28,0%	27,1%	27,9%	15,0%	1,3%	0,1%
	17 — Fabricação de celulose, papel e produtos de papel	4,4%	37,0%	30,9%	19,8%	6,7%	1,0%	0,1%
	19 — Fabricação de coque, de produtos derivados do petróleo e de biocombustíveis	3,3%	33,5%	28,4%	23,2%	10,0%	1,5%	0,1%
	20 — Fabricação de produtos químicos	2,8%	34,2%	31,7%	21,8%	8,2%	1,1%	0,1%
	21 — Fabricação de produtos farmoquímicos e farmacêuticos	2,4%	37,3%	34,9%	18,5%	5,8%	0,9%	0,1%
	22 — Fabricação de produtos de borracha e de material plástico	5,3%	41,3%	29,6%	17,1%	5,8%	0,8%	0,1%
	23 — Fabricação de vidro	3,7%	37,3%	31,8%	19,3%	6,8%	0,9%	0,1%
	35 – Produção de gás	1,5%	28,1%	36,7%	22,6%	9,5%	1,5%	0,2%
	46 — Comércio por atacado de produtos químicos/combustíveis/gás	2,2%	31,3%	33,4%	22,6%	9,1%	1,3%	0,1%

ANO	Frequência % da faixa etária (em anos) por divisão CNAE							
	Divisão CNAE	14 a 19	20 a 29	30 a 39	40 a 49	50 a 59	60 a 69	70 a 80
2008	17 — Fabricação de celulose, papel e produtos de papel	4,3%	36,3%	31,0%	20,2%	7,1%	1,0%	0,1%
	19 — Fabricação de coque, de produtos derivados do petróleo e de biocombustíveis	3,0%	34,6%	28,3%	22,4%	10,1%	1,5%	0,1%
	20 — Fabricação de produtos químicos	2,9%	33,8%	31,7%	21,6%	8,6%	1,2%	0,1%
	21 — Fabricação de produtos farmoquímicos e farmacêuticos	2,5%	37,1%	35,4%	18,3%	5,6%	0,9%	0,1%
	22 — Fabricação de produtos de borracha e de material plástico	5,0%	40,5%	29,8%	17,6%	6,2%	0,9%	0,1%
	23 — Fabricação de vidro	3,5%	37,2%	31,6%	19,4%	7,3%	0,9%	0,1%
	35 — Produção de gás	0,7%	28,2%	37,4%	21,9%	9,9%	1,7%	0,2%
	46 — Comércio por atacado de produtos químicos/combustíveis/gás	2,5%	30,8%	33,1%	22,6%	9,5%	1,4%	0,1%
2009	5 — Extração de carvão mineral	1,2%	31,4%	29,6%	26,8%	9,7%	1,2%	0,1%
	6 — Extração de petróleo e gás natural	,1%	18,6%	22,5%	31,6%	25,8%	1,2%	0,1%
	7 — Extração de minerais radioativos	,4%	16,5%	21,3%	19,1%	32,2%	9,1%	1,4%
	8 — Extração de minerais para adubos e sal marinho	2,0%	28,3%	30,1%	24,9%	11,7%	2,7%	0,2%
	9 — Atividades de apoio à extração de petróleo e gás	0,8%	26,4%	29,7%	22,4%	18,5%	2,1%	0,2%
	17 — Fabricação de celulose, papel e produtos de papel	4,1%	35,6%	31,3%	20,5%	7,3%	1,0%	0,1%
	19 — Fabricação de coque, de produtos derivados do petróleo e de biocombustíveis	2,6%	34,5%	28,7%	22,1%	10,5%	1,5%	0,1%
	20 — Fabricação de produtos químicos	2,8%	33,6%	32,0%	21,4%	8,8%	1,2%	0,1%
	21 — Fabricação de produtos farmoquímicos e farmacêuticos	2,5%	36,2%	35,5%	18,8%	5,9%	0,9%	0,1%
	22 — Fabricação de produtos de borracha e de material plástico	4,6%	39,8%	30,3%	17,9%	6,4%	0,9%	0,1%
	23 — Fabricação de vidro	3,2%	37,5%	32,0%	19,0%	7,2%	0,9%	0,1%
	35 – Fabricação de gás	0,6%	26,0%	40,2%	20,6%	10,7%	1,7%	0,2%
	46 — Comércio por atacado de produtos químicos/combustíveis/gás	2,4%	31,1%	33,0%	22,2%	9,7%	1,5%	0,1%
2010	5 — Extração de carvão mineral	1,7%	31,4%	30,1%	25,4%	9,8%	1,5%	0,1%
	6 — Extração de petróleo e gás natural	,1%	19,5%	25,0%	27,6%	26,0%	1,7%	0,1%
	7 — Extração de minerais radioativos	8,9%	26,7%	17,8%	35,6%	11,1%	0,0%	0,0%
	8 — Extração de minerais para adubos e sal marinho	2,1%	28,8%	30,3%	23,7%	12,1%	2,8%	0,3%
	9 — Atividades de apoio à extração de petróleo e gás	1,6%	34,0%	36,5%	18,0%	8,6%	1,2%	0,1%
	17 — Fabricação de celulose, papel e produtos de papel	4,4%	34,8%	31,2%	20,4%	7,8%	1,2%	0,1%

ANO	Frequência % da faixa etária (em anos) por divisão CNAE							
	Divisão CNAE	14 a 19	20 a 29	30 a 39	40 a 49	50 a 59	60 a 69	70 a 80
2010	19 — Fabricação de coque, de produtos derivados do petróleo e de biocombustíveis	2,3%	31,9%	28,9%	21,6%	13,2%	1,9%	0,2%
	20 — Fabricação de produtos químicos	2,9%	33,4%	32,1%	20,9%	9,3%	1,3%	0,1%
	21 — Fabricação de produtos farmoquímicos e farmacêuticos	2,5%	35,0%	36,0%	19,1%	6,3%	1,0%	0,1%
	22 — Fabricação de produtos de borracha e de material plástico	5,1%	38,8%	30,3%	17,9%	6,8%	1,0%	0,1%
	23 — Fabricação de vidro	4,0%	37,6%	31,2%	19,0%	7,1%	0,9%	0,1%
	35 — Produção de gás	,8%	23,5%	41,6%	20,7%	11,3%	1,9%	0,1%
	46 — Comércio por atacado de produtos químicos/combustíveis/gás	2,4%	30,9%	32,5%	21,9%	10,5%	1,7%	0,1%

Fonte: RAIS — MTE

Tabela 6. Distribuição dos trabalhadores químicos e não químicos por região

Comparação da Frequência % por Região entre Químicos e Não químicos			
Ano	Região	Químicos	Não Químicos
2000	Nordeste	10,9	16,7
	Sudeste	65,0	56,5
	Sul	20,3	18,7
	Centro-Oeste	3,8	8,1
2001	Norte	1,8	4,3
	Nordeste	10,5	16,1
	Sudeste	62,8	53,7
	Sul	20,7	17,9
	Centro-Oeste	4,3	8,0
2002	Norte	1,7	3,9
	Nordeste	10,4	15,6
	Sudeste	63,3	55,5
	Sul	19,6	17,2
	Centro-Oeste	5,0	7,9
2003	Norte	2,1	4,7
	Nordeste	10,5	16,7
	Sudeste	61,4	52,0
	Sul	20,7	18,1
	Centro-Oeste	5,4	8,4

Comparação da Frequência % por Região entre Químicos e Não químicos			
Ano	Região	Químicos	Não Químicos
2004	Norte	2,5	4,9
	Nordeste	10,7	17,3
	Sudeste	61,7	51,4
	Sul	20,8	18,0
	Centro-Oeste	4,3	8,4
2005	Norte	2,8	4,9
	Nordeste	11,0	17,3
	Sudeste	61,4	51,4
	Sul	20,4	18,0
	Centro-Oeste	4,4	8,4
2006	Norte	2,4	5,0
	Nordeste	12,0	17,5
	Sudeste	60,7	51,4
	Sul	20,1	17,7
	Centro-Oeste	4,7	8,3
2007	Norte	2,4	5,3
	Nordeste	12,0	17,5
	Sudeste	60,0	51,7
	Sul	20,4	17,3
	Centro-Oeste	5,2	8,2
2008	Norte	2,5	5,3
	Nordeste	10,6	17,5
	Sudeste	60,8	51,7
	Sul	20,4	17,2
	Centro-Oeste	5,8	8,3
2009	Norte	2,3	5,4
	Nordeste	12,0	17,9
	Sudeste	60,5	51,1
	Sul	19,4	17,2
	Centro-Oeste	5,4	8,4
2010	Norte	2,4	5,5
	Nordeste	12,0	18,1
	Sudeste	60,3	51,0
	Sul	19,2	17,2
	Centro-Oeste	6,0	8,3

Fonte: RAIS — MTE

Tabela 6.1. Distribuição dos trabalhadores químicos e não químicos por UF (Estado)

	Comparação da Frequência % por Unidade Federativa entre Químicos e Não Químicos		
ANO	Unidade Federativa	Químicos	Não Químicos
2000	Maranhão	0,6	1,1
	Piauí	0,6	0,8
	Ceará	1,3	2,7
	Rio Grande do Norte	0,9	1,2
	Paraíba	0,7	1,2
	Pernambuco	2,2	3,4
	Alagoas	0,9	1,0
	Sergipe	0,5	0,8
	Bahia	3,1	4,6
	Minas Gerais	7,4	12,1
	Espírito Santo	0,8	2,0
	Rio de Janeiro	9,8	10,4
	São Paulo	46,9	32,0
	Paraná	6,7	6,6
	Santa Catarina	5,7	4,5
	Rio Grande do Sul	7,9	7,5
	Mato Grosso do Sul	0,6	1,3
	Mato Grosso	0,8	1,4
	Goiás	2,3	2,7
	Distrito Federal	0,2	2,7
2001	**Rondônia**	**0,1**	**0,6**
	Acre	0,0	0,2
	Amazonas	0,9	0,9
	Roraima	0,0	0,1
	Pará	0,6	1,8
	Amapá	0,1	0,2
	Tocantins	0,1	0,4
	Maranhão	0,4	1,1
	Piauí	0,6	0,7
	Ceará	1,3	2,6
	Rio Grande do Norte	0,8	1,2
	Paraíba	0,7	1,2
	Pernambuco	2,1	3,2
	Alagoas	0,9	1,0
	Sergipe	0,5	0,8
	Bahia	3,2	4,3
	Minas Gerais	7,4	11,4
	Espírito Santo	0,7	1,7
	Rio de Janeiro	9,3	10,0
	São Paulo	45,4	30,6
	Paraná	6,9	6,4
	Santa Catarina	5,8	4,4
	Rio Grande do Sul	8,0	7,2
	Mato Grosso do Sul	0,6	1,2
	Mato Grosso	1,0	1,4
	Goiás	2,5	2,8
	Distrito Federal	0,2	2,6

ANO	Comparação da Frequência % por Unidade Federativa entre Químicos e Não Químicos		
	Unidade Federativa	Químicos	Não Químicos
2002	**Rondônia**	**0,1**	**0,6**
	Acre	,0	0,2
	Amazonas	1,0	1,0
	Roraima	0,0	0,1
	Pará	0,5	1,8
	Amapá	0,1	0,2
	Maranhão	0,4	1,0
	Piauí	0,5	0,7
	Ceará	1,1	2,5
	Rio Grande do Norte	1,2	1,1
	Paraíba	0,6	1,1
	Pernambuco	1,8	3,0
	Alagoas	0,9	1,0
	Sergipe	0,5	0,8
	Bahia	3,4	4,3
	Minas Gerais	7,2	10,9
	Espírito Santo	0,8	1,9
	Rio de Janeiro	9,1	9,5
	São Paulo	46,3	33,2
	Paraná	6,6	6,1
	Santa Catarina	5,6	4,3
	Rio Grande do Sul	7,3	6,8
	Mato Grosso do Sul	0,8	1,3
	Mato Grosso	1,2	1,4
	Goiás	2,8	2,7
	Distrito Federal	0,2	2,5
2003	**Rondônia**	**0,1**	**0,6**
	Acre	0,0	0,2
	Amazonas	1,1	1,0
	Roraima	0,0	0,1
	Pará	0,6	2,0
	Amapá	0,1	0,2
	Tocantins	0,1	0,5
	Maranhão	0,4	1,1
	Piauí	0,5	0,8
	Ceará	1,2	2,7
	Rio Grande do Norte	1,2	1,3
	Paraíba	0,7	1,2
	Pernambuco	2,0	3,2
	Alagoas	0,6	1,0
	Sergipe	0,5	0,8
	Bahia	3,3	4,6
	Minas Gerais	7,6	10,5
	Espírito Santo	0,9	2,0
	Rio de Janeiro	9,4	9,7
	São Paulo	43,5	29,9
	Paraná	7,4	6,4
	Santa Catarina	5,9	4,6
	Rio Grande do Sul	7,4	7,1
	Mato Grosso do Sul	0,9	1,3
	Mato Grosso	1,3	1,6
	Goiás	3,1	2,9
	Distrito Federal	0,2	2,5

Comparação da Frequência % por Unidade Federativa entre Químicos e Não Químicos			
ANO	Unidade Federativa	Químicos	Não Químicos
2004	**Rondônia**	**0,1**	**0,7**
	Acre	0,0	0,2
	Amazonas	1,4	1,1
	Roraima	0,0	0,1
	Pará	0,8	2,1
	Amapá	0,0	0,2
	Tocantins	0,1	0,5
	Maranhão	0,4	1,2
	Piauí	0,3	0,8
	Ceará	1,3	2,8
	Rio Grande do Norte	1,2	1,3
	Paraíba	0,8	1,2
	Pernambuco	2,3	3,3
	Alagoas	0,6	1,1
	Sergipe	0,5	0,8
	Bahia	3,3	4,7
	Minas Gerais	7,2	10,8
	Espírito Santo	0,9	1,9
	Rio de Janeiro	9,1	9,6
	São Paulo	44,5	29,0
	Paraná	7,7	6,4
	Santa Catarina	6,1	4,5
	Rio Grande do Sul	7,1	7,0
	Mato Grosso do Sul	0,6	1,3
	Mato Grosso	0,9	1,5
	Goiás	2,6	2,8
	Distrito Federal	0,2	2,8
2005	**Rondônia**	**0,1**	**0,7**
	Acre	0,0	0,2
	Amazonas	1,5	1,2
	Roraima	0,0	0,1
	Pará	1,0	2,0
	Amapá	0,0	0,2
	Tocantins	0,1	0,5
	Maranhão	0,5	1,2
	Piauí	0,4	0,8
	Ceará	1,4	2,8
	Rio Grande do Norte	1,3	1,3
	Paraíba	0,8	1,2
	Pernambuco	1,9	3,3
	Alagoas	1,1	1,1
	Sergipe	0,5	0,8
	Bahia	3,2	4,8
	Minas Gerais	7,3	11,0
	Espírito Santo	0,9	2,0
	Rio de Janeiro	9,2	9,4
	São Paulo	44,0	28,9
	Paraná	7,4	6,4
	Santa Catarina	6,1	4,5
	Rio Grande do Sul	6,9	6,8
	Mato Grosso do Sul	0,5	1,3
	Mato Grosso	1,0	1,5
	Goiás	2,7	2,9
	Distrito Federal	0,2	2,8

| Comparação da Frequência % por Unidade Federativa entre Químicos e Não Químicos ||||
ANO	Unidade Federativa	Químicos	Não Químicos
2006	**Rondônia**	**0,1**	**0,6**
	Acre	0,0	0,3
	Amazonas	1,5	1,2
	Roraima	0,0	0,1
	Pará	0,6	2,2
	Amapá	0,0	0,2
	Tocantins	0,1	0,5
	Maranhão	0,5	1,3
	Piauí	0,4	0,8
	Ceará	1,4	2,9
	Rio Grande do Norte	1,2	1,3
	Paraíba	0,8	1,3
	Pernambuco	2,7	3,3
	Alagoas	0,9	1,1
	Sergipe	0,6	0,8
	Bahia	3,6	4,8
	Minas Gerais	6,7	10,9
	Espírito Santo	1,0	2,0
	Rio de Janeiro	9,4	9,5
	São Paulo	43,7	29,1
	Paraná	7,6	6,4
	Santa Catarina	6,1	4,6
	Rio Grande do Sul	6,5	6,6
	Mato Grosso do Sul	0,5	1,3
	Mato Grosso	1,0	1,5
	Goiás	3,0	2,8
	Distrito Federal	0,2	2,7
2007	**Rondônia**	**0,1**	**0,7**
	Acre	0,0	0,3
	Amazonas	1,5	1,2
	Roraima	0,0	0,1
	Pará	0,6	2,2
	Amapá	0,0	0,2
	Tocantins	0,1	0,6
	Maranhão	0,5	1,3
	Piauí	0,3	0,8
	Ceará	1,4	2,9
	Rio Grande do Norte	1,3	1,3
	Paraíba	1,1	1,2
	Pernambuco	2,3	3,3
	Alagoas	0,9	1,1
	Sergipe	0,6	0,8
	Bahia	3,6	4,8
	Minas Gerais	6,6	11,0
	Espírito Santo	1,1	2,0
	Rio de Janeiro	9,0	9,5
	São Paulo	43,3	29,2
	Paraná	7,8	6,3
	Santa Catarina	6,2	4,6
	Rio Grande do Sul	6,4	6,5
	Mato Grosso do Sul	0,7	1,3
	Mato Grosso	0,9	1,5
	Goiás	3,3	2,8
	Distrito Federal	0,3	2,6

Comparação da Frequência % por Unidade Federativa entre Químicos e Não Químicos			
ANO	Unidade Federativa	Químicos	Não Químicos
2008	**Rondônia**	**0,1**	**0,7**
	Acre	0,0	0,3
	Amazonas	1,5	1,3
	Roraima	0,0	0,1
	Pará	0,6	2,2
	Amapá	0,0	0,3
	Tocantins	0,1	0,6
	Maranhão	0,5	1,3
	Piauí	0,3	0,9
	Ceará	1,5	2,8
	Rio Grande do Norte	0,7	1,3
	Paraíba	1,1	1,3
	Pernambuco	2,5	3,3
	Alagoas	0,5	1,1
	Sergipe	0,4	0,8
	Bahia	3,2	4,7
	Minas Gerais	7,0	10,8
	Espírito Santo	1,0	2,0
	Rio de Janeiro	6,7	9,4
	São Paulo	46,2	29,5
	Paraná	8,0	6,3
	Santa Catarina	5,9	4,5
	Rio Grande do Sul	6,4	6,4
	Mato Grosso do Sul	0,9	1,3
	Mato Grosso	0,9	1,5
	Goiás	3,6	2,9
	Distrito Federal	0,3	2,6
2009	**Rondônia**	**0,1**	**0,7**
	Acre	0,0	0,3
	Amazonas	1,4	1,2
	Roraima	0,0	0,2
	Pará	0,6	2,2
	Amapá	0,0	0,3
	Tocantins	0,1	0,6
	Maranhão	0,5	1,4
	Piauí	0,3	0,9
	Ceará	1,5	3,0
	Rio Grande do Norte	1,3	1,3
	Paraíba	1,0	1,3
	Pernambuco	2,5	3,3
	Alagoas	0,6	1,1
	Sergipe	0,8	0,8
	Bahia	3,6	4,9
	Minas Gerais	6,9	10,8
	Espírito Santo	1,2	2,0
	Rio de Janeiro	9,7	9,2
	São Paulo	42,7	29,1
	Paraná	7,6	6,4
	Santa Catarina	5,9	4,5
	Rio Grande do Sul	5,9	6,3
	Mato Grosso do Sul	1,1	1,3
	Mato Grosso	0,9	1,6
	Goiás	3,5	2,9
	Distrito Federal	0,3	2,6

ANO	Comparação da Frequência % por Unidade Federativa entre Químicos e Não Químicos		
	Unidade Federativa	Químicos	Não Químicos
2010	Rondônia	0,1	0,8
	Acre	0,0	0,3
	Amazonas	1,4	1,3
	Roraima	0,0	0,2
	Pará	0,6	2,2
	Amapá	0,0	0,2
	Tocantins	0,2	0,6
	Maranhão	0,5	1,4
	Piauí	0,3	0,9
	Ceará	1,5	3,0
	Rio Grande do Norte	1,2	1,3
	Paraíba	1,0	1,3
	Pernambuco	2,7	3,4
	Alagoas	0,6	1,1
	Sergipe	0,8	0,8
	Bahia	3,5	4,9
	Minas Gerais	7,0	10,8
	Espírito Santo	1,1	2,0
	Rio de Janeiro	9,5	9,1
	São Paulo	42,7	29,1
	Paraná	7,2	6,3
	Santa Catarina	6,0	4,5
	Rio Grande do Sul	6,0	6,3
	Mato Grosso do Sul	1,3	1,2
	Mato Grosso	1,0	1,5
	Goiás	3,5	3,0
	Distrito Federal	0,3	2,6

Fonte: RAIS – MTE

Tabela 7. Tipos de deficiência entre químicos e não químicos

Ano	Comparação da Frequência % por Tipo de Deficiência entre Químicos e Não Químicos		
	Tipo de Deficiência	Químicos	Não Químicos
2007	Não deficiente	98,8	99,1
	Física	0,6	0,5
	Auditiva	0,4	0,2
	Visual	0,0	0,0
	Mental	0,0	0,0
	Múltipla	0,0	0,0
	Reabilitado	0,2	0,1
2008	Não deficiente	98,8	99,2
	Física	0,6	0,4
	Auditiva	0,4	0,0
	Visual	0,0	0,0
	Mental	0,0	0,0
	Múltipla	0,0	0,0
	Reabilitado	0,1	0,1

Comparação da Frequência % por Tipo de Deficiência entre Químicos e Não Químicos			
Ano	Tipo de Deficiência	Químicos	Não Químicos
2009	Não deficiente	98,7	99,3
	Física	0,6	0,4
	Auditiva	0,4	0,2
	Visual	0,0	0,0
	Mental	0,0	0,0
	Múltipla	0,0	0,0
	Reabilitado	0,1	0,1
2010	Não deficiente	98,7	99,3
	Física	0,7	0,4
	Auditiva	0,4	0,2
	Visual	0,0	0,0
	Mental	0,0	0,0
	Múltipla	0,0	0,0
	Reabilitado	0,1	0,1

Fonte: RAIS – MTE.

Tabela 8. Raça/cor entre químicos e não químicos entre 2000 e 2010

Comparação da Frequência % por Raça/Cor entre Químicos e Não Químicos			
ANO	Raça/ Cor	Químicos	Não Químicos
2004	Indígena	0,5	0,6
	Branca	71,8	60,2
	Preta	4,8	4,3
	Amarela	0,7	0,8
	Parda	19,3	23,0
	Não Identificado	2,8	11,2
	Ignorado	0,0	0,0
2005	Indígena	0,3	0,3
	Branca	71,9	60,5
	Preta	4,9	4,4
	Amarela	0,7	0,8
	Parda	20,0	24,6
	Não Identificado	2,3	9,4
	Ignorado	0,0	0,0
2006	Indígena	0,2	0,2
	Branca	71,5	50,9
	Preta	4,8	4,1
	Amarela	0,7	0,6
	Parda	20,7	21,1
	Não Identificado	2,1	2,5
	Ignorado	0,0	20,5

Comparação da Frequência % por Raça/Cor entre Químicos e Não Químicos			
ANO	Raça/ Cor	Químicos	Não Químicos
2007	Indígena	0,2	0,2
	Branca	69,8	50,3
	Preta	4,9	4,2
	Amarela	0,7	0,6
	Parda	21,3	21,5
	Não Identificado	3,1	3,0
	Ignorado	0,0	20,1
2008	Indígena	0,2	0,2
	Branca	67,4	50,1
	Preta	5,0	4,3
	Amarela	0,7	0,6
	Parda	22,2	22,2
	Não Identificado	4,5	3,2
	Ignorado	0,0	19,4
2009	Indígena	0,2	0,2
	Branca	64,7	49,1
	Preta	5,0	4,2
	Amarela	0,7	0,6
	Parda	22,8	22,9
	Não Identificado	6,5	3,6
	Ignorado	0,0	19,3
2010	Indígena	0,2	0,2
	Branca	63,9	48,5
	Preta	5,1	4,3
	Amarela	0,7	0,6
	Parda	23,8	23,8
	Não Identificado	6,3	4,1
	Ignorado	0,0	18,6

Tabela 9. Faixas salariais em SM — 2000 a 2010

Comparação da Frequência % Renda Salarial mês Dezembro entre Químicos e Não Químicos			
Ano	Quantidade de salários mínimos	Químicos	Não Químicos
2000	Ignorado	22,9	24,9
	Até 0,5 salários	0,0	0,1
	De 0,51 a 1,0	1,2	3,7
	De 1,01 a 1,5	4,5	9,4
	De 1,51 a 2,0	6,2	10,2
	De 2,01 a 3,0	14,8	16,1
	De 3,01 a 4,0	10,6	9,1
	De 4,01 a 5,0	7,1	5,8
	De 5,01 a 7,0	9,1	7,2
	De 7,01 a 10,0	7,6	5,3
	De 10,01 a 15,0	6,6	3,6
	De 15,01 a 20,0	3,2	1,7
	Mais que 20,1	5,9	3,0

Comparação da Frequência % Renda Salarial mês Dezembro entre Químicos e Não Químicos			
Ano	Quantidade de salários mínimos	Químicos	Não Químicos
2001	Ignorado	22,7	25,5
	Até 0,5 salários	0,0	0,1
	De 0,51 a 1,0	1,3	4,0
	De 1,01 a 1,5	5,9	12,1
	De 1,51 a 2,0	7,2	11,2
	De 2,01 a 3,0	16,4	16,0
	De 3,01 a 4,0	10,2	8,2
	De 4,01 a 5,0	6,7	5,2
	De 5,01 a 7,0	8,4	6,3
	De 7,01 a 10,0	7,0	4,5
	De 10,01 a 15,0	5,6	3,1
	De 15,01 a 20,0	2,8	1,3
	Mais que 20,1	5,8	2,4
2002	Ignorado	23,1	26,6
	Até 0,5 salários	0,0	0,1
	De 0,51 a 1,0	1,4	4,1
	De 1,01 a 1,5	6,2	12,5
	De 1,51 a 2,0	7,3	11,6
	De 2,01 a 3,0	16,5	15,8
	De 3,01 a 4,0	10,1	7,9
	De 4,01 a 5,0	6,5	4,8
	De 5,01 a 7,0	7,8	6,1
	De 7,01 a 10,0	6,6	4,2
	De 10,01 a 15,0	5,5	2,9
	De 15,01 a 20,0	2,8	1,3
	Mais que 20,1	6,1	2,2
2003	Ignorado	21,7	24,2
	Até 0,5 salários	0,1	0,1
	De 0,51 a 1,0	1,6	4,5
	De 1,01 a 1,5	7,2	14,7
	De 1,51 a 2,0	8,3	13,0
	De 2,01 a 3,0	16,8	15,8
	De 3,01 a 4,0	9,8	7,6
	De 4,01 a 5,0	6,3	5,0
	De 5,01 a 7,0	7,6	5,6
	De 7,01 a 10,0	6,4	3,6
	De 10,01 a 15,0	5,4	2,6
	De 15,01 a 20,0	2,7	1,2
	Mais que 20,1	6,0	1,9

Comparação da Frequência % Renda Salarial mês Dezembro entre Químicos e Não Químicos			
Ano	Quantidade de salários mínimos	Químicos	Não Químicos
2004	Ignorado	2,3	3,1
	Até 0,5 salários	0,1	0,1
	De 0,51 a 1,0	1,9	5,4
	De 1,01 a 1,5	9,2	19,0
	De 1,51 a 2,0	11,3	17,2
	De 2,01 a 3,0	22,2	20,5
	De 3,01 a 4,0	12,2	9,8
	De 4,01 a 5,0	7,6	6,2
	De 5,01 a 7,0	9,1	7,0
	De 7,01 a 10,0	7,6	4,6
	De 10,01 a 15,0	6,3	3,3
	De 15,01 a 20,0	3,3	1,5
	Mais que 20,01	7,0	2,4
2005	Ignorado	2,8	3,2
	Até 0,5 salários	0,1	0,1
	De 0,51 a 1,0	2,0	5,9
	De 1,01 a 1,5	10,9	21,9
	De 1,51 a 2,0	12,0	17,8
	De 2,01 a 3,0	22,8	19,1
	De 3,01 a 4,0	11,9	9,2
	De 4,01 a 5,0	7,2	5,8
	De 5,01 a 7,0	8,4	6,5
	De 7,01 a 10,0	7,0	4,3
	De 10,01 a 15,0	5,7	3,0
	De 15,01 a 20,0	3,1	1,3
	Mais que 20,01	6,3	2,0
2006	Ignorado	3,2	3,4
	Até 0,5 salários	0,1	0,2
	De 0,51 a 1,0	2,3	6,3
	De 1,01 a 1,5	13,1	25,4
	De 1,51 a 2,0	15,2	18,2
	De 2,01 a 3,0	20,5	17,6
	De 3,01 a 4,0	10,8	8,6
	De 4,01 a 5,0	6,4	5,1
	De 5,01 a 7,0	7,8	5,8
	De 7,01 a 10,0	6,4	3,9
	De 10,01 a 15,0	5,3	2,6
	De 15,01 a 20,0	2,9	1,2
	Mais que 20,01	6,0	1,7

Comparação da Frequência % Renda Salarial mês Dezembro entre Químicos e Não Químicos			
Ano	Quantidade de salários mínimos	Químicos	Não Químicos
2007	Ignorado	3,4	3,9
	Até 0,5 salários	0,1	0,1
	De 0,51 a 1,0	2,2	5,8
	De 1,01 a 1,5	13,2	26,1
	De 1,51 a 2,0	16,0	18,2
	De 2,01 a 3,0	20,6	17,5
	De 3,01 a 4,0	10,7	8,5
	De 4,01 a 5,0	6,3	5,1
	De 5,01 a 7,0	7,6	5,7
	De 7,01 a 10,0	6,3	3,9
	De 10,01 a 15,0	5,0	2,6
	De 15,01 a 20,0	2,8	1,2
	Mais que 20,01	5,8	1,6
2008	Ignorado	3,3	3,8
	Até 0,5 salários	0,1	0,1
	De 0,51 a 1,0	2,2	5,5
	De 1,01 a 1,5	13,1	25,9
	De 1,51 a 2,0	16,3	18,3
	De 2,01 a 3,0	21,9	17,6
	De 3,01 a 4,0	11,5	8,6
	De 4,01 a 5,0	6,7	5,1
	De 5,01 a 7,0	7,9	5,7
	De 7,01 a 10,0	6,1	3,9
	De 10,01 a 15,0	4,6	2,6
	De 15,01 a 20,0	2,4	1,2
	Maior que 20,01	3,9	1,7
2009	Ignorado	3,4	3,7
	Até 0,5 salários	0,1	0,1
	De 0,51 a 1,0	2,0	5,7
	De 1,01 a 1,5	13,9	28,0
	De 1,51 a 2,0	16,4	18,3
	De 2,01 a 3,0	20,6	17,1
	De 3,01 a 4,0	10,9	8,4
	De 4,01 a 5,0	6,4	4,8
	De 5,01 a 7,0	7,4	5,4
	De 7,01 a 10,0	5,9	3,5
	De 10,01 a 15,0	4,6	2,4
	De 15,01 a 20,0	2,8	1,1
	Mais que 20,01	5,7	1,5

Comparação da Frequência % Renda Salarial mês Dezembro entre Químicos e Não Químicos			
Ano	Quantidade de salários mínimos	Químicos	Não Químicos
2010	Ignorado	3,3	3,8
	Até 0,5 salários	0,1	0,2
	De 0,51 a 1,0	1,9	5,6
	De 1,01 a 1,5	13,2	27,7
	De 1,51 a 2,0	17,3	18,9
	De 2,01 a 3,0	21,0	17,2
	De 3,01 a 4,0	10,9	8,2
	De 4,01 a 5,0	6,5	4,8
	De 5,01 a 7,0	7,5	5,2
	De 7,01 a 10,0	5,8	3,5
	De 10,01 a 15,0	4,9	2,4
	De 15,01 a 20,0	2,9	1,1
	Mais que 20,01	4,7	1,5

Fonte: RAIS – MTE

Tabela 9.1. Faixa salarial por CNAE grupo da área química

Ano	CNAE Grupo	Frequência % de faixa salarial (quantidade de salário) por CNAE Grupo											
		Igno-rado	Até 0,5	De 0,51 a 1,0	De 1,01 a 1,5	De 1,5 a 2,0	De 2,01 a 3,0	De 3,01 a 4,0	De 4,01 a 5,0	De 5,01 a 7,0	De 7,01 a 10,0	10,01 a 15,0	15,01 a 20,0	Mais de 20,01
2000	100 Extração de carvão mineral	18,7%	0,1%	6,5%	5,6%	2,8%	4,7%	18,3%	18,3%	13,1%	6,0%	3,1%	1,2%	1,6%
	111 Extração de petróleo e gás natural	50,9%	0,0%	0,2%	1,2%	2,9%	4,8%	4,3%	2,9%	5,3%	4,7%	7,7%	5,2%	9,9%
	112 Apoio à extração de petróleo e gás natural	16,0%	0,0%	0,5%	0,7%	1,6%	3,7%	4,0%	5,7%	8,7%	11,8%	16,0%	9,0%	22,3%
	132 Extração de minerais radioativos	54,0%	0,0%	1,4%	4,1%	5,7%	17,3%	8,4%	2,4%	3,2%	1,7%	1,4%	0,3%	0,0%
	142 Extração minerais fabricação adubos e sal	36,2%	0,0%	3,8%	9,3%	8,1%	15,8%	8,9%	5,4%	6,1%	3,2%	1,8%	0,7%	0,7%
	211 Fabricação de celulose e outras pastas	10,4%	0,0%	0,7%	3,9%	6,7%	9,3%	6,7%	6,2%	9,7%	11,8%	12,7%	7,5%	14,3%
	212 Fabricação de papel	14,5%	0,0%	0,5%	2,7%	5,2%	10,9%	10,8%	8,7%	13,9%	13,7%	10,0%	3,7%	5,5%
	213 Fabricação de embalagens	20,5%	0,0%	1,5%	5,6%	6,3%	17,2%	13,3%	8,5%	10,0%	7,6%	4,9%	2,1%	2,6%
	214 Fabricação de produtos diversos de papel	21,8%	0,0%	1,6%	5,6%	7,3%	20,6%	12,4%	7,2%	9,0%	6,7%	4,2%	1,5%	2,0%
	231 Coquerias	42,7%	0,0%	1,1%	1,8%	3,9%	15,3%	13,2%	8,5%	7,8%	3,2%	1,4%	0,4%	0,7%
	233 Elaboração de combustíveis nucleares	10,2%	0,0%	0,0%	0,4%	0,0%	0,2%	1,4%	2,5%	4,9%	17,6%	27,2%	16,2%	19,4%
	234 Fabricação de biocombustíveis	47,0%	0,0%	2,1%	6,4%	7,4%	11,4%	8,1%	5,3%	5,7%	3,2%	1,8%	0,6%	0,9%
	241 Fabricação de prod. químicos inorgânicos	16,1%	0,0%	,6%	1,5%	3,4%	10,4%	10,4%	8,4%	12,2%	10,6%	10,6%	5,8%	9,9%
	242 Fabricação de prod. químicos orgânicos	19,3%	0,2%	5,0%	3,0%	2,1%	4,2%	4,1%	2,8%	5,7%	9,3%	14,9%	10,7%	18,8%
	243 Fabricação de resinas e elastômeros	20,6%	0,0%	0,3%	0,6%	1,4%	4,5%	3,2%	3,3%	6,6%	11,0%	15,8%	10,7%	21,9%
	244 Fabricação de resinas artificiais e sintéticas	49,9%	0,0%	0,4%	2,1%	3,4%	5,8%	3,6%	6,4%	8,5%	9,5%	5,5%	2,2%	2,8%
	245 Fabricação de produtos farmacêuticos	20,0%	0,0%	0,7%	4,8%	4,8%	11,3%	9,0%	6,6%	9,1%	7,5%	7,6%	4,5%	14,1%
	246 Fabricação de defensivos agrícolas	22,2%	0,0%	0,4%	1,6%	7,6%	9,6%	7,2%	5,6%	8,6%	11,5%	7,9%	5,3%	12,4%
	247 Fabricação de sabões e detergentes	21,4%	0,0%	1,9%	6,4%	9,4%	18,7%	10,9%	6,9%	7,3%	5,7%	4,7%	2,2%	4,5%
	248 Fabricação de tintas e vernizes	20,3%	0,0%	0,4%	2,3%	3,2%	9,9%	9,5%	8,1%	12,1%	11,2%	9,6%	4,6%	8,7%
	249 Fabricação de produtos de preparação de químicos diversos	18,9%	0,0%	1,0%	6,2%	4,3%	10,5%	8,8%	6,5%	9,8%	9,4%	9,0%	5,0%	10,5%
	251 Fabricação de produtos de borracha	20,2%	0,0%	1,1%	3,9%	6,3%	16,1%	12,4%	7,5%	8,1%	8,5%	9,5%	3,2%	3,2%
	252 Fabricação de material plástico	23,1%	0,0%	1,1%	4,9%	8,2%	20,6%	13,0%	7,7%	8,5%	5,8%	3,6%	1,4%	1,9%
	261 Fabricação de vidro e produtos de vidro	17,1%	0,0%	0,7%	1,3%	3,7%	14,2%	11,9%	8,9%	12,8%	11,2%	9,0%	3,7%	5,5%
	402 Produção e distribuição de combustíveis gasosos	20,8%	0,0%	0,7%	1,2%	3,0%	6,8%	3,3%	3,6%	6,4%	9,6%	12,0%	10,3%	22,4%
	515 Comércio atacadista especializado em combustíveis e produtos químicos	21,9%	0,0%	1,3%	3,0%	4,6%	11,7%	8,2%	7,0%	13,1%	8,8%	7,4%	4,3%	8,7%

Frequência % de faixa salarial (quantidade de salário) por CNAE Grupo

Ano	CNAE Grupo	Igno-rado	Até 0,5	De 0,51 a 1,0	De 1,01 a 1,5	De 1,5 a 2,0	De 2,01 a 3,0	De 3,01 a 4,0	De 4,01 a 5,0	De 5,01 a 7,0	De 7,01 a 10,0	10,01 a 15,0	15,01 a 20,0	Mais de 20,01
2001	100 Extração de carvão mineral	20,6%	0,2%	4,5%	2,5%	1,8%	8,0%	16,9%	14,6%	16,8%	7,7%	3,9%	,8%	1,5%
	111 Extração de petróleo e gás natural	14,8%	0,0%	,1%	1,1%	2,3%	3,8%	3,3%	2,6%	3,3%	5,6%	10,9%	11,9%	40,4%
	112 Apoio à extração de petróleo e gás natural	15,3%	0,0%	0,4%	0,4%	1,3%	3,2%	7,9%	5,8%	9,2%	11,6%	14,6%	7,9%	22,4%
	132 Extração de minerais radioativos	83,0%	0,0%	2,5%	5,5%	4,2%	3,1%	1,5%	0,1%	0,0%	0,1%	0,0%	0,0%	0,0%
	142 Extração minerais fabricação adubos e sal	29,6%	0,1%	3,2%	10,7%	10,6%	17,2%	10,1%	4,9%	6,5%	3,5%	1,9%	,8%	,8%
	211 Fabricação de celulose e outras pastas	13,2%	0,0%	,5%	6,2%	6,6%	10,7%	7,6%	5,8%	12,7%	12,5%	11,2%	5,1%	7,8%
	212 Fabricação de papel	13,9%	0,0%	,6%	3,6%	6,6%	13,5%	11,4%	8,8%	13,2%	12,7%	8,2%	3,0%	4,5%
	213 Fabricação de embalagens	20,7%	0,0%	1,6%	7,7%	8,1%	19,6%	13,3%	7,5%	8,5%	6,2%	3,5%	1,4%	1,8%
	214 Fabricação de produtos diversos de papel	24,4%	0,0%	2,0%	8,4%	8,8%	19,6%	10,4%	6,4%	7,7%	5,6%	3,4%	1,3%	2,0%
	231 Coquerias	25,4%	0,0%	1,3%	0,9%	0,9%	21,6%	28,4%	7,8%	8,6%	3,0%	,9%	,4%	0,9%
	233 Elaboração de combustíveis nucleares	4,7%	0,0%	1,4%	0,0%	0,0%	0,9%	1,3%	2,7%	11,2%	19,1%	25,1%	13,1%	20,5%
	234 Fabricação de biocombustíveis	37,5%	0,0%	2,4%	7,7%	9,1%	15,3%	9,9%	6,0%	5,1%	3,2%	2,0%	,6%	1,1%
	241 Fabricação de prod. químicos inorgânicos	16,8%	0,0%	,5%	2,2%	4,2%	12,3%	10,1%	8,2%	11,2%	9,6%	9,8%	5,7%	9,3%
	242 Fabricação de prod. químicos orgânicos	19,0%	0,1%	5,7%	4,7%	3,3%	5,7%	4,2%	3,4%	5,6%	8,9%	13,8%	8,5%	17,1%
	243 Fabricação de resinas e elastômeros	15,8%	0,0%	0,2%	1,0%	1,6%	5,6%	5,8%	5,4%	8,8%	11,3%	13,8%	10,4%	20,1%
	244 Fabricação de resinas artificiais e sintéticas	20,8%	0,0%	0,3%	2,0%	3,7%	6,5%	13,0%	10,2%	11,1%	12,2%	8,8%	4,2%	7,0%
	245 Fabricação de produtos farmacêuticos	19,5%	0,0%	1,0%	6,8%	5,3%	11,8%	8,4%	6,2%	8,5%	7,8%	7,1%	4,4%	13,2%
	246 Fabricação de defensivos agrícolas	20,0%	0,0%	,4%	3,6%	7,7%	9,1%	6,7%	4,7%	8,3%	9,8%	8,7%	5,5%	15,6%
	247 Fabricação de sabões e detergentes	25,0%	0,0%	1,9%	9,2%	9,9%	20,4%	9,9%	5,4%	6,7%	4,7%	3,4%	1,4%	2,0%
	248 Fabricação de tintas e vernizes	20,4%	0,0%	,3%	2,9%	4,0%	11,0%	10,9%	8,2%	12,2%	10,6%	8,4%	3,8%	7,3%
	249 Fabricação de produtos de preparação de químicos diversos	20,4%	0,0%	1,0%	6,4%	4,9%	12,2%	8,7%	6,6%	8,9%	8,8%	7,8%	4,4%	10,0%
	251 Fabricação de produtos de borracha	21,0%	0,0%	1,1%	5,4%	6,9%	19,0%	11,3%	6,7%	8,5%	8,8%	6,8%	2,0%	2,5%
	252 Fabricação de material plástico	25,1%	0,0%	1,1%	6,4%	9,4%	22,1%	11,6%	6,6%	7,2%	4,8%	3,0%	1,2%	1,5%
	261 Fabricação de vidro e produtos de vidro	24,7%	0,0%	,6%	2,8%	5,3%	15,6%	11,4%	8,6%	11,2%	8,5%	5,5%	2,2%	3,6%
	402 Produção e distribuição de combustíveis gasosos	39,9%	0,0%	1,0%	1,5%	4,2%	4,6%	2,7%	5,2%	3,3%	7,2%	7,8%	8,9%	13,8%
	515 Comércio atacadista especializado em combustíveis e produtos químicos	20,6%	0,0%	1,2%	4,3%	5,8%	12,0%	8,3%	8,2%	11,2%	8,2%	7,4%	3,9%	8,8%

Frequência % de faixa salarial (quantidade de salário) por CNAE Grupo

Ano	CNAE Grupo	Ignorado	Até 0,5	De 0,51 a 1,0	De 1,01 a 1,5	De 1,5 a 2,0	De 2,01 a 3,0	De 3,01 a 4,0	De 4,01 a 5,0	De 5,01 a 7,0	De 7,01 a 10,0	De 10,01 a 15,0	De 15,01 a 20,0	Mais de 20,01
2002	100 Extração de carvão mineral	22,3%	0,1%	4,4%	3,6%	2,0%	9,9%	19,0%	15,1%	13,3%	5,3%	2,6%	0,8%	1,4%
	111 Extração de petróleo e gás natural	9,3%	0,0%	0,2%	1,1%	1,1%	2,4%	2,2%	2,1%	3,5%	4,0%	12,3%	12,8%	48,9%
	112 Apoio à extração de petróleo e gás natural	15,5%	0,0%	0,1%	0,8%	6,4%	3,8%	6,7%	4,8%	7,9%	10,4%	13,3%	8,0%	22,4%
	132 Extração de minerais radioativos	73,4%	0,1%	2,9%	8,5%	6,4%	6,6%	1,0%	0,4%	0,2%	0,5%	0,0%	0,0%	0,0%
	142 Extração minerais fabricação adubos e sal	26,5%	0,0%	2,8%	12,6%	13,0%	16,9%	9,6%	5,6%	5,7%	4,0%	2,0%	0,8%	0,7%
	211 Fabricação de celulose e outras pastas	12,5%	0,0%	0,5%	5,0%	5,4%	9,4%	6,7%	6,9%	10,9%	11,2%	13,7%	7,3%	10,5%
	212 Fabricação de papel	14,9%	0,0%	0,8%	3,5%	6,8%	13,5%	11,3%	8,8%	12,9%	12,4%	7,8%	2,9%	4,3%
	213 Fabricação de embalagens	21,3%	0,0%	1,8%	7,8%	7,8%	21,9%	12,7%	7,5%	7,8%	5,5%	3,1%	1,2%	1,7%
	214 Fabricação de produtos diversos de papel	25,6%	0,0%	2,0%	8,8%	9,0%	20,4%	10,3%	6,2%	7,1%	4,8%	2,9%	1,2%	1,7%
	231 Coquerias	18,4%	0,0%	1,4%	3,2%	6,5%	24,5%	26,0%	9,4%	7,2%	1,4%	1,4%	0,0%	0,4%
	232 Fabricação de produtos derivados de petróleo	9,0%	0,0%	0,1%	0,2%	0,4%	1,1%	1,7%	3,0%	2,8%	4,3%	9,5%	13,6%	54,2%
	233 Elaboração de combustíveis nucleares	4,9%	0,0%	1,8%	0,0%	0,0%	1,3%	4,4%	6,0%	15,4%	17,9%	23,4%	10,1%	14,7%
	234 Fabricação de biocombustíveis	42,1%	0,0%	3,8%	9,3%	9,9%	12,9%	7,8%	4,5%	4,5%	2,6%	1,3%	0,5%	0,7%
	241 Fabricação de prod. químicos inorgânicos	17,7%	0,1%	0,6%	2,4%	3,9%	11,4%	10,4%	8,1%	11,3%	9,7%	9,5%	5,7%	9,2%
	242 Fabricação de prod. químicos orgânicos	25,6%	0,2%	7,2%	4,5%	3,0%	4,9%	4,0%	3,5%	5,7%	8,2%	11,7%	7,8%	13,7%
	243 Fabricação de resinas e elastômeros	15,2%	0,0%	0,3%	1,1%	1,6%	7,2%	6,6%	5,7%	8,8%	9,7%	14,7%	10,1%	19,0%
	244 Fabricação de resinas artificiais e sintéticas	18,9%	0,0%	0,4%	1,9%	1,9%	8,5%	13,6%	11,4%	12,7%	12,6%	7,6%	3,9%	6,6%
	245 Fabricação de produtos farmacêuticos	19,2%	0,0%	0,7%	6,9%	5,7%	12,7%	8,8%	5,9%	8,1%	7,3%	7,0%	4,8%	12,9%
	246 Fabricação de defensivos agrícolas	21,7%	0,0%	0,5%	3,4%	5,7%	8,9%	5,2%	4,3%	8,8%	9,9%	9,1%	6,2%	16,4%
	247 Fabricação de sabões e detergentes	24,6%	0,0%	1,9%	8,5%	9,7%	21,5%	9,9%	5,2%	6,6%	4,8%	3,6%	1,5%	2,2%
	248 Fabricação de tintas e vernizes	19,2%	0,0%	0,4%	3,1%	4,3%	11,8%	11,6%	8,0%	11,6%	10,5%	8,7%	3,8%	6,9%
	249 Fabricação de produtos de preparação de químicos diversos	19,8%	0,0%	1,2%	6,6%	4,8%	12,2%	8,9%	6,6%	9,1%	9,0%	8,2%	4,3%	9,4%
	251 Fabricação de produtos de borracha	20,9%	0,0%	1,1%	5,7%	7,3%	20,3%	11,3%	6,6%	7,2%	8,6%	6,8%	1,9%	2,3%
	252 Fabricação de material plástico	24,9%	0,0%	1,0%	6,7%	9,6%	22,2%	12,0%	6,8%	6,9%	4,7%	2,8%	1,0%	1,3%
	261 Fabricação de vidro e produtos de vidro	18,2%	0,0%	0,9%	3,5%	4,4%	16,8%	12,9%	9,8%	11,8%	9,4%	6,1%	2,4%	3,7%
	402 Produção e distribuição de combustíveis gasosos	14,6%	0,0%	1,5%	3,0%	3,9%	5,5%	3,2%	5,7%	5,8%	8,8%	14,0%	14,0%	20,1%
	515 Comércio atacadista especializado em combustíveis e produtos químicos	22,3%	0,0%	1,4%	4,3%	6,1%	12,5%	8,4%	8,1%	10,1%	7,9%	7,0%	3,6%	8,3%

Frequência % de faixa salarial (quantidade de salário) por CNAE Grupo

Ano	CNAE Grupo	Ignorado	Até 0,5	De 0,51 a 1,0	De 1,01 a 1,5	De 1,5 a 2,0	De 2,01 a 3,0	De 3,01 a 4,0	De 4,01 a 5,0	De 5,01 a 7,0	De 7,01 a 10,0	De 10,01 a 15,0	15,01 a 20,0	Mais de 20,01
2003	100 Extração de carvão mineral	21,6%	0,2%	5,3%	5,7%	3,1%	13,7%	17,2%	14,7%	9,8%	4,6%	2,0%	,8%	1,2%
	111 Extração de petróleo e gás natural	9,6%	0,0%	0,3%	1,6%	1,8%	2,9%	2,3%	3,2%	3,8%	5,9%	11,3%	9,0%	48,5%
	112 Apoio à extração de petróleo e gás natural	24,6%	0,0%	0,1%	,6%	1,1%	3,2%	4,5%	4,0%	7,7%	11,3%	15,4%	8,1%	19,3%
	132 Extração de minerais radioativos	68,4%	0,0%	7,5%	6,5%	6,0%	8,7%	2,0%	0,2%	0,7%	0,0%	0,0%	0,0%	0,0%
	142 Extração minerais fabricação adubos e sal	25,0%	0,0%	2,9%	14,9%	12,6%	17,7%	9,2%	4,6%	5,8%	3,6%	2,2%	0,7%	1,0%
	211 Fabricação de celulose e outras pastas	16,1%	0,1%	0,8%	6,2%	7,1%	9,4%	7,3%	5,5%	9,5%	9,3%	10,5%	7,3%	10,9%
	212 Fabricação de papel	13,6%	0,1%	0,9%	4,9%	8,5%	13,9%	11,1%	8,2%	11,8%	12,0%	7,9%	3,0%	4,2%
	213 Fabricação de embalagens	19,9%	0,1%	1,8%	9,0%	10,4%	21,4%	12,0%	7,1%	7,4%	5,1%	3,1%	1,2%	1,6%
	214 Fabricação de produtos diversos de papel	22,6%	0,0%	1,9%	3,2%	10,8%	20,8%	10,4%	6,1%	6,9%	5,3%	3,1%	1,1%	1,6%
	231 Coquerias	48,6%	0,0%	4,6%	3,5%	2,6%	12,1%	17,1%	5,1%	4,8%	0,7%	0,9%	0,0%	0,0%
	232 Fabricação de produtos derivados de petróleo	5,9%	0,0%	0,2%	0,1%	0,2%	0,6%	1,0%	1,3%	4,4%	5,3%	12,2%	10,4%	58,5%
	233 Elaboração de combustíveis nucleares	5,6%	0,0%	2,0%	0,0%	0,1%	0,2%	2,1%	4,9%	18,6%	22,1%	21,0%	8,2%	15,2%
	234 Fabricação de biocombustíveis	43,3%	0,0%	3,3%	9,5%	9,8%	12,1%	7,8%	4,3%	4,4%	2,9%	1,4%	0,5%	0,7%
	241 Fabricação de prod. químicos inorgânicos	16,7%	0,0%	,6%	3,2%	4,4%	12,4%	10,0%	7,5%	11,6%	9,8%	8,7%	5,3%	9,8%
	242 Fabricação de prod. químicos orgânicos	19,4%	0,1%	8,7%	6,1%	3,4%	4,8%	4,2%	3,5%	5,9%	8,3%	13,0%	8,1%	14,6%
	243 Fabricação de resinas e elastômeros	12,8%	0,0%	0,4%	0,8%	1,8%	9,2%	6,3%	5,8%	8,0%	11,0%	14,9%	9,9%	19,0%
	244 Fabricação de resinas artificiais e sintéticas	17,0%	0,0%	0,4%	2,7%	3,1%	10,9%	13,1%	10,5%	13,7%	10,6%	6,8%	3,3%	7,7%
	245 Fabricação de produtos farmacêuticos	18,4%	0,1%	0,9%	7,3%	7,0%	13,5%	9,1%	5,9%	8,1%	6,9%	6,9%	4,2%	11,6%
	246 Fabricação de defensivos agrícolas	20,9%	0,1%	0,7%	5,9%	6,6%	6,9%	4,4%	4,2%	7,8%	9,3%	9,9%	5,9%	17,3%
	247 Fabricação de sabões e detergentes	22,2%	0,0%	2,5%	10,5%	11,8%	22,1%	9,0%	5,3%	6,3%	4,5%	3,0%	1,2%	1,7%
	248 Fabricação de tintas e vernizes	17,6%	0,0%	0,6%	4,1%	5,2%	13,1%	11,1%	8,3%	11,5%	9,6%	8,5%	3,8%	6,6%
	249 Fabricação de produtos de preparação de químicos diversos	18,7%	0,0%	1,7%	6,7%	6,1%	12,8%	8,9%	7,0%	9,2%	8,6%	7,6%	4,2%	8,5%
	251 Fabricação de produtos de borracha	18,6%	0,0%	1,2%	6,3%	8,0%	20,8%	11,5%	6,8%	7,7%	8,4%	6,8%	1,9%	1,9%
	252 Fabricação de material plástico	23,4%	0,0%	1,3%	8,4%	10,6%	23,0%	11,3%	6,4%	6,6%	4,4%	2,6%	,9%	1,1%
	261 Fabricação de vidro e produtos de vidro	19,6%	0,0%	0,7%	3,5%	5,7%	18,9%	12,1%	8,3%	10,8%	9,0%	6,2%	2,1%	3,1%
	402 Produção e distribuição de combustíveis gasosos	13,2%	1,9%	1,1%	1,5%	3,4%	4,5%	3,5%	2,0%	7,2%	10,8%	18,2%	12,5%	20,1%
	515 Comércio atacadista especializado em combustíveis e produtos químicos	19,6%	0,1%	1,5%	5,5%	7,2%	12,8%	9,5%	8,5%	9,4%	7,3%	6,9%	3,6%	8,3%

Frequência % de faixa salarial (quantidade de salário) por CNAE Grupo

Ano	CNAE Grupo	Quantidade de salários mínimos											
		Igno-rado	Até 0,5	De 0,51 a 1,0	De 1,01 a 1,5	De 1,5 a 2,0	De 2,01 a 3,0	De 3,01 a 4,0	De 4,01 a 5,0	De 5,01 a 7,0	De 7,01 a 10,0	De 10,01 a 15,0	De 15,01 a 20,0	Mais de 20,01
2004	100 Extração de carvão mineral	2,9%	0,1%	6,4%	8,0%	3,7%	14,2%	19,4%	20,5%	13,8%	6,5%	2,3%	0,9%	1,1%
	111 Extração de petróleo e gás natural	1,9%	0,0%	0,5%	2,3%	4,3%	5,2%	2,4%	2,1%	4,8%	6,8%	12,8%	11,0%	45,9%
	112 Apoio à extração de petróleo e gás natural	3,4%	0,0%	0,1%	0,4%	0,6%	3,0%	5,6%	5,5%	12,4%	15,4%	18,7%	10,2%	24,7%
	132 Extração de minerais radioativos	1,7%	0,0%	15,1%	39,7%	24,1%	13,2%	3,6%	0,6%	1,5%	0,2%	0,2%	0,0%	0,0%
	142 Extração minerais fabricação adubos e sal	2,6%	0,2%	3,9%	14,6%	18,2%	23,8%	12,8%	6,3%	7,7%	4,9%	2,6%	0,9%	1,4%
	211 Fabricação de celulose e outras pastas	1,9%	0,0%	0,9%	6,4%	7,2%	11,2%	8,2%	6,1%	10,2%	11,3%	13,6%	9,3%	13,8%
	212 Fabricação de papel	1,8%	0,0%	1,0%	5,2%	9,7%	18,1%	13,0%	9,6%	12,7%	13,3%	8,7%	3,0%	3,9%
	213 Fabricação de embalagens	2,0%	0,0%	1,6%	10,8%	14,1%	26,2%	13,8%	8,3%	9,5%	6,5%	3,9%	1,5%	1,8%
	214 Fabricação de produtos diversos de papel	2,2%	0,1%	2,2%	14,2%	14,6%	26,0%	12,3%	7,1%	8,2%	6,1%	3,6%	1,5%	2,0%
	231 Coquerias	4,6%	0,0%	2,6%	3,9%	2,6%	20,3%	26,8%	13,7%	15,0%	8,5%	2,0%	0,0%	0,0%
	232 Fabricação de produtos derivados de petróleo	1,9%	0,0%	0,2%	0,2%	0,5%	1,5%	1,8%	2,5%	3,3%	5,2%	11,4%	12,3%	59,1%
	233 Elaboração de combustíveis nucleares	2,7%	0,0%	1,9%	0,0%	0,1%	0,1%	2,0%	5,4%	16,9%	21,3%	25,5%	8,6%	15,5%
	234 Fabricação de biocombustíveis	3,4%	0,1%	5,1%	18,3%	19,0%	23,0%	12,4%	6,5%	5,8%	3,3%	1,9%	0,6%	0,7%
	241 Fabricação de prod. químicos inorgânicos	2,2%	0,1%	0,7%	2,7%	5,9%	16,4%	12,5%	8,9%	13,4%	11,3%	10,3%	5,7%	9,7%
	242 Fabricação de prod. químicos orgânicos	2,4%	0,1%	11,6%	17,2%	6,0%	5,9%	4,0%	3,5%	5,7%	9,1%	13,0%	8,3%	13,2%
	243 Fabricação de resinas e elastômeros	1,4%	0,0%	0,5%	1,3%	2,3%	10,5%	7,7%	6,2%	9,7%	11,5%	15,9%	11,1%	21,9%
	244 Fabricação de resinas artificiais e sintéticas	3,1%	0,0%	1,0%	4,2%	4,9%	16,3%	15,4%	10,5%	14,2%	12,3%	8,1%	3,3%	6,9%
	245 Fabricação de produtos farmacêuticos	1,9%	0,0%	1,2%	9,2%	9,9%	16,5%	9,6%	6,9%	9,4%	8,7%	8,3%	5,2%	13,2%
	246 Fabricação de defensivos agrícolas	1,1%	0,0%	0,5%	4,7%	8,2%	10,0%	6,6%	5,6%	10,8%	11,8%	11,1%	8,5%	21,0%
	247 Fabricação de sabões e detergentes	2,5%	0,1%	2,9%	13,2%	14,8%	27,6%	11,9%	6,7%	7,5%	5,3%	3,7%	1,6%	2,1%
	248 Fabricação de tintas e vernizes	1,6%	0,0%	0,6%	4,6%	6,9%	18,1%	14,1%	9,5%	13,6%	10,9%	9,2%	4,0%	6,9%
	249 Fabricação de produtos de preparação de químicos diversos	1,9%	0,1%	1,1%	7,8%	7,4%	16,4%	11,4%	8,8%	11,2%	9,9%	9,1%	5,0%	9,9%
	251 Fabricação de produtos de borracha	2,5%	0,0%	1,2%	7,4%	10,0%	27,1%	14,4%	7,9%	9,1%	9,4%	6,9%	2,0%	2,1%
	252 Fabricação de material plástico	2,5%	0,0%	1,4%	10,1%	14,4%	30,5%	14,6%	7,7%	7,8%	5,2%	3,2%	1,1%	1,2%
	261 Fabricação de vidro e produtos de vidro	2,2%	0,1%	,7%	5,3%	8,8%	24,7%	15,5%	9,4%	12,8%	9,3%	6,1%	2,2%	2,9%
	402 Produção e distribuição de combustíveis gasosos	1,0%	1,8%	,7%	2,4%	3,7%	4,2%	4,6%	2,5%	8,1%	15,2%	20,0%	14,2%	21,6%
	515 Comércio atacadista especializado em combustíveis e produtos químicos	2,2%	0,1%	1,9%	7,2%	9,4%	16,0%	10,9%	9,7%	10,7%	8,8%	7,5%	4,6%	11,1%

Frequência % de faixa salarial (quantidade de salário) por CNAE Grupo

Ano	CNAE Grupo	Igno-rado	Até 0,5	De 0,51 a 1,0	De 1,01 a 1,5	De 1,5 a 2,0	De 2,01 a 3,0	De 3,01 a 4,0	De 4,01 a 5,0	De 5,01 a 7,0	De 7,01 a 10,0	10,01 a 15,0	15,01 a 20,0	Mais de 20,01
2005	100 Extração de carvão mineral	4,4%	0,1%	4,1%	4,9%	3,0%	18,2%	25,8%	18,0%	13,2%	4,9%	1,9%	,7%	,9%
	111 Extração de petróleo e gás natural	1,2%	0,0%	0,1%	0,9%	1,2%	2,0%	1,9%	1,9%	4,9%	7,5%	14,6%	13,7%	50,0%
	112 Apoio à extração de petróleo e gás natural	3,3%	0,0%	0,2%	0,4%	0,6%	3,7%	5,8%	6,3%	13,6%	15,7%	18,7%	9,4%	22,3%
	132 Extração de minerais radioativos	4,8%	0,0%	9,2%	42,7%	25,0%	13,3%	3,8%	0,7%	0,2%	0,2%	0,2%	0,0%	0,0%
	142 Extração minerais fabricação adubos e sal	2,9%	0,1%	3,0%	15,5%	19,6%	24,5%	12,9%	6,6%	6,6%	4,0%	2,2%	0,9%	1,2%
	211 Fabricação de celulose e outras pastas	3,6%	0,2%	,8%	6,5%	7,4%	11,9%	9,8%	7,0%	11,1%	12,0%	12,2%	7,5%	10,1%
	212 Fabricação de papel	2,8%	0,0%	,9%	6,8%	8,6%	18,3%	14,1%	10,1%	13,4%	11,8%	7,2%	2,7%	3,3%
	213 Fabricação de embalagens	2,3%	0,1%	1,9%	12,2%	15,6%	25,9%	14,2%	8,3%	8,1%	5,4%	3,2%	1,3%	1,5%
	214 Fabricação de produtos diversos de papel	2,6%	0,1%	2,4%	16,7%	17,4%	24,0%	11,6%	6,8%	7,3%	5,1%	3,2%	1,3%	1,7%
	231 Coquerias	7,3%	0,0%	7,3%	11,6%	4,3%	14,6%	27,4%	15,9%	8,5%	2,4%	0,0%	0,6%	0,0%
	232 Fabricação de produtos derivados de petróleo	0,6%	0,0%	0,1%	0,3%	0,7%	2,1%	2,1%	2,0%	3,3%	5,1%	11,6%	13,3%	58,7%
	233 Elaboração de combustíveis nucleares	3,0%	0,0%	0,0%	0,5%	0,0%	0,4%	3,4%	3,9%	19,6%	20,8%	24,1%	9,6%	14,9%
	234 Fabricação de biocombustíveis	4,4%	0,1%	5,0%	18,4%	17,4%	25,4%	12,5%	6,2%	4,9%	3,1%	1,6%	,5%	,7%
	241 Fabricação de prod. químicos inorgânicos	2,9%	0,1%	0,8%	3,9%	7,1%	17,0%	11,6%	9,1%	13,4%	10,7%	9,8%	5,1%	8,5%
	242 Fabricação de prod. químicos orgânicos	2,3%	0,1%	8,8%	22,1%	6,7%	6,7%	4,2%	3,3%	5,7%	8,6%	11,4%	6,9%	13,0%
	243 Fabricação de resinas e elastômeros	6,0%	0,0%	0,6%	2,2%	3,0%	11,0%	7,3%	5,9%	9,2%	10,8%	15,8%	9,6%	18,6%
	244 Fabricação de resinas artificiais e sintéticas	4,7%	0,0%	1,4%	3,3%	6,4%	17,3%	15,3%	10,4%	12,5%	11,4%	7,3%	3,4%	6,7%
	245 Fabricação de produtos farmacêuticos	2,4%	0,0%	1,4%	11,4%	10,2%	17,3%	9,7%	6,8%	8,8%	8,6%	7,7%	5,6%	10,0%
	246 Fabricação de defensivos agrícolas	1,7%	0,1%	,6%	2,4%	4,4%	9,3%	6,6%	6,0%	12,4%	11,3%	13,3%	10,2%	21,7%
	247 Fabricação de sabões e detergentes	2,6%	0,1%	4,2%	17,2%	15,1%	25,2%	11,0%	6,5%	6,7%	4,9%	3,3%	1,4%	1,9%
	248 Fabricação de tintas e vernizes	2,0%	0,0%	0,7%	6,2%	7,8%	19,7%	13,9%	9,5%	12,5%	10,5%	7,7%	3,7%	5,8%
	249 Fabricação de produtos de preparação de químicos diversos	2,2%	0,1%	1,2%	7,9%	8,5%	18,2%	11,2%	8,4%	11,1%	9,6%	8,5%	4,4%	8,7%
	251 Fabricação de produtos de borracha	3,1%	0,0%	1,5%	9,3%	12,8%	27,3%	13,5%	6,8%	8,0%	8,6%	5,5%	1,6%	1,9%
	252 Fabricação de material plástico	2,8%	0,1%	1,6%	12,5%	14,9%	31,8%	13,4%	6,9%	7,0%	4,6%	2,7%	0,9%	1,0%
	261 Fabricação de vidro e produtos de vidro	3,6%	0,1%	0,9%	5,2%	11,6%	25,6%	14,9%	9,1%	11,2%	8,2%	5,0%	2,0%	2,5%
	402 Produção e distribuição de combustíveis	1,0%	2,1%	0,4%	2,4%	2,9%	4,3%	1,8%	2,6%	5,4%	14,6%	21,7%	17,3%	23,6%
	515 Comércio atacadista especializado em combustíveis e produtos químicos	2,4%	0,2%	1,8%	8,5%	10,4%	16,6%	12,1%	8,8%	9,5%	8,3%	7,0%	4,3%	10,0%

Frequência % de faixa salarial (quantidade de salário) por CNAE Grupo

Quantidade de salários mínimos

Ano	CNAE Grupo	Ignorado	Até 0,5	De 0,51 a 1,0	De 1,01 a 1,5	De 1,5 a 2,0	De 2,01 a 3,0	De 3,01 a 4,0	De 4,01 a 5,0	De 5,01 a 7,0	De 7,01 a 10,0	De 10,01 a 15,0	De 15,01 a 20,0	Mais de 20,01
2006	050 Extração de carvão mineral	4,0%	0,2%	4,4%	10,9%	11,6%	16,0%	23,0%	14,5%	9,0%	3,6%	1,5%	0,4%	0,8%
	060 Extração de petróleo e gás natural	1,2%	0,0%	0,1%	0,4%	0,9%	1,2%	0,8%	1,9%	4,8%	8,2%	15,5%	13,6%	51,2%
	072 Extração de minerais radioativos	3,9%	0,0%	2,7%	3,3%	6,6%	7,2%	4,5%	8,1%	26,2%	18,4%	9,0%	3,6%	6,3%
	089 Extração minerais fabricação adubos e sal marinho	3,6%	0,3%	4,5%	17,8%	18,8%	22,3%	10,8%	5,8%	6,8%	4,4%	2,7%	1,0%	1,0%
	091 Apoio à extração de petróleo e gás natural	1,6%	0,0%	0,1%	0,3%	0,8%	2,8%	4,1%	4,0%	7,5%	9,1%	16,7%	13,7%	39,1%
	171 Fabricação de celulose e outras pastas	2,4%	0,0%	1,3%	7,8%	5,6%	9,4%	8,0%	8,6%	13,1%	12,5%	13,1%	8,2%	10,0%
	172 Fabricação de papel	3,1%	0,0%	1,2%	8,1%	11,9%	20,1%	12,6%	8,5%	12,5%	10,7%	6,5%	2,2%	2,7%
	173 Fabricação de embalagens	3,6%	0,0%	2,0%	13,9%	18,0%	25,1%	11,5%	6,9%	8,2%	5,3%	3,1%	1,2%	1,2%
	174 Fabricação de produtos diversos do papel	3,6%	0,0%	2,8%	18,6%	16,2%	22,6%	10,9%	6,4%	7,9%	5,2%	3,2%	1,1%	1,5%
	191 Coquerias	6,9%	0,0%	6,5%	5,2%	3,0%	29,7%	26,3%	12,5%	6,9%	1,7%	1,3%	0,0%	0,0%
	192 Fabricação de produtos derivados do petróleo	1,3%	0,0%	0,3%	1,3%	2,8%	8,1%	9,3%	5,3%	8,8%	6,6%	9,8%	9,6%	36,7%
	193 Fabricação de biocombustíveis	4,8%	0,1%	6,8%	21,1%	17,7%	22,3%	12,0%	5,6%	4,7%	2,5%	1,3%	0,4%	0,6%
	201 Fabricação de químicos inorgânicos	3,4%	0,2%	,9%	4,5%	8,8%	18,4%	11,7%	8,8%	11,4%	10,3%	9,5%	4,7%	7,4%
	202 Fabricação de químicos orgânicos	2,2%	0,2%	3,7%	4,6%	4,7%	7,9%	6,4%	5,7%	10,0%	13,9%	15,6%	9,6%	15,7%
	203 Fabricação de resinas e elastômeros	2,0%	0,0%	0,9%	2,9%	5,3%	11,4%	7,4%	6,0%	9,9%	12,1%	17,3%	10,2%	14,6%
	204 Fabricação de resinas artificiais e sintéticas	5,9%	0,0%	0,7%	3,9%	6,8%	16,3%	17,4%	10,0%	13,3%	9,6%	6,8%	2,8%	6,5%
	205 Fabricação defensivos agrícolas	1,7%	0,1%	0,9%	5,7%	6,9%	9,3%	6,3%	6,3%	11,9%	10,5%	14,7%	9,7%	16,0%
	206 Fabricação de sabões e detergentes	3,1%	0,1%	4,0%	19,8%	20,6%	21,1%	9,7%	5,6%	5,7%	4,3%	3,0%	1,3%	1,8%
	207 Fabricação de tintas e vernizes	2,6%	0,0%	0,7%	8,1%	10,5%	20,8%	12,8%	8,9%	11,7%	8,9%	7,1%	3,0%	4,9%
	209 Fabricação de produtos de preparação de químicos div.	3,5%	0,1%	3,7%	13,6%	12,3%	17,5%	10,8%	7,0%	9,3%	7,4%	6,6%	3,0%	5,4%
	211 Fabricação de produtos farmoquímicos	2,4%	0,0%	1,6%	10,8%	9,7%	14,2%	8,5%	6,5%	9,2%	10,3%	11,5%	6,5%	8,7%
	212 Fabricação de produtos farmacêuticos	2,7%	0,1%	0,9%	12,5%	10,7%	14,6%	8,0%	5,5%	8,2%	8,3%	8,8%	7,0%	12,9%
	221 Fabricação de produtos de borracha	3,6%	0,0%	1,5%	9,9%	15,2%	25,6%	12,8%	7,4%	9,3%	8,0%	4,0%	1,1%	1,5%
	222 Fabricação de material plástico	3,3%	0,1%	2,1%	16,8%	21,8%	25,9%	11,3%	5,8%	5,8%	3,8%	2,0%	0,7%	0,7%
	231 Fabricação de vidro e produtos de vidro	3,7%	0,1%	1,8%	7,5%	14,5%	24,9%	13,9%	8,2%	10,5%	7,2%	4,2%	1,6%	1,9%
	352 Produção e distribuição de combustíveis gasosos	1,6%	0,1%	0,7%	3,5%	2,4%	3,5%	2,5%	4,4%	10,8%	21,7%	21,5%	12,8%	14,4%
	468 Comércio atacadista especializado em combustíveis e produtos químicos	2,5%	0,1%	1,9%	10,3%	12,2%	17,2%	12,9%	8,1%	9,5%	8,0%	6,5%	3,5%	7,2%

| Ano | CNAE Grupo | Frequência % de faixa salarial (quantidade de salário) por CNAE Grupo ||||||||||||
		Ignorado	Até 0,5	De 0,51 a 1,0	De 1,01 a 1,5	De 1,5 a 2,0	De 2,01 a 3,0	De 3,01 a 4,0	De 4,01 a 5,0	De 5,01 a 7,0	De 7,01 a 10,0	De 10,01 a 15,0	De 15,01 a 20,0	Mais de 20,01
2007	050 Extração de carvão mineral	5,5%	0,4%	5,1%	11,5%	4,4%	14,4%	22,6%	16,2%	12,9%	4,2%	1,4%	0,5%	0,9%
	060 Extração de petróleo e gás natural	1,1%	0,0%	0,1%	0,2%	0,2%	0,7%	0,9%	0,8%	1,7%	7,5%	16,1%	14,8%	55,9%
	072 Extração de minerais radioativos	3,9%	0,0%	2,4%	4,1%	5,0%	3,7%	7,4%	5,9%	18,3%	17,8%	12,4%	6,5%	12,6%
	089 Extração minerais fabricação adubos e sal marinho	3,3%	0,5%	3,4%	20,7%	21,4%	20,2%	9,4%	5,0%	6,7%	4,8%	2,5%	1,1%	1,0%
	091 Apoio à extração de petróleo e gás natural	1,9%	0,0%	0,5%	0,5%	1,0%	3,7%	5,1%	4,6%	7,5%	11,6%	12,5%	12,9%	38,3%
	171 Fabricação de celulose e outras pastas	2,6%	0,0%	1,6%	6,7%	4,5%	6,6%	7,7%	8,6%	13,1%	16,1%	15,0%	7,7%	9,9%
	172 Fabricação de papel	3,5%	0,1%	1,1%	8,3%	11,0%	21,0%	12,3%	8,0%	11,8%	11,5%	6,4%	2,2%	2,7%
	173 Fabricação de embalagens	3,3%	0,1%	2,0%	13,4%	20,0%	25,5%	11,5%	6,4%	7,3%	5,2%	3,0%	1,1%	1,2%
	174 Fabricação de produtos diversos do papel	3,2%	0,1%	2,7%	18,9%	18,3%	21,3%	10,4%	6,3%	7,6%	5,1%	3,2%	1,3%	1,6%
	191 Coquerias	3,7%	0,0%	6,9%	7,4%	5,6%	33,3%	22,2%	13,0%	4,2%	2,8%	0,9%	0,0%	0,0%
	192 Fabricação de produtos derivados do petróleo	1,3%	0,0%	0,4%	1,3%	3,4%	7,5%	8,8%	5,1%	5,8%	6,8%	11,7%	9,9%	38,1%
	193 Fabricação de biocombustíveis	5,3%	0,0%	6,1%	19,1%	17,5%	23,8%	12,3%	6,1%	5,0%	2,4%	1,3%	0,4%	0,6%
	201 Fabricação de químicos inorgânicos	3,6%	0,1%	1,0%	5,8%	10,5%	18,3%	11,8%	8,2%	11,3%	9,8%	9,3%	4,2%	6,2%
	202 Fabricação de químicos orgânicos	2,7%	0,1%	2,5%	5,9%	5,0%	9,5%	7,2%	5,7%	10,2%	13,7%	14,7%	8,7%	14,0%
	203 Fabricação de resinas e elastômeros	2,8%	0,0%	0,7%	4,3%	5,9%	11,2%	7,7%	5,3%	9,3%	12,3%	17,0%	9,1%	14,3%
	204 Fabricação de resinas artificiais e sintéticas	4,0%	0,0%	,5%	6,8%	9,3%	18,9%	16,6%	9,9%	12,2%	7,6%	6,6%	2,8%	5,1%
	205 Fabricação defensivos agrícolas	2,4%	0,1%	1,0%	5,4%	8,4%	9,7%	6,9%	8,1%	13,0%	12,1%	12,8%	8,0%	12,1%
	206 Fabricação de sabões e detergentes	3,6%	0,1%	3,7%	19,9%	21,8%	20,4%	9,9%	5,4%	5,8%	4,1%	2,7%	1,1%	1,5%
	207 Fabricação de tintas e vernizes	2,7%	0,0%	0,9%	7,3%	11,0%	21,3%	13,4%	8,8%	11,2%	9,4%	7,2%	2,8%	4,0%
	209 Fabricação de produtos de preparação de químicos div.	3,4%	0,1%	2,5%	11,3%	11,1%	18,1%	11,4%	7,5%	10,1%	8,2%	6,8%	3,4%	6,2%
	211 Fabricação de produtos farmoquímicos	3,1%	0,1%	0,9%	9,7%	8,7%	15,3%	10,3%	6,2%	8,9%	7,9%	7,7%	5,3%	16,1%
	212 Fabricação de produtos farmacêuticos	2,6%	0,1%	1,0%	12,0%	10,9%	14,1%	7,4%	5,6%	8,9%	8,5%	8,9%	7,2%	12,7%
	221 Fabricação de produtos de borracha	3,7%	0,0%	1,7%	10,1%	17,0%	25,6%	13,2%	6,9%	8,2%	7,6%	3,5%	1,2%	1,5%
	222 Fabricação de material plástico	3,4%	0,1%	2,0%	17,3%	22,7%	25,7%	11,0%	5,6%	5,6%	3,4%	1,9%	0,6%	0,7%
	231 Fabricação de vidro e produtos de vidro	3,8%	0,1%	1,9%	9,3%	16,3%	22,8%	12,9%	8,7%	10,2%	6,8%	3,9%	1,5%	1,9%
	352 Produção e distribuição de combustíveis gasosos	1,5%	0,0%	1,2%	3,9%	4,6%	6,8%	3,0%	3,8%	9,3%	17,9%	20,4%	13,2%	14,3%
	468 Comércio atacadista especializado em combustíveis e produtos químicos	3,0%	0,1%	1,9%	11,5%	12,5%	17,5%	12,6%	7,8%	9,3%	7,9%	6,7%	3,5%	5,8%

Frequência % de faixa salarial (quantidade de salário) por CNAE Grupo

Ano	CNAE Grupo	Ignorado	Até 0,5	De 0,51 a 1,0	De 1,01 a 1,5	De 1,5 a 2,0	De 2,01 a 3,0	De 3,01 a 4,0	De 4,01 a 5,0	De 5,01 a 7,0	De 7,01 a 10,0	De 10,01 a 15,0	De 15,01 a 20,0	Mais de 20,01
2009	050 Extração de carvão mineral	5,1%	0,5%	3,6%	5,8%	2,8%	29,2%	27,9%	10,6%	7,3%	3,8%	1,7%	,6%	1,1%
	060 Extração de petróleo e gás natural	1,5%	0,0%	0,1%	0,3%	0,2%	0,7%	1,2%	1,3%	2,6%	7,5%	15,8%	14,8%	54,1%
	072 Extração de minerais radioativos	3,6%	0,0%	1,0%	3,6%	2,0%	3,0%	4,4%	12,1%	13,9%	23,3%	13,9%	6,6%	12,5%
	089 Extração minerais fabricação adubos e sal marinho	3,7%	0,2%	3,1%	18,6%	17,7%	22,6%	11,1%	6,0%	7,1%	4,5%	3,0%	1,1%	1,2%
	091 Apoio à extração de petróleo e gás natural	1,9%	0,0%	0,6%	0,5%	1,0%	3,8%	5,0%	4,9%	7,7%	10,6%	11,0%	11,2%	41,9%
	171 Fabricação de celulose e outras pastas	3,4%	0,2%	1,8%	5,0%	5,1%	7,9%	9,7%	8,5%	15,9%	18,2%	12,8%	5,2%	6,3%
	172 Fabricação de papel	3,6%	0,0%	1,4%	8,9%	11,0%	20,4%	12,6%	8,9%	13,3%	10,2%	5,5%	1,9%	2,2%
	173 Fabricação de embalagens	3,3%	0,0%	2,1%	16,5%	19,7%	25,8%	12,2%	6,4%	6,3%	3,9%	2,1%	0,8%	0,9%
	174 Fabricação de produtos diversos do papel	3,2%	0,0%	3,0%	21,6%	19,0%	20,1%	10,6%	6,5%	6,9%	4,4%	2,6%	0,9%	1,2%
	191 Coquerias	4,0%	0,0%	4,2%	2,5%	4,9%	15,1%	14,1%	14,8%	18,3%	8,9%	7,2%	3,5%	2,7%
	192 Fabricação de produtos derivados do petróleo	1,7%	0,0%	0,4%	1,6%	3,8%	7,9%	7,1%	4,5%	6,0%	6,9%	13,1%	10,9%	36,1%
	193 Fabricação de biocombustíveis	4,9%	0,0%	4,2%	18,8%	17,5%	24,4%	12,8%	6,2%	5,3%	3,2%	1,4%	0,5%	0,7%
	201 Fabricação de químicos inorgânicos	3,6%	0,1%	1,0%	6,8%	12,5%	20,1%	12,1%	7,8%	9,1%	9,3%	8,4%	3,8%	5,4%
	202 Fabricação de químicos orgânicos	2,7%	0,0%	2,5%	4,5%	5,7%	10,5%	7,9%	6,4%	11,0%	13,4%	13,6%	8,1%	13,8%
	203 Fabricação de resinas e elastômeros	3,7%	0,1%	0,5%	4,0%	6,8%	14,2%	9,1%	5,9%	10,0%	11,8%	15,6%	7,2%	11,1%
	204 Fabricação de resinas artificiais e sintéticas	2,6%	0,0%	0,8%	7,4%	13,7%	19,0%	17,4%	10,5%	11,7%	6,3%	4,7%	2,3%	3,6%
	205 Fabricação defensivos agrícolas	1,7%	0,1%	0,9%	6,0%	7,6%	13,0%	9,7%	8,2%	11,9%	10,5%	11,7%	8,1%	10,4%
	206 Fabricação de sabões e detergentes	3,1%	0,1%	3,3%	22,0%	22,5%	20,5%	9,3%	5,3%	5,4%	3,7%	2,4%	1,0%	1,3%
	207 Fabricação de tintas e vernizes	2,6%	0,0%	1,1%	8,1%	13,2%	22,7%	13,4%	8,3%	10,9%	8,0%	5,9%	2,6%	3,2%
	209 Fabricação de produtos de preparação de químicos div.	3,0%	0,1%	1,8%	10,6%	11,5%	18,6%	11,9%	8,4%	10,3%	8,0%	6,6%	3,4%	6,0%
	211 Fabricação de produtos farmoquímicos	2,7%	0,0%	0,9%	8,9%	10,5%	13,7%	10,5%	7,0%	9,3%	9,1%	8,4%	4,7%	14,3%
	212 Fabricação de produtos farmacêuticos	4,1%	0,1%	0,9%	13,3%	11,6%	14,0%	8,1%	5,9%	8,9%	8,5%	8,7%	7,8%	8,2%
	221 Fabricação de produtos de borracha	4,2%	0,1%	1,8%	10,5%	19,9%	24,0%	12,5%	7,4%	8,5%	6,1%	2,7%	1,0%	1,1%
	222 Fabricação de material plástico	3,3%	0,1%	2,0%	17,9%	23,0%	25,5%	10,9%	5,5%	5,6%	3,3%	1,7%	0,6%	0,6%
	231 Fabricação de vidro e produtos de vidro	3,5%	0,0%	2,1%	10,9%	16,6%	23,9%	12,9%	8,6%	9,6%	6,1%	3,4%	1,2%	1,4%
	352 Produção e distribuição de combustíveis	1,2%	0,0%	0,5%	1,3%	3,4%	3,1%	5,4%	3,8%	13,4%	18,1%	24,0%	13,9%	11,8%
	468 Comércio atacadista especializado em combustíveis e produtos químicos	3,1%	0,1%	2,0%	12,7%	12,5%	18,9%	13,3%	7,7%	8,2%	7,0%	5,4%	3,1%	6,1%

Frequência % de faixa salarial (quantidade de salário) por CNAE Grupo

Ano	CNAE Grupo	Ignorado	Até 0,5	De 0,51 a 1,0	De 1,01 a 1,5	De 1,5 a 2,0	De 2,01 a 3,0	De 3,01 a 4,0	De 4,01 a 5,0	De 5,01 a 7,0	De 7,01 a 10,0	10,01 a 15,0	15,01 a 20,0	Mais de 20,01
2010	050 Extração de carvão mineral	6,3%	0,3%	2,9%	7,2%	5,0%	28,6%	27,0%	10,0%	6,0%	3,6%	1,5%	0,7%	1,0%
	060 Extração de petróleo e gás natural	1,0%	0,0%	0,1%	0,3%	0,5%	1,8%	2,3%	1,4%	6,4%	9,4%	18,8%	17,1%	40,7%
	072 extração de minerais Radioativos	8,9%	0,0%	6,7%	17,8%	33,3%	26,7%	6,7%	0,0%	0,0%	0,0%	0,0%	0,0%	0,0%
	089 Extração minerais fabricação adubos e sal marinho	3,8%	0,1%	3,1%	19,2%	20,1%	21,7%	10,4%	5,4%	6,6%	4,8%	2,8%	1,1%	1,0%
	091 Apoio à extração de petróleo e gás natural	3,0%	0,0%	2,1%	1,8%	1,6%	4,7%	8,0%	8,4%	14,5%	14,7%	15,9%	8,9%	16,5%
	171 Fabricação de celulose e outras pastas	3,1%	0,0%	1,4%	3,7%	5,3%	8,7%	8,8%	9,5%	15,5%	16,8%	15,2%	6,1%	5,9%
	172 Fabricação de papel	3,7%	0,1%	1,0%	9,0%	11,3%	20,6%	13,0%	9,7%	13,4%	9,0%	5,1%	1,9%	2,0%
	173 Fabricação de embalagens	3,4%	0,1%	2,3%	14,6%	21,8%	25,2%	11,5%	6,7%	6,6%	3,8%	2,2%	,8%	1,0%
	174 Fabricação de produtos diversos do papel	3,2%	0,0%	2,8%	20,5%	20,1%	20,5%	10,5%	6,7%	6,9%	4,0%	2,6%	1,0%	1,2%
	191 Coquerias	3,6%	0,0%	5,2%	3,2%	3,9%	16,8%	13,0%	8,6%	17,5%	13,0%	7,0%	5,5%	2,7%
	192 Fabricação de produtos derivados do petróleo	1,1%	0,0%	0,2%	1,0%	2,3%	5,1%	4,8%	2,6%	6,9%	7,5%	15,3%	18,4%	34,7%
	193 Fabricação de biocombustíveis	4,7%	0,0%	3,4%	15,9%	17,2%	26,0%	14,2%	7,3%	5,7%	3,0%	1,4%	0,5%	0,6%
	201 Fabricação de químicos inorgânicos	3,3%	0,2%	1,0%	6,4%	13,1%	19,5%	11,9%	7,6%	9,1%	9,0%	8,7%	4,1%	6,1%
	202 Fabricação de químicos orgânicos	2,7%	0,1%	1,2%	4,4%	6,7%	13,6%	9,7%	7,0%	10,6%	12,1%	12,3%	7,3%	12,6%
	203 Fabricação de resinas e elastômeros	2,8%	0,0%	,6%	3,5%	7,5%	14,0%	9,8%	7,3%	10,0%	12,2%	14,6%	7,3%	10,4%
	204 Fabricação de resinas artificiais e sintéticas	2,8%	0,0%	,8%	6,0%	13,8%	22,8%	16,6%	9,2%	10,1%	6,5%	5,3%	2,6%	3,7%
	205 Fabricação defensivos agrícolas	2,0%	0,1%	1,0%	5,3%	8,4%	11,0%	9,0%	8,6%	10,5%	11,1%	13,5%	8,5%	10,9%
	206 Fabricação de sabões e detergentes	3,2%	0,1%	2,8%	21,2%	23,3%	21,4%	9,1%	5,3%	5,3%	3,6%	2,4%	1,0%	1,2%
	207 Fabricação de tintas e vernizes	2,6%	0,1%	1,0%	8,0%	13,6%	22,3%	13,1%	8,3%	11,3%	8,2%	5,8%	2,5%	3,2%
	209 Fabricação de produtos de preparação de químicos div	2,8%	0,1%	1,6%	10,4%	12,3%	18,4%	11,9%	8,0%	10,0%	8,2%	6,7%	3,4%	6,3%
	211 Fabricação de produtos farmoquímicos	2,8%	0,2%	1,4%	8,5%	9,8%	15,1%	13,0%	8,6%	8,4%	8,5%	7,7%	4,2%	12,0%
	212 Fabricação de produtos farmacêuticos	2,7%	0,1%	1,1%	12,2%	11,8%	14,7%	8,2%	6,1%	8,7%	8,5%	9,9%	7,4%	8,5%
	221 Fabricação de produtos de borracha	4,0%	0,1%	1,6%	10,3%	20,3%	24,8%	12,0%	7,3%	8,3%	6,1%	3,0%	1,0%	1,1%
	222 Fabricação de material plástico	3,4%	0,1%	1,9%	17,3%	24,2%	25,4%	10,6%	5,4%	5,4%	3,2%	1,7%	0,6%	0,6%
	231 Fabricação de vidro e produtos de vidro	3,2%	0,0%	1,8%	11,4%	18,7%	23,7%	12,6%	8,5%	8,9%	5,7%	3,1%	1,0%	1,3%
	352 Produção e distribuição de combustíveis gasçsos	1,0%	0,0%	0,8%	1,1%	1,8%	4,0%	4,7%	4,8%	12,0%	15,0%	26,2%	15,5%	13,1%
	468 Comércio atacadista especializado em combustíveis e produtos químicos	3,8%	0,1%	2,0%	12,3%	12,8%	19,7%	13,2%	7,7%	8,3%	6,7%	5,1%	3,2%	5,1%

Tabela 10. Percentuais de gênero entre químicos e não químicos de 2000 a 2010

Comparação da Frequência % de Gênero entre Químicos e Não Químicos			
Ano	Sexo	Químicos	Não Químicos
2000	Masculino	76,7	62,3
	Feminino	23,3	37,7
2001	Masculino	76,4	61,8
	Feminino	23,6	38,2
2002	Masculino	76,9	61,7
	Feminino	23,1	38,3
2003	Masculino	76,7	61,0
	Feminino	23,3	39,0
2004	Masculino	76,7	60,0
	Feminino	23,3	40,0
2005	Masculino	76,4	59,7
	Feminino	23,6	40,3
2006	Masculino	76,5	59,4
	Feminino	23,5	40,6
2007	Masculino	76,1	59,2
	Feminino	23,9	40,8
2008	Masculino	75,1	59,0
	Feminino	24,9	41,0
2009	Masculino	75,6	58,6
	Feminino	24,4	41,4
2010	Masculino	75,0	58,5
	Feminino	25,0	41,5

Tabela 10.1. Divisões de CNAE químicos por sexo – 2000 a 2010

ANO	CNAE Divisão	SEXO Masculino	SEXO Feminino
2000	10 — Extração de carvão mineral	93,0%	7,0%
	11 — Extração de petróleo e serviços relacionados	82,7%	17,3%
	13 — Extração de minerais metálicos radioativos	79,7%	20,3%
	14 — Extração de minerais para adubos/fertilizantes e sal marinho	93,7%	6,3%
	21 — Fabricação de celulose, papel e produtos de papel	80,9%	19,1%
	23 — Fabricação de coque, refino de petróleo, elaboração de combustíveis nucleares e produção de álcool	91,8%	8,2%
	24 — Fabricação de produtos químicos	70,8%	29,2%
	25 — Fabricação de artigos de borracha e plástico	75,4%	24,6%
	26 — Fabricação de vidro	83,3%	16,7%
	40 — Produção e distribuição de combustíveis e gás	84,3%	15,7%
	51 — Comércio por atacado de produtos químicos e combustíveis	80,3%	19,7%
2001	10 — Extração de carvão mineral	96,6%	3,4%
	11 — Extração de petróleo e serviços relacionados	86,1%	13,9%
	13 — Extração de minerais metálicos radioativos	73,9%	26,1%
	14 — Extração de minerais para adubos/fertilizantes e sal marinho	92,4%	7,6%
	21 — Fabricação de celulose, papel e produtos de papel	80,1%	19,9%
	23 — Fabricação de coque, refino de petróleo, elaboração de combustíveis nucleares e produção de álcool	90,1%	9,9%
	24 — Fabricação de produtos químicos	70,2%	29,8%
	25 — Fabricação de artigos de borracha e plástico	75,5%	24,5%
	26 — Fabricação de vidro	83,6%	16,4%
	40 — Produção e distribuição de combustíveis e gás	83,1%	16,9%
	51 — Comércio por atacado de produtos químicos e combustíveis	80,0%	20,0%
2002	10 — Extração de carvão mineral	96,4%	3,6%
	11 — Extração de petróleo e serviços relacionados	88,5%	11,5%
	13 — Extração de minerais metálicos radioativos	76,4%	23,6%
	14 — Extração de minerais para adubos/fertilizantes e sal marinho	93,2%	6,8%
	21 — Fabricação de celulose, papel e produtos de papel	80,9%	19,1%
	23 — Fabricação de coque, refino de petróleo, elaboração de combustíveis nucleares e produção de álcool	92,0%	8,0%
	24 — Fabricação de produtos químicos	70,0%	30,0%
	25 — Fabricação de artigos de borracha e plástico	75,5%	24,5%
	26 — Fabricação de vidro	83,1%	16,9%
	40 — Produção e distribuição de combustíveis e gás	86,9%	13,1%
	51 — Comércio por atacado de produtos químicos e combustíveis	79,1%	20,9%

Frequência % de CNAE Divisão por Sexo				
ANO	CNAE Divisão	SEXO	
		Masculino	Feminino
2003	10 — Extração de carvão mineral	95,7%	4,3%
	11 — Extração de petróleo e serviços relacionados	88,1%	11,9%
	13 — Extração de minerais metálicos radioativos	66,4%	33,6%
	14 — Extração de minerais para adubos/fertilizantes e sal marinho	90,3%	9,7%
	21 — Fabricação de celulose, papel e produtos de papel	80,4%	19,6%
	23 — Fabricação de coque, refino de petróleo, elaboração de combustíveis nucleares e produção de álcool	91,4%	8,6%
	24 — Fabricação de produtos químicos	70,0%	30,0%
	25 — Fabricação de artigos de borracha e plástico	75,2%	24,8%
	26 — Fabricação de vidro	82,5%	17,5%
	40 — Produção e distribuição de combustíveis e gás	76,7%	23,3%
	51 — Comércio por atacado de produtos químicos e combustíveis	78,2%	21,8%
2004	10 — Extração de carvão mineral	96,6%	3,4%
	11 — Extração de petróleo e serviços relacionados	83,6%	16,4%
	13 — Extração de minerais metálicos radioativos	82,3%	17,7%
	14 — Extração de minerais para adubos/fertilizantes e sal marinho	92,3%	7,7%
	21 — Fabricação de celulose, papel e produtos de papel	80,8%	19,2%
	23 — Fabricação de coque, refino de petróleo, elaboração de combustíveis nucleares e produção de álcool	90,3%	9,7%
	24 — Fabricação de produtos químicos	70,4%	29,6%
	25 — Fabricação de artigos de borracha e plástico	76,0%	24,0%
	26 — Fabricação de vidro	82,9%	17,1%
	40 — Produção e distribuição de combustíveis e gás	76,2%	23,8%
	51 — Comércio por atacado de produtos químicos e combustíveis	77,6%	22,4%
2005	10 — Extração de carvão mineral	96,2%	3,8%
	11 — Extração de petróleo e serviços relacionados	88,0%	12,0%
	13 — Extração de minerais metálicos radioativos	85,8%	14,2%
	14 — Extração de minerais para adubos/fertilizantes e sal marinho	91,6%	8,4%
	21 — Fabricação de celulose, papel e produtos de papel	80,8%	19,2%
	23 — Fabricação de coque, refino de petróleo, elaboração de combustíveis nucleares e produção de álcool	91,0%	9,0%
	24 — Fabricação de produtos químicos	69,9%	30,1%
	25 — Fabricação de artigos de borracha e plástico	75,2%	24,8%
	26 — Fabricação de vidro	83,7%	16,3%
	40 — Produção e distribuição de combustíveis e gás	72,9%	27,1%
	51 — Comércio por atacado de produtos químicos e combustíveis	76,8%	23,2%

Frequência % de CNAE Divisão por Sexo			
ANO	CNAE Divisão	SEXO	
		Masculino	Feminino
2006	5 — Extração de carvão mineral	95,6%	4,4%
	6 — Extração de petróleo e gás natural	90,2%	9,8%
	7 — Extração de minerais metálicos radioativos	86,4%	13,6%
	8 — Extração de minerais para adubos/fertilizantes e sal marinho	92,2%	7,8%
	9 — Atividades de apoio à extração de de gás e petróleo	83,6%	16,4%
	7 — Fabricação de celulose, papel e produtos de papel	79,6%	20,4%
	19 — Fabricação de coque, de produtos derivados do petróleo e de biocombustíveis	91,1%	8,9%
	20 — Fabricação de produtos químicos	75,9%	24,1%
	21 — Fabricação de produtos farmoquímicos e farmacêuticos	54,0%	46,0%
	22 — Fabricação de produtos de borracha e de material plástico	74,5%	25,5%
	23 — Fabricação de vidro	83,8%	16,2%
	35 — Produção e distribuição de combustíveis e gás	72,6%	27,4%
	46 — Comércio por atacado de produtos químicos e combustíveis	76,0%	24,0%
2007	5 — Extração de carvão mineral	95,2%	4,8%
	6 — Extração de petróleo e gás natural	89,8%	10,2%
	7 — Extração de minerais metálicos radioativos	78,7%	21,3%
	8 — Extração de minerais para adubos/fertilizantes e sal marinho	91,7%	8,3%
	9 — Atividades de apoio à extração de de gás e petróleo	84,9%	15,1%
	17 — Fabricação de celulose, papel e produtos de papel	79,2%	20,8%
	19 — Fabricação de coque, de produtos derivados do petróleo e de biocombustíveis	90,8%	9,2%
	20 — Fabricação de produtos químicos	75,5%	24,5%
	21 — Fabricação de produtos farmoquímicos e farmacêuticos	54,0%	46,0%
	22 — Fabricação de produtos de borracha e de material plástico	73,5%	26,5%
	23 — Fabricação de vidro	82,7%	17,3%
	35 — Produção e distribuição de combustíveis e gás	72,4%	27,6%
	46 — Comércio por atacado de produtos químicos e combustíveis	76,3%	23,7%
2008	17 — Fabricação de celulose, papel e produtos de papel	78,6%	21,4%
	19 — Fabricação de coque, de produtos derivados do petróleo e de biocombustíveis	89,4%	10,6%
	20 — Fabricação de produtos químicos	74,5%	25,5%
	21 — Fabricação de produtos farmoquímicos e farmacêuticos	54,1%	45,9%
	22 — Fabricação de produtos de borracha e de material plástico	73,5%	26,5%
	23 — Fabricação de vidro	82,9%	17,1%
	35 — Produção e distribuição de combustíveis e gás	72,3%	27,7%
	46 — Comércio por atacado de produtos químicos e combustíveis	76,3%	23,7%

Frequência % de CNAE Divisão por Sexo			
ANO	CNAE Divisão	SEXO	
		Masculino	Feminino
2009	5 — Extração de carvão mineral	96,1%	3,9%
	6 — Extração de petróleo e gás natural	89,2%	10,8%
	7 — Extração de minerais metálicos radioativos	77,1%	22,9%
	8 — Extração de minerais para adubos/fertilizantes e sal marinho	91,5%	8,5%
	9 — Atividades de apoio à extração de de gás e petróleo	83,9%	16,1%
	17 — Fabricação de celulose, papel e produtos de papel	78,1%	21,9%
	19 — Fabricação de coque, de produtos derivados do petróleo e de biocombustíveis	89,9%	10,1%
	20 — Fabricação de produtos químicos	74,1%	25,9%
	21 — Fabricação de produtos farmoquímicos e farmacêuticos	53,5%	46,5%
	22 — Fabricação de produtos de borracha e de material plástico	73,0%	27,0%
	23 — Fabricação de produtos de minerais não-metálicos	82,6%	17,4%
	35 — Produção e distribuição de combustíveis e gás	72,5%	27,5%
	46 — Comércio por atacado de produtos químicos e combustíveis	75,9%	24,1%
2010	5 — Extração de carvão mineral	95,8%	4,2%
	6 — Extração de petróleo e gás natural	88,8%	11,2%
	7 — Extração de minerais metálicos radioativos	68,9%	31,1%
	8 — Extração de minerais para adubos/fertilizantes e sal marinho	92,2%	7,8%
	9 Atividades de apoio à extração de gás e petróleo	89,0%	11,0%
	17 Fabricação de celulose, papel e produtos de papel	77,2%	22,8%
	19 Fabricação de coque, de produtos derivados do petróleo e de biocombustíveis	88,6%	11,4%
	20 Fabricação de produtos químicos	73,2%	26,8%
	21 Fabricação de produtos farmoquímicos e farmacêuticos	53,3%	46,7%
	22 — Fabricação de produtos de borracha e de material plástico	72,3%	27,7%
	23 — Fabricação de vidro	80,7%	19,3%
	35 – Produção e distribuição de combustíveis e gás	71,2%	28,8%
	46 — Comércio por atacado de produtos químicos e combustíveis	75,6%	24,4%

Tabela 11. Tamanho do estabelecimento por número de trabalhadores

	Frequência % de trabalhadores por tamanho do estabelecimento		
ANO	Tamanho do Estabelecimento	Químicos	Não químicos
2000	Nenhum empregado	1,5	2,5
	Até 4 empregados	3,1	10,9
	5 a 9 empregados	4,4	9,0
	10 a 19 empregados	7,7	9,5
	20 a 49 empregados	13,8	11,7
	50 a 99 empregados	14,7	8,2
	100 a 249 empregados	21,1	10,8
	250 a 499 empregados	18,1	8,4
	500 a 900 empregados	9,8	7,8
	Mil a mais empregados	5,8	21,3
2001	Nenhum empregado	1,5	2,5
	Até 4 empregados	3,4	10,8
	5 a 9 empregados	4,5	9,0
	10 a 19 empregados	8,2	9,6
	20 a 49 empregados	14,2	11,8
	50 a 99 empregados	14,6	8,2
	100 a 249 empregados	20,7	10,9
	250 a 499 empregados	16,4	8,5
	500 a 900 empregados	9,6	8,1
	Mil a mais empregados	6,9	20,8
2002	Nenhum empregado	1,5	2,6
	Até 4 empregados	3,1	10,6
	5 a 9 empregados	4,4	8,9
	10 a 19 empregados	7,8	9,6
	20 a 49 empregados	13,7	11,8
	50 a 99 empregados	13,8	8,3
	100 a 249 empregados	20,1	10,8
	250 a 499 empregados	16,9	8,9
	500 a 900 empregados	10,0	8,0
	Mil a mais empregados	8,6	20,6

ANO	Frequência % de trabalhadores por tamanho do estabelecimento		
	Tamanho do Estabelecimento	Químicos	Não químicos
2003	Nenhum empregado	1,2	2,4
	Até 4 empregados	3,1	10,6
	5 a 9 empregados	4,3	9,1
	10 a 19 empregados	8,0	9,8
	20 a 49 empregados	13,9	11,7
	50 a 99 empregados	13,8	8,1
	100 a 249 empregados	20,4	10,6
	250 a 499 empregados	15,8	8,5
	500 a 900 empregados	11,6	7,9
	Mil a mais empregados	7,8	21,3
2004	Até 4 empregados	2,3	9,7
	5 a 9 empregados	4,0	8,8
	10 a 19 empregados	7,6	9,5
	20 a 49 empregados	13,6	11,5
	50 a 99 empregados	13,9	8,1
	100 a 249 empregados	20,0	10,5
	250 a 499 empregados	16,3	8,8
	500 a 900 empregados	12,8	8,5
	Mil a mais empregados	9,5	24,6
2005	Até 4 empregados	2,4	9,5
	5 a 9 empregados	4,0	8,7
	10 a 19 empregados	7,6	9,4
	20 a 49 empregados	13,8	11,6
	50 a 99 empregados	14,2	7,9
	100 a 249 empregados	19,1	10,3
	250 a 499 empregados	16,8	8,7
	500 a 900 empregados	12,2	8,6
	Mil a mais empregados	10,0	25,2

Frequência % de trabalhadores por tamanho do estabelecimento			
ANO	Tamanho do Estabelecimento	Químicos	Não químicos
2006	Até 4 empregados	2,3	9,3
	5 a 9 empregados	4,0	8,6
	10 a 19 empregados	7,3	9,4
	20 a 49 empregados	13,0	11,5
	50 a 99 empregados	13,1	7,9
	100 a 249 empregados	18,4	10,4
	250 a 499 empregados	15,9	8,9
	500 a 900 empregados	12,4	8,6
	Mil a mais empregados	13,5	25,4
2007	Até 4 empregados	2,3	8,7
	5 a 9 empregados	3,8	8,2
	10 a 19 empregados	7,1	9,2
	20 a 49 empregados	12,8	11,5
	50 a 99 empregados	13,0	8,2
	100 a 249 empregados	18,6	10,6
	250 a 499 empregados	16,8	9,0
	500 a 900 empregados	12,3	8,8
	Mil a mais empregados	13,2	25,8
2008	Até 4 empregados	2,3	8,9
	5 a 9 empregados	3,9	8,4
	10 a 19 empregados	7,3	9,3
	20 a 49 empregados	13,2	11,7
	50 a 99 empregados	13,1	8,2
	100 a 249 empregados	18,6	10,3
	250 a 499 empregados	16,1	8,6
	500 a 900 empregados	12,0	8,5
	Mil a mais empregados	13,5	26,1

Frequência % de trabalhadores por tamanho do estabelecimento			
ANO	Tamanho do Estabelecimento	Químicos	Não químicos
2009	Até 4 empregados	2,2	8,9
	5 a 9 empregados	3,7	8,5
	10 a 19 empregados	6,9	9,4
	20 a 49 empregados	12,4	11,7
	50 a 99 empregados	12,6	8,1
	100 a 249 empregados	18,5	10,2
	250 a 499 empregados	15,4	8,6
	500 a 900 empregados	13,1	8,4
	Mil a mais empregados	15,3	26,2
2010	Até 4 empregados	2,0	8,8
	5 a 9 empregados	3,5	8,4
	10 a 19 empregados	6,6	9,5
	20 a 49 empregados	12,3	11,9
	50 a 99 empregados	12,5	8,3
	100 a 249 empregados	18,4	10,5
	250 a 499 empregados	15,2	8,6
	500 a 900 empregados	13,5	8,3
	Mil a mais empregados	15,9	25,8

Fonte: RAIS — TEM

Tabela 11.1. Percentual de trabalhadores químicos em cada uma das faixas de tamanho de empresa de 2000 a 2010

Tamanho da empresa (N. de trabalhadores)	ANO									
	2000	2001	2002	2003	2004	2005	2006	2008	2009	2010
Zero	1,5%	1,5%	1,5%	1,2%	0,0%	0,0%	0,0%	0,0%	0,0%	0,0%
Até 4	3,1%	3,4%	3,1%	3,1%	2,3%	2,4%	2,3%	2,3%	2,2%	2,0%
De 5 a 9	4,4%	4,5%	4,4%	4,3%	4,0%	4,0%	4,0%	3,9%	3,7%	3,5%
De 10 a 19	7,7%	8,2%	7,8%	8,0%	7,6%	7,6%	7,3%	7,3%	6,9%	6,6%
De 20 a 49	13,8%	14,2%	13,7%	13,9%	13,6%	13,8%	13,0%	13,2%	12,4%	12,2%

Tamanho da empresa (N. de trabalhadores)	ANO									
	2000	2001	2002	2003	2004	2005	2006	2008	2009	2010
De 50 a 99	14,7%	14,6%	13,8%	13,8%	13,9%	14,2%	13,1%	13,1%	12,6%	12,4%
De 100 a 249	21,1%	20,7%	20,1%	20,4%	20,0%	19,1%	18,5%	18,6%	18,5%	18,5%
De 250 a 499	18,1%	16,4%	16,9%	15,8%	16,3%	16,8%	16,0%	16,1%	15,5%	15,3%
De 500 a 999	9,8%	9,6%	10,0%	11,6%	12,8%	12,2%	12,4%	12,0%	13,1%	13,5%
1000 ou mais	5,8%	6,9%	8,6%	7,8%	9,5%	10,0%	13,5%	13,5%	15,3%	15,9%
Total	100,0%	100,0%	100,0%	100,0%	100,0%	100,0%	100,0%	100,0%	100,0%	100,0%

Tabela 12. Tempo no emprego em meses, de trabalhadores químicos

Tempo de Emprego	2000	2001	2002	2003	2004	2006	2007	2009	2010
	%	%	%	%	%	%	%	%	%
Ignorado	0,82	0,74	0,77	0,85	0,88	0,74	0,77	0,82	0,79
Até 12 meses	30,34	29,11	31,87	28,56	29,50	28,88	30,50	29,05	31,75
12 a 36 meses	26,30	28,62	27,91	29,18	26,30	27,09	26,39	28,57	26,77
36 a 60 meses	13,88	13,02	11,80	13,32	13,78	13,39	12,61	12,71	12,93
60 a 120 meses	14,82	14,85	14,42	14,83	15,48	15,24	15,31	14,77	14,13
Mais de 120 meses	13,85	13,66	13,22	13,26	14,06	14,65	14,43	14,08	13,63

NOTA:

Obra em coautoria:

Wanderley Codo — *Pesquisador e Professor da Universidade de Brasília. Coordenador do Laboratório de Psicologia do Trabalho. Autor de diversos livros, entre os quais: Educação: Carinho e Trabalho; LER: Diagnóstico, Tratamento e Prevenção; Saúde Mental e Trabalho: Leituras; Indivíduo, Trabalho e Sofrimento; Sofrimento Psíquico nas Organizações; O Trabalho enlouquece; O novo Seguro de Acidente e o novo FAP, LTr.*